中國倫理思想研究文叢

二 編

王澤應 主編

第 **4** 冊

中國傳統醫療父愛主義思想研究

周 奕 著

花木蘭文化出版社

國家圖書館出版品預行編目資料

中國傳統醫療父愛主義思想研究／周奕 著 -- 初版 -- 新北市：
花木蘭文化出版社，2014〔民 103〕
目 2+232 面；19×26 公分
（中國倫理思想研究文叢 二編；第 4 冊）
ISBN：978-986-322-753-3(精裝)
1. 醫學倫理 2. 中國
190.9208   103012564

ISBN-978-986-322-753-3

9 789863 227533

中國倫理思想研究文叢
二　編　第四冊　　　　　ISBN：978-986-322-753-3

中國傳統醫療父愛主義思想研究

作　　者　周 奕
主　　編　王澤應
總 編 輯　杜潔祥
副總編輯　楊嘉樂
編　　輯　許郁翎
出　　版　花木蘭文化出版社
負 責 人　高小娟
聯絡地址　新北市中和區中安街七二號十三樓
　　　　　電話：02-2923-1455／傳眞：02-2923-1452
網　　址　http://www.huamulan.tw 信箱 hml 810518@gmail.com
印　　刷　普羅文化出版廣告事業
初　　版　2014 年 9 月
定　　價　二編 5 冊（精裝）新台幣 9,000 元

中國傳統醫療父愛主義思想研究

周 奕 著

作者簡介

周奕，女，1981 年生，湖南長沙人。2010 年畢業於湖南師範大學倫理學專業，獲哲學碩士學位。同年考入湖南師範大學倫理學專業攻讀博士學位，2013 年畢業。現爲湖南財政經濟學院講師。

主要研究領域爲生命倫理學與中國傳統倫理思想史。承擔和參與多項國家級、省級課題，在省級以上期刊發表論文多篇。

提　　要

醫療父愛主義（paternalism），是指醫生從病人利益出發，爲病人做醫療決定，而忽視病人自主。其實質是以犧牲病人自主權爲代價來爲病人提供福利。

從學理背景上分析，在知情同意概念產生之前，就有了「一切託付於我」的父愛主義思想，這賦予了醫師全權照顧其病人的責任與義務，形成了醫療父愛主義。而隨著近代自由主義哲學的興起和權利意識的覺醒，在醫學領域，通過病人權利運動的啓蒙和洗禮，醫療父愛主義傳統，最終被以尊重自主原則爲核心的醫療自由主義所取代。自主原則以及在此基礎上的知情同意原則已成爲當代生命倫理學最重要的原則之一。但是，過分主張和強調病人的自主決定權也逐漸暴露出諸多弊端。醫者忘記了應一切以病人利益爲出發點和歸宿的基本原則，甚至將因爲病人履行權利而將可能產生的不良後果交由病人承擔。可見自主原則也並非絕對，父愛主義在醫療實踐中仍然適用，不能片面否定。同時，我國醫學領域中的道德問題頻發，頗爲盛行的西方規範倫理學主導下的現代醫學倫理學，並沒有爲中國醫療實踐問題的解決提供有效途徑。在借鑒西方理論研究成果的同時，我們應當在中國傳統文化中找尋合理的資源，爲解決當代中國醫療實際問題提供有效指導。發掘和闡釋中國傳統醫學倫理中的父愛主義思想資源，就是其中一項重要工作。

導　論

一、研究緣起

　　當代中國，醫患關係緊張以及由此而來的醫患矛盾和衝突，已成爲亟待解決的重大社會難題和民生問題。造成這一問題的原因極爲複雜，但都與人們沒有正確認識和處理生命倫理學中的尊重自主原則和有利原則密切相關。

　　目前，人們常常誤以爲尊重自主原則是生命倫理學中至高無上的原則。在臨床醫療服務中，面臨各種醫療技術和倫理決策時，醫方往往訴諸於其具體化的規則——知情同意。如果沒有徵得病人或家屬的同意和簽字，就不予治療或搶救。這幾乎成了臨床醫療倫理決策的行規，從而屢屢導致「見死不救」的悲劇，進一步惡化了醫患關係。醫患從相互信任變爲相互防備，層出不窮的醫患糾紛事件接連曝光。諸如患者要求醫生問診過程全程錄音、醫務人員戴鋼盔上班等事件，引起全世界媒體的關注，被認爲是中國醫患關係緊張的縮影。「醫鬧」甚至成爲一種投資少、風險低、致富快的新職業。醫患矛盾愈演愈烈，靠暴力解決醫患糾紛成爲一個普遍現象。

　　在一定意義上可以說，醫患矛盾嚴重至此，是生命倫理學在中國傳播失敗的結果。爲了緩和醫患矛盾，建立互信的醫患關係，有必要澄清生命倫理學四大原則（尊重自主原則、不傷害原則、有利原則和公正原則）的關係，尤其有必要重新審視被尊爲無上權威的尊重自主原則的局限性和被廢棄已久的基於有利原則的醫療父愛主義的價值。因此，對醫療父愛主義進行倫理審視具有重要的實踐價值，能更好的促進臨床醫療倫理決策，改善醫患關係。

　　作爲一種淵源流長的醫學倫理理論，在醫療父愛主義領域還有很多值得

挖掘和探索的學術問題，例如：醫療父愛主義是否總是一種限制病人自由和自主的理論？它能在多大範圍被證明其合理性？可以解讀出醫療父愛主義的醫學倫理原則、規範有哪些？它的應用，是否是對人的自主性的破壞？如果它的應用範圍擴大，是否意味著醫學倫理對人的關注的轉變？以自主原則爲基石的知情同意是絕對的嗎？醫療父愛主義是否也應當受到限制，如何限制？當代醫學領域中道德問題層出不窮，生命科學技術應用帶來的諸多倫理也函待解決，而在西方規範倫理學主導之下的當代醫學倫理學卻不能提供解決問題的有效途徑。這種現狀，使得不少學者開始把目光轉向中國傳統道德，試圖在其中尋找到解決問題的良方。理論和實踐的雙重需要，使得中國傳統道德包括中國傳統醫學倫理的現代意義問題成爲倫理學界關注的一個熱點。在我國，可以說，醫療父愛主義的實踐遠比理論要豐富和充實得多，尤其是我國傳統醫學思想中豐富的倫理蘊含，更是爲醫療父愛主義的形成和發展提供了充實的基礎。

二、國內外研究綜述

隨著近代自由主義哲學的興起和權利意識的覺醒，以羅爾斯爲代表的自由主義理論佔據了思想界的主流。在醫學領域，通過病人權利運動的啓蒙和洗禮，以醫療父愛主義爲核心的希波克拉底傳統逐漸式微，最終被以尊重自主原則爲核心的醫療自由主義傳統所取代。醫療自由主義傳統倡導和保護病人的權利，尤其自主決定的權利。毫無疑問，這是歷史性的進步，但是，一味地主張和強調病人的自主決定權也逐漸暴露出諸多弊端。面對這些問題，國內外許多學者開始反思和研究醫療父愛主義的意義和價值，研究基於父愛主義之上的醫生美德的培育，目前已聚集了一批優秀的學者，並出版了許多重要的著作和論文。主要綜述如下：

（一）醫療父愛主義理論研究

父愛主義的基石是生命倫理學四大原則之一的有利原則。這是由生命倫理學原則主義的創始人 Tom Beauchamp 和 James Childress 在 *Principles of Biomedical Ethics* 一書中，系統提出和論證的。他們從 1979 年的第一版到 2009 年的第六版一直致力於澄清生命倫理學四大原則的意義和相互關係，但人們依然對原則主義存在許多誤解，這主要表現在對他們所倡導的尊重自主原則

之地位的誤解。近年來，越來越多的學者對醫療父愛主義所具體涉及的與生命有關的各個方面都進行了深入細緻地研究。大多數學者都不再一味批判傳統醫療父愛主義對權利的壓制，而是專注於探討在醫療中哪些方面可以正當地實行醫療父愛主義行為。尤其是最近在生命倫理學中大家關注的一些熱點問題，例如安樂死、基因工程、傳染病的防治、自殺的干預等等。其中邱卓思（James. F Childress）的個人專著 *Who Should Decide？Paternalism in Healthcare* 一書專門研究了醫療父愛主義的基本概念、類型和意義。此外還有奧尼爾（Onora O'Neill）的「生命倫理中的自主與信任」〔註1〕，克雷尼格（Joel Kleinig）的「父愛主義」〔註2〕、芬博格（Joel Feinberg）的「法律父愛主義」〔註3〕、波普（Thaddeus Mason Pope）的「強父愛主義的定義」〔註4〕等。

　　恩格爾哈特在《生命倫理學基礎》中認為，在疾病的緊張狀態下，病人經常發生退步而想要像孩子一樣受到醫務人員的治療，因為病人處於一種異常環境之中，自然依賴於他們的醫生來得到指導。非正式的請求家長式的照顧自然地出現在保健領域中。他指出，關於醫療父愛主義的道德問題主要在於，多大程度的父愛主義是可以允許的和合意的。他對不同形式的父愛主義及由之產生的不同道德問題進行了分析。對沒有行為能力人，父愛主義是不可避免的，其它人必須代表他們來做選擇，決定他們的最佳利益。從這種意義上說，父愛主義可以根據行善原則得到辯護，並且不受允許原則的限制。這裡的問題是，以什麼樣的標準來確定沒有行為能力者的最佳利益，及在什麼基礎上做出決定。除此之外，當行為人對於自己的選擇無法肯定，或是有可能做出危險選擇，他可能或明或暗地要求更大，更具權威性的個人來代替他做出決定，這樣，他把自己的權力讓給了委託人，因而創造了一種父愛主義關係。這種形式設定個人願意受到保護以免除某些並不屬於自己計劃或選擇之內的錯誤，當然這種保護只涉及小型的干預。其中問題在於，人們在多大程度上懷疑當事人的行為能力以及如何提出對當事人行為能力懷疑的證明。還有一種強父愛主義，認為在某些情形下一個人可以不顧有行為能力的

〔註1〕 Onora O'Neill, Autonomy and Trust in Bioethics〔M〕, Newyork: Cambridge University Press, 2002.

〔註2〕 Joel Kleinig, Paternalism〔M〕, Rowman & Allanheld Publishers, 1984.

〔註3〕 Joel Feinberg, Legal Paternalism〔M〕, University of Minneaplois Press, 1983.

〔註4〕 Thaddeus Mason Pope, Counting the Dragon's Teeth and Claws: The Definition of Hard Paternalism,〔J〕, 20 Ga, St, U, L, Rev, Spring, 2004.

當事人的拒絕來爲其獲得最佳利益。它將成功的醫療干預完全凌駕於個人自由之上，從事這種父愛主義行動在道德上是應受到譴責的。

　　H.A Bassford「爲醫療父愛主義辯護」一文立足於功利主義的角度來爲醫療父愛主義的合理性進行辯護。〔註5〕他認爲，父愛式的醫療只要對病人的利益有益，並且不會對他人造成傷害，就是正當的醫療行爲。這實際上是一種目的論的思維方式，認爲行爲的道德性取決於行爲的結果。當然，醫生並非在任何情況下都能進行醫療干預，Bassford 列舉了三種可以實行父愛式醫療的情況：披露絕症、介紹包含風險的醫療程序以及安慰劑的管理。他認爲，唯有當病人缺乏自主能力或已經授權醫生實行父愛式醫療時，父愛主義在道德上才可以優先於尊重自主原則。Bassford 的觀點實際上是對弱父愛主義持贊成態度。

　　而另一些學者的看法卻與之相反。例如 R.Gillon 在「父愛主義與醫學倫理學」〔註6〕中就指出，雖然從功利原則來說，父愛式醫療行爲能夠通過促進病人健康而達到幸福最大化和痛苦最小化，然而這並不能賦予醫生權力去欺騙病人，或是代替他們做道德的或主觀的決定。Gillon 認爲，如果一個醫生想對病人好，那麼他需要去發現什麼才是病人眞正希望他們去做的事。也就是說，只有病人自己才能決定什麼是對自己最好的，而不是醫生。他認爲許多功利主義者只有在病人的利益眞正最大化的前提下才會承認尊重自主原則。很明顯，Gillon 反對醫生對病人進行醫療干預，他認爲，醫療決策權在於病人而不是醫生，醫生沒有權力代病人作決定。這種基於功利主義的行爲不尊重病人自主，如果認可醫生對病人有父愛式干預的權力，那麼醫生有可能欺騙病人，是對病人權利的踐踏與忽視。

　　臺灣學者辛幸珍博士認爲單純強調病人的自主權並不能眞正保障病人的利益，醫療父愛主義在現代醫療中有一定的適用性。在爲了保護第三者與社會正義的情況下，可以對患者權利進行限制，如強制鑒定、強制隔離、強制治療等。她對於父愛主義的理解主要基於兩點，一是醫生立意良善，二是產生強迫性效益。辛博士將醫療父愛主義分爲「全醫主」和「半醫主」。全醫主，

〔註5〕 H.A Bassfor, The justification of medical Paternalism〔J〕, social science & medicine, 1982, 16（6）：731～739.

〔註6〕 R.Gillon, Paternalism and medical ethics〔J〕, British medical journal（clinical researehed.）, 1985, 290（6486）：1971～1972.

是事先未徵得患者本人同意或授權；半醫主則是先徵得病人或其法定代理人的同意與授權。筆者認為，只有全醫主在嚴格意義上才能稱為父愛主義，如果事先已徵得患方同意，則不能稱為是對患者權利的忽視而不構成父愛主義的條件。對全醫主的情況有兩個限制的條件，一是「不得已」，二是「必須」。同時，父愛主義有適用的具體情形：一是緊急情況下，病人可能因意識障礙或本身能力限制無法表示同意或不同意；二是常規而無害的基本處置如量血壓、體溫等；三是病人因宗教或症狀影響拒絕治療，則醫護人員在法律支持或法定代理人同意下施行醫主權。〔註7〕

　　臺灣中央大學教授李瑞全首先提出「儒家生命倫理學」的思想，並以儒家的仁愛惻隱之心、推己及人的忠恕之道等作為理論基礎，試圖創建儒家生命倫理思想體系。他所著《儒家生命倫理學》（2000年鵝湖出版社公司出版）一書，就運用儒家思想為解決現實中的生命倫理學問題提供理論資源和依據。李瑞全教授的做法，是一種將中國傳統倫理道德的主要思想、思維方式等引入現代生命倫理學的重要嘗試，引起了學界的很大關注和熱烈反響。他認為，保護主義（即父愛主義）是生命倫理學幾個重要原則之一。保護原則主要是在當事人不能行使自主自律行為時所應用的。這一原則有兩個特點，一是代替當事人作出決定，二是其目的在於保護當事人權益。保護原則受到當事人行為能力的限制，如當事人在昏迷中或精神不正常狀態下，或是植物人、嚴重癡呆老年人、重智障者、兒童和嬰兒等。在此狀態下方可適用保護主義，如果當事人具有自主自律能力和條件，保護主義即不能強加於當事人身上。保護原則表達了生命倫理中的仁愛原則與不傷害原則的主旨，是儒家所支持的一個重要的道德規範。

　　與李瑞全教授進行類似嘗試的還有香港城市大學的范瑞平。其著《當代儒家生命倫理學》，面對目前西方生命倫理話語支配性的局面，展示了儒家思想傳統在當今生命倫理學領域的巨大潛力，書中提出儒家家庭主義的原則，並論述其基本特徵、文化底蘊、生命倫理的信念以及一些重要的現實關注。他認為，與西方道德個人主義不同，儒家認為不是個人而是家庭具有本體論上的優先性，家庭是賴以理解個人的基礎性實在，維繫儒家家庭主義的是德性而不是權利。病人的治療信息由家庭掌握。他提出，東亞地區的生命倫理

〔註7〕Dr.辛幸珍，Your Rights: When you receive health and disability services〔EB／OL〕，http://www.docin.com/p-73940989.html

學應該有自己的一套方法，在醫學倫理傳統上，西方是個人主義的醫療決策模式，而東方表現爲家庭主義範式；在自主性原則的適用上，東方社會應該是基於家庭主權的家庭決定原則，而不是西方的自我決定原則；在醫療資源配置上，西方那種政府必須確保每個人在其需要的時候都能獲得平等醫療的「平等醫療保健」是行不通的，相反儒家傳統認識到了家庭在社會中的中心地位，家庭爲其所有成員福利負責（包括醫療）。顯示出儒家思想資源在當代醫療保健制度領域中的重大倫理意義和價值。當然，作者過度集中與對中西道德差異性的關注，將中西生命倫理事項基礎兩極化爲個人主義的與家庭主義的，這未免過於絕對。一方面，作爲中國傳統的儒家思想和傳統醫學倫理思想，其現代價值不可忽視；另一方面，國外許多先進的生命倫理理念如尊重個人權利、知情同意等也值得我們借鑒。兩者不可偏廢。我們要以兼收並蓄的態度，使其爲我們今天的醫療實踐提供有效的理論資源。

　　施衛星、柯雪琴在《生物醫學倫理學》一書中指出，醫療父愛主義是一種限制患者自由的醫學倫理思想。由於醫生與病人在醫學知識和技能上有很大差距，加之病人患病後身心處於不利地位，這些都影響病人的決策能力而使之不能做出合乎理性的決定。因此在特殊情況下，爲了病人利益，醫生能夠成爲病人的醫療決策者。尤其是在急診急救時，病情緊急，無法徵求病人及其家屬意見，爲了病人生命安全，父愛主義在一定情況下、一定範圍內仍然適用。作者進一步認爲，現代意義上的父愛主義，並不是傳統意義上的單純從醫生主觀願望出發，而是從除了維護病人利益以外的社會、公眾利益考慮的父愛主義。尤其值得關注的是，該書對中國醫療實踐中常見的由親屬爲患者作決定的情形作了論述。認爲這是中國傳統文化特有的產物，在目前的實踐中有其存在的合理性。

　　論文方面，李霽的博士論文《誠信與中國醫患關係的重塑》（2004 年）認爲，父愛主義的形成來自於醫生和患者之間醫學知識與實踐能力上的不平等，醫生在醫患關係中佔據主導地位，打著行善原則旗號代替患者做出決策。從而出現一種單方面的語境，導致醫患之間的沉默。筆者認爲，學者對醫療父愛主義形成的原因分析是正確的，醫患地位實際不平等，最主要原因就是信息不對稱，醫生因此在醫患關係中占主導地位。但是醫療父愛主義的目的是爲了患者利益，因此不能說是打著行善的旗號來爲患者作決定，這種觀點只能稱爲極端父愛主義，不能代表父愛主義的所有形式。史軍博士的論文《權

利與善：公共健康的倫理研究》（2007 年）對父愛主義在公共健康領域的運用作了辯護，認爲當個人的行爲可能使自己的健康處於巨大損失的風險或危險之中時，政府就有義務採取積極的干預措施幫助他們實現自己的健康。但是政府在爲公眾謀求健康利益的同時，也要爲父愛主義設定一個界限，超越這個界限的「超父愛主義」必須被禁止，基本上持支持弱父愛主義態度。邱翔〔註8〕認爲醫療父愛主義的思想帶有利他性和強迫性，它充分體現了醫學倫理中有利無害原則，他在文章中還梳理了父愛主義的傳統與發展，近代病人權利運動興起，自主原則的高揚導致父愛主義的式微。嘗試提出一種能在道德上獲得辯護的有限醫療父愛主義的觀點。

　　除了生命倫理學領域，在法學界也有大量父愛主義研究，並有一定研究成果，可以爲本課題提供理論支撐。如傑拉德‧德沃金（Gerald Dworkin）的著作《自主的理論與實踐》（*The Theory and Practice of Autonomy*）。作者以功利主義思想爲基礎指出，由於對他人的父愛主義式干預而對他人所產生的「得」，與他人的自主、自由被干預所產生的「失」應該予以權衡比較。父愛主義的實質是在某些情況下克減了「量」上極少的某些消極自由，同時達到大量地增加積極自由的目的。父愛主義是爲了被干預人的利益，而不是爲了實現干預人的目的。從這一層面說，恰恰是以他人爲目的的。可以看出，德沃金這個觀點承認父愛主義在特定情形下將更有效率，這對於我們研究父愛主義提供了全新的視角與廣闊的平臺。

　　此外，孫笑俠的「美國的法律家長主義理論與實踐」〔註9〕首次在我國介紹和分析父愛主義基本理論。文章對父愛主義的科學內涵及其在美國法律中的適用進行了探討。作者認爲父愛主義干預可以達到對目前市場經濟中出現的某些行爲以及社會保障中出現的不合理現象進行規制的目的。其方法則是通過立法、司法等對當事人的表達自由、締約自由以及平等權等權利的限制。

　　隨後，他又發表「法律家長主義在中國的適用」一文，認爲這種西方法學理論與中國法律文化傳統、法律規範和社會現實頗有契合之處，且與中國當前注重以人爲本的新「民本」理念相適應，因此有廣泛的適用空間。可以說，孫教授的分析思路爲我們今天研究父愛主義甚至是其它西方的一些理念

〔註 8〕 邱翔，有限醫療父愛主義及其辯護〔D〕，長沙：湖南師範大學，2008 年。
〔註 9〕 孫笑俠，郭春鎮，美國的法律父愛主義理論與實踐〔J〕，法律科學，2005 年，
　　　　第 6 期，第 110～118 頁。

在中國的適用提供了方法論的基礎。但是還沒有從中國傳統思想中去深入挖掘父愛主義在我國適用的本原，「仁政」、「民本」的理念還比較淺顯。中國傳統家國一體的人倫社會模式滲透到法律領域，爲法律父愛主義的理論提供了天然土壤，這種分析路徑同樣也適合醫療父愛主義的研究。

郭春鎮《法律父愛主義及其對基本權利的限制》一書，介紹了法律父愛主義的概念及其存在的合理性，並對法律父愛主義思想與中國傳統與現代的契合進行研究。作者認爲我國傳統的仁政、民本觀念中有著深厚的法律父愛主義思想，書中探討了法律父愛主義對作爲基本權的自我決定權、商業言論、職業自由、財產權和形式平等權的限制與對實質正義的追求。最後論述了法律父愛主義使用的界限，即對超父愛主義的防範。

總體而言，目前對父愛主義的研究主要有兩個特點，一是對父愛主義概念本身而言，一般基於國外的資料進行理解，在此基礎上分析父愛主義的類型、發展演變與局限性，沒有將其置於中國傳統語境之下，而深入探討父愛主義的醫患關係模式在我國長期存在的合理性與合德性。二是對於醫療父愛主義，多是將其看做是對病人自主權忽視的根源而加以批判，這一點與當今生命倫理研究將人的自主性看得至高無上的整體趨勢有關，在理論與實踐上忽視了生命倫理其它原則的合理地位，尤其是對基於有利原則的父愛主義模式的評價，帶有片面性。因此，有必要在中國傳統醫學倫理實踐中挖掘父愛主義的有利因素，從而對我國父愛主義醫療方式的存在淵源有一個較爲清楚而深入的瞭解。

（二）醫患關係研究

父愛主義是醫患關係的主要模式之一，近年來我國醫患關係問題頻發，許多學者從經濟、制度、社會等角度對醫患關係進行多角度探討，並在此基礎上分析當代醫患關係問題。邱傑的《當代醫患糾紛的倫理域界》〔註10〕（安徽大學出版社，2011 年 6 月出版）以醫患關係的合倫理性爲邏輯起點，就醫患糾紛的成因進行了深層分析，指出當代中國醫患糾紛是當代中國語境中的階段性也是「特色」性的社會事件和嚴峻社會問題。作者通過歷史的梳理認爲「父愛主義」是中國傳統醫患關係糾紛相對沉默的原因。這一點與許多學者的觀點不謀而合（如朱偉、李霽等皆持此觀點），並著重指出作爲生命倫理

〔註10〕邱杰，當代醫患糾紛的倫理域界〔M〕，合肥：安徽大學出版社，2011 年。

兩大原則自主原則和有利原則的理論基礎——道義論和功利論的內在矛盾與衝突。書中還探討了中國傳統醫德文化理念的缺陷，提出了防範與應對當代中國醫患糾紛的的倫理原則，包括尊重、公正、商談等，指出防範與應對當代中國醫患糾紛必須加強相應的倫理機制建設，惟有從倫理文化的深層維度，將思想觀念層面的「道」與法律、制度層面的「器」有機地結合起來，才有可能從根本上改變有效預防和化解醫患矛盾乃至衝突性的糾紛。

　　白劍鋒認爲〔註11〕，當代中國醫患關係問題既是道德問題，也是制度問題，有著深層次的經濟和社會因素。過去的醫患關係可稱爲「利益共同體」，雙方的目標是一致的，那就是治癒疾病。而在我國現行體制下，醫患之間是一對矛盾體，雙方既有治癒疾病、恢復健康、挽回生命的共同目的，又在經濟利益上對立。其根源在於不合理的醫療制度。作者認爲，醫生並非天生就是仁慈的天使，也是一般人，既是「道德人」，又是「經濟人」。如果有一個鼓勵向善的制度，醫患利益是一致的，患者治病成本越低，社會醫療支出越少，醫生得到的獎勵越多，這是解決問題的關鍵。因此，想要從根源上消除醫患信任危機，必須改革以藥養醫、以械養醫的醫療制度，使醫生在追求自身利益最大化的同時，也能實現社會價值最大化，使醫患雙方成爲利益共同體。學者的研究從制度層面揭示了醫患糾紛的原因，且以大量第一手案例來進行論證，爲本文寫作提供了豐富的素材，拓寬了文章的思路。然而，單從制度層面研究醫患關係，未能觸及醫患關係的內核，醫患關係不是單純契約關係或是消費關係，而是倫理關係，因此，醫患問題的根源仍應從道德上加以把握，尤其是在市場經濟條件下，在醫患關係中占主導地位的醫生如何更好地遵守職業道德，使得醫生的技術和倫理決策眞正從病人的利益出發，一切爲了病人的最佳利益。這才是改善醫患關係難題的根本。

（三）中國傳統醫學倫理研究

　　本文研究的是中國傳統醫療父愛主義思想，因此傳統醫學倫理的研究也是本文關注的重點，包括傳統醫學倫理的整體研究，對醫家美德的關注，以及傳統醫學與傳統倫理思想的契合之研究，也都是與本研究相關聯的重要資源。

　　著名醫學家宋國賓先生所撰寫的《醫業倫理學》一書（1933 年，國光印

〔註11〕白劍鋒，中國式醫患關係〔M〕，北京：紅旗出版社，2011 年。

書局出版），是中國第一部現代醫學倫理學著作。該書在內容上以儒家倫理要義「仁」、「義」等道德觀為核心，與西方的醫學倫理思想及原則相結合，對醫家與病家、醫家與同道、醫家與社會等方面內容作了深入分析，書中認為，「醫業倫理一言以蔽之曰仁義而已矣，博愛之謂仁，行而宜之謂義，故醫家當具愛人好義之精神。」在醫師人格方面，他強調「良醫當勤其所學，忠其所事，出其熱忱，修其儀表」；「醫師不僅豐富其學術才能已也，尤法敦其品格，檢其細行，以期取信於病人，重譽於久遠。」在醫患關係上，認為應重視應診、治療、保密等倫理問題。並就醫師在應診、處方、出診、施診等方面的行為提出了規範。他強調醫生的用藥必須遵循治癒疾病、改善健康、減輕痛苦三個原則。〔註 12〕筆者認為，該書的問世，首先意味著我國的醫學倫理學著作已不再是西方醫學倫理學的翻版，而是真正立足於中國傳統文化來闡述醫學倫理學的問題。此外還讓我們瞭解到，以西方醫學之父希波克拉底的《誓言》為主要指導思想的西方醫學倫理準則，與受儒家仁愛思想影響的中國傳統醫學施行仁術、濟世救人的道德理想，有相通之處，而由此轉化的醫者職業道德和責任義務，也頗有相似。如醫生以行醫來踐行儒家仁愛原則，因此要克盡職守，而這一理想在西方醫學倫理原則中就是對職業的忠誠和責任。但是學者的研究主要是在於醫學領域，是以中醫學史的路徑來分析醫學倫理問題。對於醫生責任、醫患關係等醫學倫理問題的研究大多停留於描述層次，而未能從道德上深入分析其形成依據，理論基礎和實踐價值，因此還有進一步深入的空間。

　　也有許多專家學者從我國古代醫者的醫著中提煉中國傳統醫學職業道德原則和規範，對著名醫家的醫德觀念開展多方面、多層次、多角度的研究，相關論著數量頗豐，內容多樣。主要集中在對主要醫家、流派的敘述，據筆者統計，以孫思邈、張仲景以及金元四大家為最。有些論文還試圖揭示不同醫德人物之間觀念的關聯性。據筆者掌握的資料，其中最具代表性的，也是目前引用與轉載率最高的，是周一謀編著的《歷代名醫論醫德》（湖南科學技術出版社 1983 年版）和王治民主編的《歷代醫德論述選譯》（天津大學出版社 1990 年版）。這兩本書的寫作方式基本一致，都是按照時間先後順序將歷代有代表性的醫德言論分別進行摘錄，對關鍵內容做出注釋，在此基礎上對

〔註12〕何兆雄，中國醫德史〔M〕，上海：上海醫科大學出版社，1988 年，第 226～227 頁。

中國傳統醫德思想做出了初步的概括和提煉，是古代醫德方面的優秀著作。書中可以總結出中國古代醫德思想主要包括：熱愛醫藥事業、勤學苦練；不分親疏貴賤、全力救治；注重個人素質，作風正派；講究原則規範、認眞負責；尊重病家、不計報酬；堅持科學態度、反對巫神迷信等。爲中國傳統醫家職業道德方面資料的整理提供了很好的示範作用，對醫德內容的把握概括得比較準確。但這兩本書都沒有對古代醫德形成的深層次哲學倫理學基礎加以分析，在內容的全面性與深刻性方面尚有進一步開拓的餘地。

1988 年由上海醫科大學出版社出版的何兆雄主編的《中國醫德史》一書，按時間的先後，結合各個時期的思想文化和醫學技術背景，對各個歷史時期的醫德思想進行了介紹，包括主要的醫德觀念、醫德著作和醫德人物等，較全面地呈現了中國傳統醫德的歷史樣貌。書中提出中國傳統醫德的核心是人道主義原則，並以人道主義原則爲綱領對各個歷史時期的具體醫德內容進行了解釋，作者認爲中國傳統醫德的發展歷史就是人道主義原則發展的歷史。這部著作對中國傳統醫德研究產生了重要影響，人道主義原則得到了學界廣泛的認同，成爲進行中國傳統醫德研究必備的參考著作。書中還對中國古代醫患關係的發展變化進行了梳理。

中國醫學深受傳統倫理思想特別是儒家思想的影響，而作爲中國傳統基本醫患關係模式的醫療父愛主義思想也是以傳統倫理思想爲理論依據，因此，關注醫學與哲學、醫學與倫理學尤其是與儒、釋、道倫理思想之間的契合，對於挖掘父愛主義的深層次本質有著重要意義。1993 年，福建科技出版社出版了由林殷所著《儒家文化與中醫學》一書。該書針對儒家文化與中醫學的關係進行了分析，揭示了儒家文化在醫學理論、醫學特徵等方面對中醫學所產生的影響，其中包涵了儒家倫理對傳統醫學倫理的影響。作者認爲，儒家倫理對於傳統醫學倫理的重要影響在「醫乃仁術」這一行醫的根本觀念中得到了集中的體現。「醫乃仁術」的核心在於「施仁術」，它所突出的是醫家強烈的道德意識與社會責任感。該書的相關研究比較準確地概括了中國傳統醫學倫理的部分內容，在一定程度上加深了儒家倫理對中國傳統醫學倫理影響的認識。但由於該書對傳統醫學倫理學的理解局限於西方醫學倫理學的研究模式之內，因而對中國傳統醫學倫理的認識在深刻性與全面性方面均有加強的必要，儒家倫理與中國統醫學倫理之間的關係亦須進一步探討。

徐儀明《性理與岐黃》（中國社會科學出版社，1997 年）選擇宋明理學與

以《黃帝內經》為代表的中國醫學相互關聯為研究對象。本書以宋明理學為中心，將先秦哲學——《黃帝內經》——宋明理學——金元明清醫學按時間順序串起來考察，對於中國哲學中一些重要範疇如太虛、道德、心性、天人等進行了研究，該書提出的一些觀點如傳統醫家的行醫之原直接來自於儒家人生價值觀等很有啟發性。尤其對於醫學經典《黃帝內經》從哲學和倫理學層面的闡發，使得中國哲學和中國醫學相溝通。這種跨學科間的系統探討，為本文從父愛主義這一生命倫理話語研究中國古代醫學提供了方法論指導。

　　除了編著之外，探討中國傳統醫學倫理思想的學術論文數量也很多。這些探討，從不同層面為中國傳統醫療父愛主義的研究提供了理論基礎。潘新麗的博士論文《中國傳統醫德思想研究》（2010 年）以傳統思想文化與中醫學為兩大背景，梳理了中國傳統醫德的起源、形成、發展和完善的軌迹，認為以儒道為主的傳統生命哲學是中國傳統醫德思想的深厚根基，而中國傳統醫德在理論體繫上是以天地之仁為形上依據，以仁心為人性基礎，以生命觀為主題，傳統醫德可展開為醫家道德、醫業道德、醫術道德和醫患倫理等幾個方面的主體內容。意在對中國傳統的「醫德思想」做出完整的把握，以期展示出「醫德」思想的中國理論形態。文章為本課題研究提供了豐富的文獻資料的線索，但是在整體理論深度上有所欠缺。

　　也有學者認為儒家文化倡導「醫儒同道」，因此「醫乃仁術」、「醫者父母心」逐漸成為中國醫德的主要價值觀。這種價值觀要求醫生必須懷著父母疼愛孩子般的心去關心患者，但與此同時，也賦予了醫生父母般的權力，儒家「父父子子」的理念對醫患關係產生了深刻影響，使中國醫生在醫患關係中處於絕對權威地位，病人的任務是服從醫生。〔註 13〕亦有人指出，由於中國長期深受重親情、輕個人的儒家文化影響，中國人不重視法律與權利，而注重強調義務與責任，知情同意權就是一個典型的體現。在醫療實踐中，有自主能力的患者習慣於將屬於自身的權利交由親屬代為行使，而患者的親屬也習慣越俎代庖，包辦一切，無視病人的自主選擇。一些醫生也認為，親屬的同意優於病人自主同意，習慣於將患者親屬的決定置於患者自主同意之上。傳統文化的影響給人們造成一種錯覺：知情同意權的主體屬於患者親屬，而非患者。向我們揭示出我國醫患關係上目前的問題是從醫生還是病人做主這

〔註 13〕陳樹林，李凌江，知情同意中病人自主權與與傳統醫療父權的衝突〔J〕，醫學與哲學，2003 年，第 6 期，第 45 頁。

一問題演變爲病人還是病人家屬做主的問題，使得醫生成爲一定程度上不得做主的一方，從而不利於患者的健康。〔註14〕還有人認爲中國傳統儒家集體論、親情倫理關係是對病人自主權利的限制、削弱和剝奪。作爲維權工具的法律應該發揮作用，確保病人知情同意權的優先地位。〔註15〕中國醫療父愛主義思想深受儒家文化影響，同時吸收了佛道兩家的思想因素，研究中國古代文化與醫學倫理的聯繫對研究中國傳統醫療父愛主義來講具有重要的意義。

　　總的來說，國外和港臺地區對醫療父愛主義以及當代價值的研究比較重視，爲本課題的研究開拓了國際視野，提供了更爲廣闊的平臺。而國內學界尤其生命倫理學界尚未充分意識到這一問題的重要性，而且對醫療父愛主義本身尚有許多誤解。但是，國內學者對於傳統醫學的現代價值給予了充分關注。運用儒家、道家思想等傳統資源分析、解決生命倫理學問題的探討在逐步增多。通過對現有研究狀況的梳理與分析，可以看出，學界針對中國傳統醫學倫理、醫家美德、醫學與傳統文化的關係等展開了多種視角的探討，取得了豐富的研究成果，爲進一步開展中國傳統醫療父愛主義的研究奠定了良好的基礎。本課題將充分利用國內外的已有學術資源，立足中國語境對我國傳統醫療父愛主義的基本原則、主要道德規範，發展脈絡等進行研究，並挖掘醫療父愛主義的當代價值。

三、主要內容和研究思路

　　醫療父愛主義（paternalism），是指醫生從病人的利益出發，爲病人做醫療決定，而忽視病人的自主。其實質是以犧牲病人的自主權爲代價來爲病人提供福利，其道德基礎是有利原則。不是所有的醫療父愛主義都具有道德合理性，因此必須分清醫療父愛主義的不同類型或模式。在此基礎上，根據醫患關係形成的根本目的——病人的健康，分析不同類型的醫療父愛主義的局限性，尋找一種具有道德合理性的醫療父愛主義模式，爲揭示醫療父愛主義的意義和價值提供基礎。

〔註14〕 楊芳，病人知情同意權倫理與法律問題〔J〕，中國醫學倫理學，2001 年，第 4 期，第 16 頁。

〔註15〕 張濰華，劉軍，關於病人知情同意權法律保護的研究〔J〕，中國醫學倫理學，2002 年，第 6 期，第 18 頁。

　　本研究嘗試從哲學的高度，梳理中國傳統醫學中的父愛主義思想的起源、形成、發展和完善的軌跡。中國傳統父愛主義思想起源於先秦，奠基於兩漢。魏晉至隋唐時期，隨著醫學大發展和傳統哲學、倫理學思想的發展而得到充實。宋金元時期可說是醫療父愛主義思想的深化時期，其內容上更加豐富和充實，思想上更加深入。明清之際隨著我國醫學思想和哲學體系的完備，醫療父愛主義的思想理論體系也最終形成。主要以傳統思想文化與中醫學發展為兩大背景，圍繞各個歷史時期重要的醫德觀念、代表醫家和醫著進行敘述，並對醫療父愛主義思想的總體狀況做出整體的概括，以期對中國傳統醫療父愛主義思想的歷史樣貌有一個較宏觀的瞭解。在此基礎上揭示中國傳統醫療父愛主義的基本原則、主要內容和道德規範。說明以儒家思想為主、結合佛道思想的傳統倫理思想是中國傳統醫療父愛主義思想的深厚根基。「醫乃仁術」是其核心價值規範。最後結合當代醫學倫理學和生命倫理學的背景，對中國傳統醫療父愛主義思想從意義和局限兩方面進行評價。

　　本文共分為六章。

　　第一章對父愛主義的基本理論進行闡述，包括其概念、分類、理論基礎及主要問題。醫療父愛主義在中國和西方都存在，對概念的把握目的不是為了探討目前基於西方思維模式下的醫療父愛主義在中國的適用，而是把握醫療父愛主義的本質，從中發掘傳統哲學、醫學和倫理思想與之相契合的因素。把握中國傳統醫療父愛主義的基本特徵。醫療父愛主義（paternalism）具備兩個必要條件：第一，從病人的最佳利益出發，一切為了病人的利益；第二，不顧或拒絕病人的自主權，為病人做決定。只有同時具備這兩個條件的行為，才能稱為醫療父愛主義的行為。不從病人利益出發而替病人做決定的行為稱不上醫療父愛主義，這類行為屬於醫療特權主義。醫療特權主義從後果上類似於偽醫療自由主義，因為二者都是「不顧病人利益又限制病人的決定權」，但二者並不完全相同，前者是打著醫療自由主義的幌子，而後者沒有。闡明了醫療父愛主義的實質、道德基礎和構成要件，就能識別打著父愛主義幌子行醫療特權主義之實的醫療偽道德現象。

　　在哲學上，醫療父愛主義以自然哲學與整體觀為理論基礎，在倫理上，儒家家國一體、父子君臣的思想是其理論基石，儒家學說所強調的「仁愛」觀運用到醫學中就演變為「醫乃仁術，濟世救人」的思想，這也逐漸成為中國醫德的主要價值觀。這種價值觀要求醫生必須懷著父母疼愛孩子般的心去關心病人，但與此同時，也賦予了醫生父母般的權力。

　　第二章對中國醫療父愛主義模式的發展進行梳理。大抵說來，中國傳統醫療父愛主義模式從其奠定到逐漸豐富經過了三個主要時期：一是古典醫德時期到兩漢。第一次提出以人為貴，確立了傳統醫家將病人利益置於首位的行醫倫理原則，並有了關於醫生在醫患關係中處於權威地位的論述。至漢代傳統父愛式醫患關係模式基本確立，代表醫著是張仲景的《傷寒雜病論》首次強調了醫者的基本倫理規範就是愛人知人。二是魏晉至唐代。由於儒釋道三教共同影響，關注個體自由的道家倫理思想，無傷及普同一等等佛教倫理觀念浸蘊到了中國傳統醫學倫理思想當中。三者的磨合反應到醫學實踐中，強調尊重患者、一視同仁的內容在此時的醫德規範文獻中逐漸增多，醫學實踐中關於醫患溝通的案例繁多，主要代表作有孫思邈的《大醫精誠》開創了醫家以仁愛為準則的醫德規範，王燾《外臺秘要》確立了醫患關係就是要真誠信賴，密切合作。三是宋元明清的理論完備時期。宋明以降，商品意識滲入醫學領域，醫學理論在實踐的基礎上逐步走向綜合和更加完備。加之理學興盛，醫儒合一、醫孝合一，義利關係和醫患關係是此時期醫學倫理關注的重點。此時以金元四大家等為代表，完成了中國第一本醫學倫理學著作《醫門法律》。此外主要代表醫著有《醫學入門》、《外科正宗‧醫家五戒十要》等。

　　第三章闡述中國傳統醫療父愛主義的最根本原則。醫療父愛主義以有利無傷原則為基石。即是指把有利於患者健康放在第一位並切實為患者謀利益。有利原則由兩個層次構成，即低層次原則是不傷害患者，這就是「己所不欲，勿施於人」；高層次原則是為患者謀利益，即「己欲立而立人，己欲達而達人」。古代醫療父愛主義基本原則即「無傷也，是乃仁術」。「醫者父母心」，認為醫以活人為務，以仁愛救人，一心赴救。「父愛主義」意味著病人利益應該且只有依靠醫生的良知來保證，在醫療實踐中，只要醫生認為對患者有益，就可以進行治療。一些極端反對父愛主義的學者認為「父愛主義」的傳統意味著踐踏患者個人的權利。但在更多的情況下，它意味著一種對患者個人的自主決定權利的忽視和缺乏尊重，意味著個人的權利可以靠醫生或者科學家的良知來保障。在處理患醫關係時，以「仁愛、博施濟眾」為出發點，不問地位身份，對患者至誠至親。在醫療實踐中認為一是要有利於病人疾病的緩解、痊癒，保障患者的生命安全，二是要有利於醫學科學和醫學事業的發展。

　　第四章研究醫療父愛主義的基本要求即是醫患互信。中國的人際交往訴諸道德而不是法，人與人之間重視的是承諾，中國傳統醫患誠信並不要求如

康德義務論那樣在任何條件下講真話，那樣反而違背道德真誠。一個誠信的醫生有時需要在某些醫療境遇中隱瞞信息，這並不違背誠信原則，而是取決於具體案例。以臨床決策爲例，自主原則共分強調病人自主和獨立性，忽視醫生的積極作用，以「保護病人自主權」的名義實際上是爲了保障醫療機構自身安全和利益，使得醫生逃避責任，更大的代價則是醫患信任的犧牲。而在有些情形下，醫生基於保護患者就會採取父愛式的醫療手段以保護病人利益。如隱瞞病情，使用模糊用語、善意的欺騙等都是其中的內容。誠實是基本準則，但是在特殊情況下有例外。父愛主義依據有利原則，認爲只要對病人利益有益，有時候不講真話是必要的。

第五章探討具有中國特點的知情同意思想——家庭主義。針對普遍認爲中國傳統醫患關係是「沉默歷史」的觀點，通過大量史料來論證古代醫生告知義務，包括如何告知與告知何人，以及在醫療決策中由誰來作出決定。

本文認爲，醫療父愛主義思想在中國傳統醫學中佔據主要地位。醫生能夠在某些情況下不顧病人的意志採用醫療方案。但是這並不意味著這就是傳統醫患關係的唯一模式。有著根深蒂固父愛主義傳統的中國古代醫學，是否完全沒有知情同意的立足之地？實際上，在古代中國，還有著另外一種醫患關係模式與醫療父愛主義同時存在。這就是基於家庭主義基礎上的尊重病人傳統。這種傳統以中國傳統父子人倫親情倫理爲思想基礎，在醫患關係中，表現爲醫生尊重病人家庭的意見，病人的家庭可以在醫患決策中起到決定作用。這種模式直到今天仍然存在，而且是醫療實踐中的主要模式，對於忽視病人自主的醫療父愛主義思想，是一種補充和超越。

第六章探討醫療父愛主義的當代價值。

當基於尊重自主原則的醫療自由主義遭遇困境時，發掘基於有利原則的醫療父愛主義自然成爲人們的可能選擇。醫療父愛主義模式的主要價值在於對尊重自主模式之弊端的限制。那麼，基於當代中國的文化傳統和現實狀況，醫療父愛主義究竟是否具有預想的意義和價值，具有怎樣的意義和價值，爲什麼具有這些意義和價值，都是本章探討的問題。其次，醫療父愛主義本身也存在一些缺陷，如忽視現代社會所珍視的權利。這就意味著正如尊重自主模式一樣，醫療父愛主義也不具有無上權威的地位。只有通過一定程度和一定範圍的限制，才能有效地發揮醫療父愛主義的積極意義，充分實現醫療父愛主義的價值。這就要求我們探討在臨床醫療實踐中實行醫療父愛主義的條

件，即如何規約醫療父愛主義，才能使之具有道德合理性。這種相互規約的實質是如何平衡尊重自主原則和有利原則，而本章試圖進一步闡明這種平衡的機制。

四、主要研究方法

1、理論與實踐相結合：應用倫理學的研究是現時代一系列嶄新的實踐問題所引發的，這些問題的新穎性向傳統的道德理論的適用範圍與解決問題的能力提出了挑戰，本文研究的是醫學倫理中的醫患關係問題，這種研究醫療父愛主義的倫理研究並不是基於抽象的倫理理論，也不是傳統理論對社會實踐的簡單應用，而是要求以不同的道德理論與規範的總體為背景，基於不同的情況對不同的可能性進行權衡，從而選擇出最好的可能，即看目前最適合作為醫患關係基本原則的理論到底是什麼。一方面，研究中要運用哲學倫理學去反思現實，另一方面要運用來自生活世界的經驗事實去反思包含在哲學倫理學理論中的價值觀念和實踐意義。

2、案例分析法：醫療父愛主義的倫理研究不是根植於純粹的功利主義、自由主義或德性主義理論，而是以更為務實與折衷的態度直面現實生活問題。即使是對傳統的研究，也主要根據史載的醫案來剖析。因此在本文的討論中較多地使用了案例分析法。

3、中西比較方法：醫療父愛主義的概念來自西方，但是這並不表示我國不存在父愛主義的模式。實際上，醫學倫理中的許多概念如知情同意、醫療講眞話、行善、自主、權利等許多概念都來自西方。這就要求在研究中國傳統醫患關係問題時，運用中西比較的方法，明確這些概念及適用。在運用比較研究方法時，本文注重從功能而非概念本身的視角進行比較，輕名重實，從醫療父愛主義所達致的目的著手對其進行剖析。

五、創新之處與不足

本文在目前國內外研究基礎上充分挖掘中國傳統醫學中的父愛主義思想，並嘗試提出以下觀點：

1、醫療父愛主義是中國傳統醫學倫理的主流思想，且並非在純粹與醫療自由主義相對的意義上使用，而是從傳統家國一體的社會模式衍生出來的，在整個傳統社會佔據統治地位。在哲學上，醫療父愛主義以自然主義和整體

觀爲理論基礎，在倫理上，儒家家國一體、父子君臣的思想是其理論基石，從而在醫學實踐中體現出來。

2、中國傳統醫療父愛主義以「醫乃仁術」爲道德原則，以「醫患互信」爲基本要求。「父愛主義」意味著病人利益應該而且只有依靠醫生良知來保證，故對醫生美德提出極高要求。醫者的任何醫療決策只有對患者有利而不是其它目的才是符合道德的。

3、父愛式的強制醫療並不是鐵板一塊，在古代中國，還有著另外一種醫患關係模式與醫療父愛主義同時存在。這就是基於家庭主義基礎上的尊重病人傳統。這種傳統以中國父子人倫親情倫理爲思想基礎，體現出明顯的家庭主義的特點，家庭道德地位極高，患者做主在一定程度上表現爲家庭做主。在醫患關係中，表現爲醫生尊重病人家庭的意見，病人的家庭可以在醫患決策中起到決定作用。這種模式對於忽視病人自主的醫療父愛主義思想，是一種補充和超越，直到今天仍然存在於當代醫療實踐之中。

本文嘗試提出自己的一些看法以供討論，並非期待得出能夠被普遍認同的結論，而是期待在當今生命倫理實踐中能夠重新認識醫療父愛主義這種醫患關係模式的合理性，也能反思過分看重患者個體自主的知情同意原則的缺陷，以圖改善醫患關係。但由於各方面的原因，本文也存在諸多不足。主要有二：

1、由於本文的論域主要是中國傳統醫療父愛主義，受選題本身研究範圍的限制，對中西父愛主義思想的比較研究比較欠缺，這將是筆者下一步的主要工作。

2、對各個時代主要代表醫家思想的分析尚有所欠缺，有待在之後的研究中進一步深化。

第一章　醫療父愛主義的基本理論

　　父愛主義，常常讓人聯想起古羅馬的家父權制或中國古代的家長制。今天，這樣的社會制度已成爲歷史。但是父愛主義概念卻被保留下來，並廣泛適用於政治、法律、倫理、醫療各個領域。那麼到底什麼是父愛主義？作爲在中西方醫患關係的發展史中佔有舉足輕重地位的醫療父愛主義又有何特徵與類型？其實質、構成要件、道德基礎爲何？這些都是醫療父愛主義的基本理論，也是本章所要闡述的主要內容。

第一節　醫療父愛主義的定義及其類型

　　父愛主義（Paternalism）又稱家長主義〔註1〕、父權主義〔註2〕，也有學者稱爲保護主義，〔註3〕在父權占統治地位的環境中，父親被認爲是家庭中「最明白事理」的人，具有最高的權威，也最關愛自己的孩子。他對孩子的生活起到指導、支配和呵護的作用。這就是父愛主義最原初和本眞的意義。今天，「父愛主義」概念已遠遠超出家庭範疇，而被賦予了更爲豐富的內容，涉及繁多的問題。經濟制度、法律政策、健康教育、醫療、生態保護、生活方式、

〔註1〕郭春鎮，法律父愛主義及其對基本權利的限制〔M〕，北京：法律出版社，2010年；舒國瀅，權利的法哲學思考〔J〕，政法論壇，1995年，第3期；張文顯，二十世紀西方法哲學思潮研究〔M〕，北京：法律出版社，1996年；孫莉，德治與法治正當性分析——兼及中國與東亞法文化傳統之檢省〔J〕，中國社會科學，2002年，第6期等。

〔註2〕施衛星，柯雪琴，生物醫學倫理學〔M〕，杭州，浙江教育出版社，1998年。

〔註3〕李瑞全，儒家生命倫理學〔M〕，臺北，鵝湖出版社，1999年。

國際正義、資源分配等包括私域與公域在內的不同領域都有著父愛主義的實踐。在醫療中，對於父愛主義概念的使用，學界存在著諸多分化和歧義，有的將任何帶有「善意」的以病人利益為目的的醫療行為都歸結為父愛主義形式，有的將帶有「善意」和「強制」的行為歸結為父愛主義式的。我們的問題是，多大程度的父愛主義是可以允許和合意的。為了認清這一問題，我們首先要對醫療父愛主義進行概念的分析，這樣才能認識不同的父愛主義形式，以及由此產生的不同道德問題。

一、醫療父愛主義的定義

父愛主義來自拉丁語 pater，意思就是指「家長式的管理原則和做法；像一位父親一樣來統治的政府；像一位父親對待其子女一樣來為一個民族或共同體提供需要或支配生命的要求或嘗試」〔註 4〕為了避免把非父愛主義的現象當成父愛主義來討論，支持父愛主義者都很重視通過具體分析父愛主義的概念、各項構成條件以及不同類型來進一步明晰父愛主義的判斷標準。對父愛主義研究著手最早，也比較深入的傑拉德・德沃金（Gerald Dworkin）認為，父愛主義可以粗淺地理解為對一個人行動自由的干涉，「這種干涉的根據可以是為了受強迫者的福利、好處、幸福、需要、利益、或價值之類的理由」〔註 5〕德沃金撰寫《劍橋哲學辭典》，其中的「父愛主義」辭條，提出了 P 對 Q 的行為構成父愛主義的三個必要條件：（1）P 的行為是出於為 Q 避免某種危害或維護某種利益的意圖；（2）P 的行為與 Q 當時的偏好、意願或價值觀相反或無關；（3）P 的行為是對 Q 的自主或自由的限制。〔註 6〕父愛主義在此意義上可以得到證明。著名生命倫理學家湯姆・比徹姆則認為，父愛主義是行為人對他人自主權利的有意限制，「限制他人自主的人的行為目的，是對被限制人予以幫助，因此而被證明是正當的。」〔註 7〕簡而言之，父愛主義就是為了他人利益而干涉他人自由的行為。

〔註 4〕 〔美〕H.T 恩格爾哈特，生命倫理學基礎〔M〕，范瑞平譯，北京：北京大學出版社，2006 年，第 322 頁。

〔註 5〕 Gerald Dworkin, Paternalism: Wasserstrom R, Morality and the Law〔M〕, Belmont: Wadsworth Publishing Company Ltd, 1971.107～126.108.

〔註 6〕 Gerald Dworkin, Paternalism, in Robert Audi（ed.）, The Cambridge Dictionary of Philosophy〔M〕, Cambridge University Press, 1995, P649.

〔註 7〕 T L, Beauchamp, Paternalism: Post S G, Encyclopedia of Bioethics〔M〕, New York: Thomson Gale press, 2004.

　　醫療父愛主義（Medical Paternalism）是父愛主義思想在醫療這個特殊領域的運用。它是指在醫療過程中，醫生有權根據其專業知識做出對病人有利的醫療決策，而不需顧及病人本人的意願或選擇。並且，在某種情況下，醫生會要求或強迫病人接受自己的決定，因為這是為了病人的最佳利益。在幾千年醫學傳統中，父愛主義思想都是醫患關係的主導模式，在確立醫患雙方的權利義務時也是一種重要的指導思想。在醫療父愛主義的背後隱藏著一個對人性的基本假設就是：相對於患者，醫生是性善的，醫生對患者負有行善義務而不僅僅是責任；相對於醫生，患者是弱者，他在醫學方面知識的缺乏使得他在醫療過程中無法做出正確的決定，故應該相信醫生的決策，將決定權交給醫生，表現了一種不平等的醫患關係，反映了患者對醫生的信任與依賴。可見，醫療父愛主義帶有一種關懷與愛的利他思想，即醫生試圖去滿足病人的需要，自主地維護病人的利益。這種思想也帶有一定強迫性，即醫生會強迫病人接受由醫生所選擇的醫療方案，雖然這些方案可能會違背病人自己的意願。醫療父愛主義認為在醫患關係上，病人缺少足夠的醫學知識和判斷能力來衡量不同治療手段的利害得失，而醫生受過嚴格科學的專業訓練並且經歷了長期的臨床實踐，因此醫生有良好的判斷力來決定何種治療手段才符合病人的最大利益。所以為了病人的利益，應該由醫生來做醫療決定。

　　對於醫療父愛主義，要從兩個層面理解。首先，它以傳統生命倫理學中的「行善」或「有利」（beneficence）原則為其理論基礎。行善原則主張，「我們有積極的義務考慮他人的幸福，在他們試圖實現自己的計劃時幫助他們」。〔註8〕父愛主義認為醫生的行善義務高於患者的自主權利，因此，醫療父愛主義實質是以忽視病人的自主權為代價來為病人提供福利，其道德基礎就是有利原則（the PrinciPle of beneficence）。「有利」一詞通常是指有益於他人，有助於他人利益的滿足，包括利他主義、愛和人道，更廣泛地說，它包括所有旨在增進他人利益的行為。醫學倫理中的有利原則要求醫生能盡量避免對病人的傷害，並積極促進病人的健康和利益。這既是醫護人員所推崇的美德，也是醫護人員應遵守的一個最基本的義務。在某些情況下身為行為主體的病人並不能理性的判斷何種醫療決策是對自己最有利的，因此需要由醫生為他們做主；或者，從極端的觀點來看，不管病人意願與否，醫生都有理由為了

─────────────

〔註8〕　〔美〕托馬斯・A香農，生命倫理學導論〔M〕，蕭巍譯，哈爾濱：黑龍江人民出版社，2005年，第24頁。

使病人獲得自身更長遠的福利而強制施行某一醫療措施。因此醫療父愛主義的一個突出特點在於一定程度上的全人類性——愛人，尤其是中國傳統醫學倫理倡導仁者愛人，推己及人，視人猶己，始終把為人類健康服務作為自己的最高道德準則，並在此基礎上對傳統醫德提出了更高的要求。

其次，醫療父愛主義主要是與醫療自由主義相對而言。作為醫學倫理中的一種醫療模式，它可以看作是醫生以行善原則為基礎而對個人自主或自由權利的違反。即是指醫生為了更好地實現病人自身的利益而限制其自由權利。在這裡，醫生充當了「父親」的角色，病人即是他所要保護的「孩子」。父愛主義常常包含對病人個人自由權利的違背，這種違背的理由是醫生站在專業角度，可以為他們提供好的醫療決策，從而使他們的疾病得到更好的治療。就像家長為了孩子的健康和利益而不顧他們的意願，強制性地為他們做選擇一樣。在過去對醫療父愛主義的研究中存在的最大誤區是將其完全看做自主原則的對立面，並認為是知情同意原則在實踐中的最大阻礙。實際上，從病人這一方面來講，在疾病的緊張狀態下，病人因生理、心理的巨大壓力，其自主能力經常發生退步，而想要像孩子一樣得到醫生的幫助。患者非正式的請求醫生給予自己家長式的照顧自然出現在醫療領域。因此，本文試圖說明傳統父愛主義的醫患關係模式與知情同意的醫療實踐的契合。

醫療父愛主義在西方自希波克拉底時代已經存在。《希波克拉底誓言》中明確說到：「我決盡我之所能與判斷為病人利益著想而救助之，永不存一切邪惡之念。」〔註9〕從這裡可以明顯看出醫療父愛主義的兩個最基本特徵：一是醫生應以病人利益為目的；二是醫生以自身專業能力與判斷作決定，即醫生做主。而中國的父愛主義傳統則可追溯至古典醫德時期。符合醫療父愛主義的行為必須具備兩個必要條件：第一，從病人的最佳利益出發，一切為了病人的的福利、需要和利益。這一點主要分為兩種情形，一是阻止病人自我傷害，二是增進病人利益，這就是我們所謂的「仁愛」；第二，忽視或拒絕病人的自主權，為病人做決定。父愛主義的措施必然是不同程度地限制相對人的自由或權利。這就是所謂的「強制」。只有同時具備這兩個條件，才能稱為醫療父愛主義的行為。醫療父愛主義實際上就是一種保護病人利益的方式，在積極的意義上說，它要使當事人的利益得到增加；從消極方面講，則是使病

〔註9〕周俊，何兆雄，外國醫德史〔M〕，上海：上海醫科大學出版社，1993年，第119頁。

人的利益免受某種損害。〔註10〕醫療父愛主義體現的是生命倫理中的有利無傷原則。由於醫生擁有專業的知識和豐富的經驗，所以相對於病人來說，他當然處於一個更具優勢的位置。因此在具體的醫療實踐中，在依賴的、無知的、恐懼的病人面前，醫師就像一位家長，任何患者都應當服從這樣一種專業權威。

二、醫療父愛主義的主要類型

不是所有的醫療父愛主義都具有道德合理性，因此必須分清醫療父愛主義的不同類型或模式。根據不同的分類標準，醫療父愛主義可以分為不同類型，如強父愛主義和弱父愛主義；直接父愛主義和間接父愛主義；純粹父愛主義和非純粹父愛主義等等。在此基礎上，我們將分析不同類型的醫療父愛主義的合理因素和局限性，尋找一種具有道德合理性的醫療父愛主義模式，為揭示醫療父愛主義的意義和價值提供基礎。

（一）弱醫療父愛主義〔註11〕

弱父愛主義（soft paternalism）的核心觀點是，只尊重「真實」（即那些在認知上和意志上沒有欠缺）的決定。該原則主要是在病人不能行使自主自願同意之時所應用的一個重要規範，它的基本特徵就是代替病人作出決定，如病人是兒童、老年癡呆病人、精神病人等心智不成熟者，等，沒有自主自願決定的能力。在其有能力的條件下，干涉不能強加於病人身上。這就是弱父愛主義。此時因為病人缺乏自主能力，無法接受理解相關醫療信息，由第三人為其作決定，這第三人有嚴格的限制。通常是監護人，或法律指定的代理人，其決定是為了保護病人的利益，以病人最佳利益來作選擇。這也是弱父愛主義之所以被認為「弱」的原因。它並不對任何真實的決定進行干預。它

〔註10〕 Joel Kleinig, Paternalism〔M〕, Rowman & Allanheld Publishers, 1984, pp.3～17: Donald Van Deveer, Paternalism：Intervention: The Moral Bounds on Benevolence 〔M〕, Princeton University Press, 1986, pp.8.

〔註11〕 關於弱醫療父愛主義以及其他形式父愛主義的敘述，參見 Thaddeus Mason Pope, Counting the Dragon's Teeth and Claws: The Definition of Hard Paternalism 〔J〕, 20 Ga, St, U, L, Rev, 660, Spring, 2004.; Gerald Dworkin.The Theory and Practice of Autonomy〔M〕, Cambredge University Press, 1988, p124; Joel Feinberg, Legal parernalism〔J〕, Canadian Journal of philosophy 1971, 105～124.etc.

只對受到削弱的決定，即「強制、虛假信息、興奮或衝動、被遮蔽的判斷，推理能力不成熟或欠缺」〔註12〕的結果進行限制和干預。這一原則有時也運用於一個正常而一般被認為具有自主能力的個體身上，在當事人突然處於某種短暫失去自主能力的表現時，可以適用弱父愛主義。如一個有自主行為能力的人在突發疾病後由於生理和心理的影響導致暫時失去自主能力，所作出的決定往往是非理性的。但是這種情況下，代為決定者仍需遵守當事人在有能力時所作的相關決定，即尊重患者在清醒時的意思表示。此亦是保護當事人的最佳利益選擇。除非涉及當事人重大傷害，應盡量滿足其願望，來作為醫療父愛主義的合理運用。因此，弱父愛主義不是阻礙自主，而是在實際上保護和提升當事人自主權。當然，圍繞弱父愛主義的爭議不少，也有人認為它並不是真正的限制自由的原則，因為它並非忽視或拒絕病人自主，而是出現病人「無自主權」而又必須做出決定的情況時的一種善意的（為解除患者病痛）、保護性的（為使患者免受傷害）行為。

弱父愛主義又有以下幾種情況：

第一，行為人沒有行為能力。即對於那些無行為能力的個體，如嬰兒、很小的孩子、先天智力障礙者等，父愛主義不可避免。其它人必須為了他們的最佳利益代他們做出選擇。它根據行善原則得到辯護，並不受自主原則限制。筆者認為，基於最本真的意義，父愛主義是對當事人的保護，但是在醫學上而言，這種患者沒有行為能力而必須由他人代為醫療決定的行為根本不能稱為父愛主義。這是由於醫療父愛主義兩個基本要件之一是對病人自主權利的忽視。既然病人沒有自主權利，那就無所謂忽視一說。因此，醫療父愛主義的前提首先應當是患者本身具有自主能力。

第二，行為人有行為能力，委託他人代為行使權利，稱為委託性父愛主義。有兩種形式。其一，明確的委託。醫患關係經常是明確的委託。當病人明確要求醫生按醫生認為最佳的方式予以治療，他已經將權利轉給醫生，創造了一種家長式關係。如果醫生接受病人要求，那麼他有責任和義務按照病人最佳利益來判斷採用何種治療手段。但是其中的問題在於，如果病人在中途表示放棄或改變初衷，醫生如何選擇？是根據病人最初的要求繼續治療而不顧病人反對，還是按照病人當下要求中止？即使醫生不管病人反對而繼續，他也沒有違背病

〔註12〕 Joel Feinberg, Legal Paternalism〔J〕, Chap, 5 in Rights, Justics, and the Bounds of Liberty: Essays in Social Philosophy, 110～29, Princeton University Press, 1980.

人自主原則，因為他認為繼續才有助於病人長期利益，這是行善原則的要求；當然，如果醫生願意，他也可以停止。但這並非是醫生的義務，而是醫生自願選擇。其二，暗含式的委託。即使病人沒有委託，但也存在一種設定，其它人可以代表他們去作某些決策。即「理性的和審慎的個人不會在乎，並且事實上想要這類干預，特別是當懷疑當事人是否具有行為能力或是否完全知情」。〔註13〕這經常被看做密爾弱父愛主義的例證。密爾認為，「抵禦意外事故乃是公共權威的一項正當職責。如果一位公民或任何其它人看見一個人正想踏上一座肯定是不安全的橋，並且沒有時間對他發出警告時，那麼如果他們抓住他把他拉回來，就並沒有真正違背他的自由；因為自由在於做自己想要做的事情，而他並不想掉到河裏。儘管如此，但在沒有確定性、只有可能受到傷害的風險時，只有當事人自己才能判斷其動機是否足以使他去冒這個風險；在這種情況下（除非他是一個孩子、精神錯亂者或處於某種無法充分使用反思能力的興奮或專注狀態），我以為，別人只應該警告他有這種危險，但不應該強迫阻止他陷入這種危險。」〔註14〕可見，即使是堅決反對干預，主張個體自由的密爾，仍承認父愛主義式干預的存在。這是因為，個人有可能做出任意和草率的選擇，實際上這是設定個人將願意受到保護以免除某些並不屬於自己的計劃或選擇之內的錯誤，當這種保護只涉及小型的干預時，具有一定的合理性。可見自主原則並非生命倫理中唯一絕對原則，在特定情況下，我們有理由認為，保護原則比自主原則具有更優先地位。一般來說，這一論證被用來為阻止自殺作辯護。這一原則同樣應適用於為醫生保護病人生命健康作辯護。這種干預取決於人們在多大程度上懷疑有可能陷入危險者的行為能力以及危險性的大小。

因此，當一個人的選擇有可能是危險的時，要求有更大的行為能力的人對這種選擇進行干預，乃是一種弱父愛主義形式。如果一位病人同意一項很少有風險但有很大好處的標準治療，醫方很少對這一同意的有效性發生疑問。實際上這時醫生的醫療目的與患者的目的是一致的，醫生也一般不會去進一步確定病事人的行為能力。相反，如果病人選擇很有風險又或是拒絕醫生提出的好處很大的治療，那醫方有可能對病人決策進行干預，如同阻止想

〔註13〕〔美〕H.T.恩格爾哈特，生命倫理學基礎〔M〕，范瑞平譯，北京：北京大學出版社，2006年，第326頁。

〔註14〕〔英〕密爾，論自由〔M〕，程崇華譯，北京：商務印書館，1959年，第10頁，第104頁。

要過橋的人那樣，目的是確保病人生命安全與健康利益，直到確定病人的選擇是基於自主自願。

這裡的問題是，如果沒有證據證明可以懷疑行為能力，那醫生是否可以基於有利原則來阻止病人的選擇？醫生的這一做法是否違背自主原則？而這種證明是極為主觀的，要以醫生專業素養來論證，而病方極有可能並不認可，甚至導致醫患衝突。而如果醫生明顯看出病人選擇有危害而不加阻止，那麼違背保護原則，也有可能引起醫患衝突。經常引發爭論的問題是，在什麼樣的條件下醫生應為了病人的利益而對其實施父愛主義干預？當患方行使自主權所做的決定危及自身生命健康權時，能否賦予醫生父愛主義干涉權以實現生命高於一切的理念？2007 年的因蕭志軍拒簽而導致孕婦李麗雲母子雙亡的事件引起全國熱議，在這場大討論中，問題的關鍵集中在了醫生乃至醫院的行為。針對蕭志軍拒簽事件，一些法律界人士提出要修改《醫療機構管理條例》關於家屬或關係人不簽字同意就不能實施手術的規定，確立醫生對生命垂危的患者的強制救治權。許多論者提出，即使家屬不同意救治，醫生為了挽救患者的生命也應當實施強制救治。〔註 15〕

（二）強醫療父愛主義

強父愛主義（hard paternalism）主張，在某些情形下一個人可以不顧有行為能力當事人的拒絕來為其獲得最佳利益。它有兩個基本條件：「一是干預人與當事人當時的意思表示或選擇相反，即是說干預人對當事人意志的違反（contrary）；二是對當事人行為進行限制和干預。」〔註 16〕這種觀點對其後芬博格（Joel Feinberg）、戈特（Bernard Gert）等對父愛主義的解釋都產生了很大影響。芬博格認為，強父愛主義，就是對「充分的」或「完全自願」的「涉己」行為進行限制，〔註 17〕伯納德・戈特則主張，「在對當事人自由進行限制時，必須要證明這種限制符合一定的道德原則，這才能稱為是父愛主義干預。」〔註 18〕進行道德上的證成，是一種干預行為是否是父愛主義式的「重要因

〔註 15〕 關於蕭志軍事件的討論，參見蘇力，醫療的知情同意與個人自由和責任〔J〕，中國法學，2008 年，第 2 期。

〔註 16〕 Gerald Dworkin, Paternalism: in Morality and the Law〔M〕, Wadsworth Publishing Company Ltd, 1971, p112.

〔註 17〕 Joel Feinberg, Moral Limits of the Criminal Law: Harm to Self〔M〕, Oxford University Press, 1989.

〔註 18〕 Bernard Gert, Bioethics: A Return To Fundamentals〔M〕, Oxford University Press, 1997, p211.

素」。強父愛主義引起的道德問題最多，也因此，當人們談論父愛主義時，把這種類型看做父愛主義的唯一形式而產生誤解，認為父愛主義就是看做對個人自由絕對的侵犯。伯納德・戈特（Bernard Gert）和查爾斯・卡佛（Charles M. Culver）還提供了下述五個條件，並認為這是道德上證成父愛主義惡的必要和充分條件：「A 對 S 是以父愛主義方式來行動的，當且僅當 A 的行為（正確地）表明 A 相信：（1）他的行動是為了 S 好，（2）他有資格代表 S 行動，（3）他的行動涉及到違背一條道德原則（或去做情境本身要求他做的事），（4）代表 S 來行動可以獨立於 S 過去的、現在的或即將出現的（自由的、知情的）同意而得到辯護，（5）S（或許是錯誤地）相信他自己（S）一般來說知道什麼對自己有好處。」〔註 19〕

　　美國學者波普（Thaddeus Mason Pope）認為，強父愛主義的構成，必須邏輯上具備以下四個充分必要條件：「第一，干預者必須主觀上具有限制當事人自由的意識；第二，干預者主要是出於善意限制當事人的自由，因為他相信這一干預有助於增加當事人的福利，或者使其免於傷害；第三，進行干預的善意動機必須獨立於當事人當時的偏好，或者不考慮對方當下的偏好，否則，干預人實際上就是在為當事人提供便利而不能稱為父愛式干預；第四，干預人必須或者不考慮當事人是否實質自願地從事被限制的行為的事實，或者有意地限制當事人的實質自願行為，否則，干預人的限制就是弱父愛主義式的。」〔註 20〕波普的觀點特別強調了善意（Benevolence）而非善果（Beneficence），認為善意是父愛主義行為的必要條件，而受益則不是必要條件。〔註 21〕可見波普將干預者的內心意圖擺在首要位置，即父愛式干預是否出於善意，他更強調行為本身的道德性，善性，反而將行為結果是否有利放到次要地位。除了波普之外，很多父愛主義論者提出類似觀點，認為父愛主義只要求干預者有為當事人謀利的意圖，即善意，而不必然要求有對方獲利的結果，即善果。美國學者赫西認為：「我們可以說為了當事人的利益是構成父愛主義行為的必要條件，但不能說只有使當事人成功獲益時才構成父愛主

〔註 19〕 Bernard Gert, Charles M, Culver: Paternalistic Behavior〔J〕, Philosophy and Public Affairs, 1976, 6（1）: 45～57.

〔註 20〕 Thaddeus Mason Pope, Counting the Dragon's Teeth and Claws: The Definition of Hard Paternalism〔C〕.20Georgia State University Law Review, 2004, 659～722.

〔註 21〕 Thaddeus Mason Pope, Counting the Dragon's Teeth andClaws: The Definition of Hard Paternalism〔C〕.20Georgia State University Law Review, 2004, 659～722.

義行爲……我們只要求父愛主義行爲的意圖是維護當事人的利益。」〔註22〕

（三）直接父愛主義與間接父愛主義

根據行爲人限制當事人自由的方式，父愛主義可分爲直接和間接的父愛主義。直接父愛主義是僅限於對病人本人行爲的干預，如治療期間醫生禁止病人吸煙、喝酒、限制飲食等，都不涉及對除了病人以外的他人行爲的限制，這就是直接父愛主義；間接的父愛主義是指通過直接限制他人的行爲，而達到間接限制病人行爲的目的。一般而言，對未成年人、無行爲能力人的父愛主義干預都屬於間接父愛主義類型，通過限制監護人或其它利益相關人（這一範圍有嚴格限制）的行爲，而間接干預病人自主。

（四）純粹父愛主義與非純粹父愛主義

根據醫生干預的出發點與結果，父愛主義分爲純粹與非純粹兩種類型。儘管父愛主義干預的直接目的是保護行爲人的利益，但實際卻往往產生惠及其它人乃至整個社會的效果，而不僅僅對行爲人本人有利。這種對其它人有利的情形就稱爲非純粹的父愛主義，而僅對行爲人有利的情形稱爲純粹的父愛主義。〔註23〕公共健康領域的干預一般屬於非純粹父愛主義，因爲這種干預產生了保護他人利益甚至惠及整個社會的後果。

（五）超父愛主義與合理父愛主義

超醫療父愛主義是指醫生爲了達到要使病人接受自己所指定的醫療方案的目的，有可能故意隱瞞醫療信息，或者泄露有可能引起病人恐慌心理的醫療信息，來影響病人自主決定的能力。同時，醫生有可能採取先治病人行爲自由的方式來拒絕病人要求，達到干預病人行爲的目的。雖然在這種情況下，醫生出發點仍是爲了病人的利益考慮，但是這種干預實際上已經超過限度，而演變爲一種超醫療父愛主義。在這種情況下，即使有自主能力的病人希望醫生尊重自己的選擇，醫生也往往會忽略病人的要求。這種超父愛主義往往演變成打著父愛主義幌子行醫療特權主義之實的醫療僞道德現象。

醫生相較於病人來說，他長期的訓練、豐富的經驗以及專業的知識都會使得他能做出更合理的決定。所以，在面臨臨床實踐中的一些問題時，醫生

〔註22〕 Paul Turner Hershey, A Definition for Paternalism〔J〕, 10 Journal of Medicine and Philosophy, 1985, p172.

〔註23〕 Thaddeus Mason Pope, Counting the Dragon's Teeth andClaws: The Definition of Hard Paternalism〔C〕.20Georgia State University Law Review, 2004, 659～722.

就很可能會採用家長式醫療，因爲他們認爲，只有根據他們專業知識權威判斷，才能得出最有利於病人的治療方案。然而，一些權威的倫理學家堅持，家長式的醫療干預很少是正當合理的，因爲病人的自決權利總是優先於醫生的行善義務。在臨床現實中，有必要在行善和自主之間尋求一種平衡。這就是合理醫療父愛主義。

第二節　醫療父愛主義與中國傳統倫理思想的契合

　　中國傳統倫理思想是以家庭道德爲基礎的，認爲道德從親子之愛開始，其他社會道德關係都是家庭關係的推演，君臣上下是父子關係的放大，朋友是兄弟關係的演繹，君臣、父子、夫婦、兄弟、朋友無一不可以從家庭道德予以解釋。所謂「親親仁也，敬長義也」，就是傳統倫理對道德的理解。中國古代醫學倫理受傳統文化的影響，也將醫患關係類比於父子關係，父愛主義始終是醫生從事醫療活動的基本觀念，突出表達了古代仁愛與父權至上的主要思想。

一、仁者愛人：醫療父愛主義的價值本原

　　中國醫學一直自稱爲「仁術」，仁者愛人就是傳統醫療父愛主義的價值基礎。「仁」有多種含義，如《論語・顏淵》說：「樊遲問仁。子曰：『愛人』」。馬廄起火，孔子問：「傷人乎？不問馬」，可見他首先關心的是人而不是馬。孟子說「人皆有不忍人之心」，「無惻隱之心，非人也……惻隱之心，仁之端也」〔註24〕，不忍即惻隱之心。朱熹說：「惻，傷之切也。隱，痛之深也。此即所謂不忍人之心也。」〔註25〕即不忍心看到別人遭受痛苦而發自內心的憐憫、同情之心。「不忍」是仁愛之發端，是行醫首要必備的品質。醫生的仁愛之心來自於對病人的同情心。愛人，則視人猶己，源自對生命的敬畏、熱愛和尊重，從而產生對病人的同情、關心、愛護。

　　醫爲仁術，醫者仁心，在這種觀念的指導下，古代醫生以仁愛之心行醫，對患者深懷「惻隱之心」，良心是醫生職業最基本的道德動機，注重的是仁愛、關懷、惻隱。因此，傳統醫學強調的是醫生行爲的主體性、自覺性和道義性。

〔註24〕孟子・公孫丑上。
〔註25〕〔宋〕朱熹，孟子集注・公孫丑章句上。

這就導致了古代醫學缺乏西方由「希波克拉底誓言」所形成的規範性傳統，而主要是醫生按照自己的主觀意願，憑良心做事，始終將患者視爲需要關愛、同情和拯救的弱者，從而形成父愛主義觀念。這種父愛主義觀念，有別於西方那種法律意義上的規範，而是深具倫理品格。

生命貴重，勝過千金，「仁術」要求醫生珍愛人的健康與生命，把治病救人作爲自己的責任與義務。龔廷賢認爲，「醫道，古稱仙道也，原爲活人。今世之醫，多不知此義，每於富者用心，貧者忽略，此固醫者之恒情，殆非仁術也。以余論之，醫乃生死所寄，責任匪輕，豈可因其貧富而我爲厚薄哉？」〔註26〕《古今圖書集成・醫部全錄》的作者陳夢雷在其作序言指出：「醫者可以生人，可以殺人，所繫尤重」。這種關愛人命，濟世利人的責任倫理觀，是德術雙馨的醫家宏偉志願的集中表現。醫者對病人健康的重視，要以「無傷」爲原則。這與父愛主義的基礎有利無傷原則是根本一致的。尤其用藥要愼重。《孟子・滕文公上》引尚書曰：「若藥不瞑眩，厥疾不瘳」。可見，醫生用藥和病人服藥都帶有危險性。那麼，如何避免病人遭險呢？那就是「君有疾飲藥，臣先嘗之；親有疾飲藥，子先嘗之；醫不三世，不服其藥。」〔註27〕對醫生的要求就是強調經驗的重要，否則對病人來說都將是有害而不人道的。因此，要求醫生必須將病人利益放在首位，利用自己技術和經驗上的優勢爲病人謀利益。《左傳》即載「三折肱知爲良醫」。這樣方可使處方安全可靠而達到無傷爲仁的目的。

傳統醫學的這一基本價值觀念——「醫乃仁術」，使得治病救人成爲醫生的最基本價值觀念，主要表現在如下幾個方面：

第一，仁者愛人使得醫家將病人利益置於首位，醫家應成爲仁人志士。所以孟子提出的「富貴不能淫，貧賤不能移，威武不能屈」道德修養標準，也是醫生職業道德和醫家修養的標準。要求醫者堅持治病救人的根本宗旨，不爲金錢名利美色所惑。陸懋修說：「醫者也，以仁存心者也。焉有醫而可心乎利者？……然則人必不求利者，始可以爲醫乎？夫人不求利，胡爲乎爲醫？故醫難得有不求利者。必得不求利之人以爲醫，曠世不逢矣。雖然醫於治（謀）生之計不能無，醫於鹽利之心不可有。許魯齋有言：學者以治生爲急，此其間固自有醫別也。」〔註28〕即是說醫爲仁術，就要不計得失，一切從病員出

〔註26〕〔明〕龔廷賢，万病回春・醫家病家通病。

〔註27〕禮記・曲禮。

〔註28〕〔清〕陸懋修，世補齋醫書。

發，如救人於水火那樣救治病人，這才是「生物之天理」。不論從事任何工作都能得到名利，但以醫爲業，更主張的是不夠分追求名利，否則不可爲醫。繼承並弘揚醫乃仁術思想具有重要現實意義。有助於強化醫務人員對病人生命尊嚴以及生命價值予以尊重之意識，堅持人道主義信念有助於強化醫務人員的醫德情感。精通醫學，即可將仁者愛人之心施及於人，踐履聖賢濟世行仁之道，可說是人生價值實現的旨歸。在這種思想推動下，大批儒者棄儒從醫，懸壺濟世。

第二，視病人的疾苦感同身受。愛人的行爲模式是取譬於己，推己及人，這就是「忠恕」之道。所謂「盡己之謂忠，推己之謂恕。」〔註29〕就是說，一方面，對人盡心盡力，奉獻自己的全部愛心；另一方面，設身處地爲他人著想，不苛求於他人，這是「爲仁之方」。孔子說：「夫仁者，己欲立而立人，己欲達而達人。」〔註30〕要求人們從自身利益和需要出發，主動關心人、幫助人，反對一事當前，只替自己打算，不顧別人，「君子己善，亦樂人之善也；己能，亦樂人之能也」。〔註31〕另一方面，「己所不欲，勿施於人」〔註32〕即自己不想要的東西，不能強加於人，《大學》對此說得具體：「所惡於上，毋以使下；所惡於下，毋以事上。所惡於前，毋以先後；所惡於後，毋以從前。所惡於右，毋以交於左；所惡於左，毋以交於右。此之謂絜矩之道。」概言之，自身行爲可能給他人帶來影響時，必須考慮它的後果是否能爲他人所接受。可見，推己及人是將自己內在的仁愛之心推衍於外個人是行爲的出發點和標準，而目的是利他，愛他。要求醫者在把握、調節醫患關係時將心比心，它以醫者在醫患關係中的親身體驗爲出發點，從他人對自己的行爲中切身感受這種行爲給自己帶來的利弊，來決定自身行爲準則。要求醫者能擴充自己的愛心，在與人交往時少替自己打算，多爲他人設身處地著想，那麼就會形成和諧、健康的醫患關係。「內省不疚，夫何憂何懼」〔註33〕就是愛人的表現。

宋代張杲說：「人身疾苦，與我無異，凡來召請，急去無遲，可止求藥，宜即發付，勿問貴賤，勿擇貧富，專以救人爲心。」〔註34〕仁愛之德要求視

〔註29〕〔宋〕朱熹，論語集注·卷二。
〔註30〕論語·雍也。
〔註31〕大戴禮記·曾子立事。
〔註32〕論語·顏淵。
〔註33〕論語·衛靈公。
〔註34〕〔宋〕張杲，醫說。

人猶己，對他人的病痛感同身受，如此才能夠盡心盡力地為患者解除病痛。「仁人君子，必篤於情，篤於情，則視人猶己，問其所苦，自無不到之處。」〔註35〕這種觀念是傳統醫學倫理的普遍思想，歷代良醫無不是如此。「欲濟世而習醫則是，欲謀利而習醫則非。我若有疾，望醫之救我者何如？我之父母子孫有疾，望醫之相救者何如？易地以觀，則利心自淡矣。利心淡，仁心現；仁心現，斯畏心生。」〔註36〕一個醫生只有設身處地地為患者著想，才能夠盡心盡力地精心施診，履行自己的職責。古代醫家一心赴救之心，全因「見彼苦惱，若己有之」〔註37〕的推己及人之仁心和由此產生的自律。

第三，仁愛的價值觀念在醫療倫理上的要求還表現在對患者一視同仁，不分貴賤。仁者愛人的一個基本要求就是，把人當做一個人，無論是什麼人，都有作為一個人的起碼的尊嚴和價值，都應該給與關愛。傳統醫學認為，患者在醫生眼中，都是需要救助的病人，無論富貴貧賤，在身體出現疾病這一點上沒有任何特權，作為醫生，絕不能因為他們的社會身份不同而採取不同的態度，只有做到了這一點，才是一個良醫的本分。元代曾世榮說：「凡有請召，不以晝夜寒暑遠近親疏，富貴貧賤，聞命即赴。視彼之疾，舉切吾身，藥必用真，財無過望，推誠拯救，勿憚其勞，冥冥之中，自有神祐。」〔註38〕生命是最珍貴的，醫生以活人為第一要務，救死扶傷就是醫生的根本職責。在醫生眼中，任何生命都具有平等的價值，均應以救助生命為目的，而不能因人發藥，見勢處方。「凡病家請看，當以病勢緩急，為赴診之先後。病勢急者，先赴診之；病勢緩者，後赴診之。勿以富貴貧賤，而診視便有先後之分。」〔註39〕如果一個醫生嫌貧愛富、趨炎附勢，有錢又勢者盡心盡力，有利可圖者全心全意，而對那些貧苦之人則敷衍塞責，那就喪失了一個醫生的道德良心。

二、父權至上：醫療父愛主義的思想淵源

中國幅員遼闊，宗法制根深蒂固。有人說，中國古代社會是家族社會，古代文化是家族文化，古代倫理是家族倫理。這種觀點或許有點片面，但卻揭示了中國社會和文化的一個重要特徵。整個古代社會具體層次是身、家、

〔註35〕 〔清〕喻嘉言，醫門法律·問病論。
〔註36〕 〔明〕王肯堂，靈蘭要覽曉瀾重定緒言。
〔註37〕 〔唐〕孫思邈，備急千金要方·大醫精誠。
〔註38〕 〔元〕曾世榮，活幼心書。
〔註39〕 〔清〕馮兆張，馮氏錦囊秘錄。

國、天下。最早的社會結構是以親屬關係爲中心建立起來的。家庭作爲社會結構的基礎，它對社會生活的各個方面和層次產生著重大影響。根據人類學研究，在人類初期的社會演進中，各民族的演進過程是相似的，都是從母系氏族演化發展爲父權氏族，同時在父權氏族中出現了父權家族制，形成家庭公社，氏族部落的所有制逐漸演變爲家庭所有制形式，而氏族制度進一步演化爲氏族貴族制度。人類社會跨入文明的門檻。但是，在希臘，氏族貴族制度遭到了徹底的破壞，城邦民主制的國家和社會形成。而在中國，國家和社會是在氏族制沒有遭到破壞的情形下形成的，直到春秋戰國時代，秦統一六國，以郡縣制代替分封制，貴族宗法制才從制度層面消解，而其社會基礎和觀念意識仍然根深蒂固，並一直伴隨整個中國古代社會，延續到近代。

因此，在中國封建社會，極其重視家庭的社會作用，據《周禮》記載，先秦即設有大司徒掌管家庭方面的事務，後來的朝代特立戶部，與兵部、吏部、刑部、工部、禮部等同爲國家最高行政機構，國與家彼此依賴，相互影響。隨著封建社會的發展，社會規模增加，社會矛盾激化，國家更需要族長家長管理族眾，藉以穩定社會，鞏固政權。家法族規對社會基層單位的調控在中國歷史上從未間斷過，朱熹就曾親自撰寫家訓、家規。他說：「家政不修其可語國與天下之事乎。」他號召「百官君子」都來「修一家之政」〔註40〕，目的是爲「存天理，滅人欲」服務。家族的觀念和實際約束力量是相當強的，也爲統治者承認。可說既有深入人心的倫理特性，又有外在強制的法律特性，且繁瑣細微。從萬曆十六年刊行的李氏家規中，可以看到包括「敬祖宗」、「禁犯上」、「睦宗族」、「勉孝順」、「重師友」、「力本業」、「違賤禮」、「凜國教」、「重繼嗣」、「安靈墓」、「恤患難」、「重藏譜」、「懲小忿」、「重宗長」等內容。這使得家法族規無孔不入，無心敢違。〔註41〕可以說，「家」在中國古代社會一直佔據著極爲關鍵的本位地位。它不但是擔負著政治、經濟、文化等諸多社會功能的龐大宗族組織，還是一個涵蓋最基本道德關係的倫理實體，並成爲社會價值觀念的最初源泉。

中國家庭作爲一個社會組織，家長獨佔家庭的政治、經濟、文化大權，家庭成員並無獨立與自由。經濟上，家庭實行同居共財制度，禁止子孫有私

〔註40〕〔宋〕朱熹，朱子語類，卷六十八。
〔註41〕唐凱麟，曹剛，重釋傳統—— 儒家思想的現代價值評估〔M〕，上海：華東師範大學出版社，2000年。

財。《禮記·曲禮》曰：父母在「不有私財」；《禮記·坊記》亦曰：「父母在，不敢有其身，不敢私其財」；《禮記·內則》亦載：「子婦無私貨，無私蓄，無私器，不敢私假，不敢私與。」法律上明令禁止子孫有私財，直到宋、明、清，仍有卑幼不得私擅用財的法律規定，並附有刑事處罰，在道德上更是被視為「薄於情禮」，「滅絕禮義」的「十惡」之一加以譴責與懲罰。家庭成員不只是無財產權，也無其它幾乎所有的權利。父母可以左右子女的婚姻，還可以典質或出賣子女，甚至笞殺子女。總之，從生活起居到生產勞作，一切依從家庭意志行事，家庭成員沒有獨立意志。這與西方社會有很大不同。羅馬法有句格言曰：「家父權不觸及『公法』」。這意味「公法」是家父權不得超越的界限。特定的家庭成員也有不受「家父權」干涉的私有財產權，如羅馬帝國初期，現役軍人就可有自己的特有財產，到了查士丁尼時代，子對自己取得的財產已有了差不多完全的所有權了。公關前五世紀制定的《十二銅表法》承認家父對家子擁有生殺予奪大權，但同時規定家父若出賣家子三次，後者自動獲得解放。〔註42〕

家庭作為倫理實體，成為傳統社會的價值源頭。在整個家國同構的社會下，家庭觀念深深滲透到整個文化傳統中，也使得中國醫學倫理呈現出家庭本位的思維定式。

其一，注重家傳。這種思想反映在醫學上，使得家傳世醫是維繫中醫知識與經驗代代相傳的重要形式和習慣。《禮記·曲禮》云：「醫不三世，不服其藥。」順應這一習慣，即有所謂「世醫制」的法令。《大明會典》規定：「凡軍、民、醫、匠、陰陽諸色戶，許各以原報抄籍內定，不許妄行變亂，違者治罪，仍從原籍。」1571年又有法令：「凡醫丁告補，必須審查繫年近嫡派子孫，才能送太醫院學習，經過三年通侯類考，考中方准補役。如果嫡派無人，或不堪補用，其親枝弟侄人等，確係自動報冊，可以教養的，亦酌量批准一人參加學習考補。其它年遠難憑及旁枝遠族，不許一概妄告。」〔註43〕這種維繫世醫的法制造就了中國的世家名醫代代出的醫史奇觀。如南北朝有東海徐氏世傳八代，名醫十餘人，於世最為顯盛。相傳還有婺源江嘉世醫傳至宋

〔註42〕唐凱麟，曹剛，重釋傳統——儒家思想的現代價值評估〔M〕，上海：華東師範大學出版社，2000年，第85～86頁。

〔註43〕朱潮主編，中外醫學教育史〔M〕，上海：上海醫科大學出版社.1988年。第52頁。

代已有二十五世；陳沂家醫傳至清朝道光時約有三十世以上；何侃世醫傳至清代咸豐時已有二十四世等等，〔註 44〕實爲世界醫史上所罕見。但它卻是中華文化的必然選擇和產物，即是一種與小農經濟形態、宗法制和法律相適應的醫學建制。將學術與職業傳承及社會化過程依附於人身血緣關係，必定更能強化其學術思想與技術方法的傳統性與繼承性，這種建制與師徒相授等形式是中醫學術範式幾千年超穩態的重要微觀社會原因。但是另一方面，這種社會建制對造就中醫家間的學術保守、知識狹窄性和門戶之見也有極大影響。

其二，群體意識。中國古代家庭傳統鮮明的特徵就是家庭至上，其實質是以家庭爲一利益群體，個人利益無條件服從家庭利益，個體消融於整體的關係中。因此，中國文化中的人，是群體的人，而非個體的人。這種整體觀念在哲學上表現爲超越自我，個體意識淡薄。任何個體只有在群體中、在關係中才能確定自我的價值。儒家講仁民愛物，民胞物與，以對理的追求爲個人價值的充實與實現。群體意識一方面反映了社會中人與人的相互關係，人作爲社會性存在，其本質只有在社會關係中得到確證和實現。群體意識體現了對人的社會本質的深刻認識。另一方面，群體是由個體組成，忽視個人的利益和價值的群體只能是一種虛幻的共同體。傳統家族主義將群體看做至高無上，而個人則微不足道，壓抑了個人獨立和個性自由。

其三，父愛觀念。傳統的家庭道德核心的原則是父慈子孝，孝道維繫著父家長制的血緣家庭的基本秩序，故孝爲百善之首。它對醫療倫理的影響就是患者對醫生父親般的信任和依賴，從而也產生了忽視患者自主的弊端。而作爲親子道德另一方面的父慈，則表現爲醫生對患者要有父親般的關愛。「仁人君子，必篤於情」〔註 45〕，這種情就是建立在父慈子孝基礎之上的患者對醫生的信任與依賴，就是醫生對患者的慈愛和呵護之情。

中國傳統思想這種重視親情人倫關係，導致在中國傳統醫患關係中，病人的權利、病人在醫療中的自主性問題幾乎從未被眞正重視過。對病人的告知是出於醫生的義務而不是對病人權利的肯定。體現出很明顯對病人利益不顧或是忽視的醫療父愛主義特點。而在醫療實踐中，人們也更習慣於把權利交給醫生或自己的親屬，而不是自己作決定。醫生的告知也基本上是告知家

〔註44〕范行準，中國醫學史略〔M〕，北京：中國古籍出版社，1986 年，第 60～63 頁。

〔註45〕〔清〕喩嘉言，醫門法律‧問病論。

屬。知情同意更確切說不是病人同意（patients consent），而是親屬同意（relational consent）。直到今天，在有關法規和衛生行政部門規章中，也明文規定了須家屬同意方能手術。其表現爲兩個方面，一是當臨床需要作決策時，醫生很不習慣認眞考慮病人的意見，一般根據自身的經驗與專業技術來決定何種醫療措施對病人最爲有利，有時履行知情同意的承諾往往也只一種形式。二是病人親屬在決定中的地位往往超過病人本人。人們更看重家庭以及一個人在家庭、社會中的作用。更爲明確的說，一個人的生命不僅僅屬於個人，而是全家的。當親人生病，親屬理所當然承擔照顧病人和爲病人作決定的責任。此外，這種家庭本位的觀念存在忽視個人自主性的傾向。這是由於儒家倫理更重視整體性，強調個人與家庭、他人、社會的和諧相處，而忽視了個人在這種關係中的自主問題。同時，由家庭本位思想產生的男女授受不親和身體髮膚，受之父母、不敢毀傷等誡條，令醫家對婦科某些疾病和人體解剖探討研究成爲禁區，阻礙醫學發展。

第二章　醫療父愛主義的歷史發展

　　中國傳統社會是一個有著根深蒂固的宗法血緣關係的社會，其最基本的觀念，就是把整個社會看成是一個如同大家庭一般同質的共同體。建立在以倫理親情為核心的血緣基礎上的父愛主義理念，在中國醫學發展史中佔有舉足輕重的地位。其明顯特點有二，一是醫生以病人利益為重，醫者使命是濟世救人；二是醫患關係是醫生佔據主導，病人服從配合的主動——被動型模式。古代醫患關係中，醫生的主導地位是摧不可堅的，而病人權利意識相當淡薄。父愛主義在社會上是指君父對臣子，醫學上是指醫生通過對病人「強制」的愛來樹立其在心中的內在權威。

　　大抵說來，中國傳統醫療父愛主義模式的發展經過了三個主要時期：一是古典醫德時期到兩漢。戰國時期成書的《黃帝內經》，第一次提出以人為貴，奠定了傳統醫家將病人利益置於首位的行醫倫理基礎，並有了關於醫生在醫患關係中處於權威地位的論述。至漢代，包含醫德原則、規範、修養、教育、評價等內容的傳統父愛式醫患關係模式基本確立。張仲景《傷寒雜病論》首次強調了醫者的基本倫理規範就是愛人知人。二是魏晉至至唐代。一方面，醫學上確立了辯證論治的醫者主導治療的方針。另一方面，受到儒釋道三教共同影響，肯定個體存在，關注個體自由的道家倫理思想以及無傷及普同一等等佛教倫理觀念浸蘊到了中國傳統醫學倫理思想當中。與儒家思想磨合，強調尊重患者、一視同仁、醫患溝通的內容在此時的醫德規範文獻中逐漸增多。主要代表作有孫思邈的《大醫精誠》。三是宋元明清的理論完備時期。社會經濟發展，資本主義萌芽出現，商品意識滲入醫學領域，醫學理論在實踐的基礎上逐步走向綜合和更加完備。義利關係和醫患關係是此時期醫學倫理

關注的重點。醫家以金元四大家等為代表，醫著主要是中國第一本醫學倫理學著作《醫門法律》，還有《醫學入門》、《外科正宗》等。

第一節　醫生崇拜：醫療父愛主義的形成

　　原始人在艱苦的生活條件下，備受大自然的威脅，野獸、毒蛇、飢餓、寒暑、風雨雷電等給人們帶來的傷害和疾病使得人口大量死亡。人們在與疾病作鬥爭的醫療實踐中，逐步認識到醫療工作關係到人的生命安危，因而就開始形成人們對醫生的尊重和醫生對病人愛護和關懷的朦朧意識。雖然這種意識還談不上是對生命的理性認識和個體道德的自覺，但是仍向我們昭示醫療行為一個重要的內涵：即，醫療本身就內在的蘊含著人與人之間互助的需要，掌握一定醫藥技能的人，有義務幫助他人以達到維持集體生存的目的。

一、萌芽：古典醫德的產生

　　醫術起源於原始社會中的巫術。那時，沒有醫學這樣一門職業，也沒有醫患關係的產生。由於人類認識能力的低下，對疾病的理解基本上處於蒙昧階段，「疾病總是被看成是由一種看不見的、觸摸不到的原因造成的，而且這原因是以許多各不相同的方式來被想像的。」〔註1〕疾病可能來源於魔鬼，來源於敵人或死人的遊靈。在中國則有疫鬼、瘟神之說。由於人們對病因認識上的無知，古代醫學在其發展的過程中，有一段時期曾操在巫的手上。行使巫術的巫被視為具有「超自然力」，能夠治病祛邪，保護氏族成員和牲畜、農作物不被加害。在一定意義上可以說，巫是作為一類可以給較多的人施以醫療影響的準職業階層而存在。因為「決定一切的診斷只能由擁有與神秘力量和鬼魂交往的能力並有足夠的威力來戰勝和驅走它們的人來作出。」〔註2〕

（一）巫醫崇拜：醫生權威思想萌芽

　　古醫字作「毉」，從巫，是神職與醫職相兼的表現，男巫通常稱覡，女巫通常稱巫，合稱巫覡。〔註3〕《國語‧越語》載：「將免（娩）者以告，公覡

〔註1〕〔法〕列維‧布留爾，原始思維〔M〕，丁由譯，北京：商務印書館，1986年，第255～257頁。
〔註2〕〔法〕列維‧布留爾，原始思維〔M〕，丁由譯，北京：商務印書館，1986年，第257頁。
〔註3〕國語‧楚語下。

守之。」《廣雅疏證》考，因巫與醫皆所以除疾，故醫字或從巫作毉。《山海經・大荒百經》亦載：「大荒之中──有靈山、巫咸、巫即、巫胎……十巫從此升降，百藥爰在。」郭璞注曰：「群巫上下此山採之（藥）也。」《黃帝內經》則進一步肯定了巫的醫學知識，「先巫者，因知百病之勝，先知其病之所生者，」〔註4〕而在西方，「Medicine」一詞既指醫學、醫術、藥物，又指巫術。「巫醫」一詞（Medicineman）也由同一詞根合成，更印證了巫醫同源關係。巫醫用咒語、用敬神、祈求神明的保護和寬恕之類的某種儀式驅除疾病這種邪惡的東西，或用催吐、導泄等一類猛烈的藥物、手術相結合的方法來治病的方術稱為巫醫術。殷商卜辭中有女巫治病的記錄：「巫妹乂（艾）子？」乂即艾蒿，是一種可以用來治病的灸草。乂子就是用艾蒿灸治小孩。

商代敬重鬼神，巫具有較高文化水平和一定的醫藥知識，掌管祭祀，因此地位很高。周代的巫也是一種官職，掌「卜筮之事」，又懂一些醫藥知識，既祭神問卜，又採藥治病。西周「鄉立巫醫，具百藥以備疾災。」〔註5〕「巫」能夠絕地通天，能上達於天，與鬼神相通，以巫術「驅逐病殃、降福於人」，〔註6〕有驅趕疾病的力量，被看成是能與神相溝通的人，巫與病者形成的是「神與人」的關係，由此產生了最早的對巫醫接近於「神」的崇拜。巫醫對於病人來說具有絕對權威，病人只有服從他的命令才能趕走邪惡，恢復健康。因此，病人將自己交到巫的手上，一切由巫醫做主。不過，巫的主要任務是求神問卜，「溝通」人神關係，而不是替人診治疾病。韋昭《國語・楚語》注：「覡，見鬼者也。」巫主鬼神之事，醫藥是其「副業」，此時的醫學迷信色彩甚濃，不科學成分頗多。對巫醫的類似於對「神」崇拜一直持續到春秋時期，自醫生這一職業產生後降為對醫者的崇拜。論語中有：「人而無恒，不可以作巫醫」之語，可見到此時還有巫醫的存在。

（二）互助觀念：利他濟眾的醫療道德萌芽

由於生產力極其低下，社會分工尚不發達，人們認識自然和社會現象的能力受到極大限制，因此醫療活動處於探索之中。此時的醫療行為主要是限於本人的自救或少數血親間的互救。隨著火的使用，人類在同大自然的搏鬥中，逐步掌握了原始的治療傷病的方法與經驗。「上古之世……，民食果蓏蛤，

〔註4〕 靈樞・賊風。
〔註5〕 逸周書・大聚。
〔註6〕 馬伯英，中國醫學文化史〔M〕，上海：上海人民出版社，1995年，第144頁。

腥惡臭，而傷害腹胃，民多疾病，有聖人作，鑽燧取火，以化腥」〔註7〕，而民悅之，使王天下，號之曰燧人氏」。人們在生食過程中認識到了飲食與腸胃疾病的關係，逐漸有了其後如類似熱敷、火罐的醫療措施，按壓以治疼痛、裹敷以救外傷，草藥以療內疾，以石刀切開瘡癤引流膿血等等。

在這種與疾病作鬥爭的醫療實踐中，人們逐步認識到醫療工作關係到人的生命安危，因而就開始形成人們對醫生的尊重和醫生對病人的愛護和關懷。神話傳說中多有描繪，如「伏羲氏……畫八卦……乃嘗味百藥而製九針，以拯夭枉焉」〔註8〕；「神農乃教民播種五穀，……嘗百草之滋味、水泉之甘苦，令民之所避就，當此之時，一日而遇七十毒」〔註9〕；「神農氏以赭鞭鞭草木，始嘗百草，始有醫藥。」〔註10〕等。傳說中的伏氏和神農氏是農業和原始畜牧業的創始人，他們為認識藥性，拯救人民疾苦，而不惜冒生命危險以己作為實驗對象。這些原始的醫療活動大都從自身嘗試開始，而後才推而廣之。可見儘管古人尚不具備科學的治療和救助能力，但是面對他人的疼痛和疾病，這種為積累治病知識而自我獻身的精神，反映了為了病人利益不顧自身安危的「幫助病者」意識，孕育了犧牲自己，造福天下的醫藥道德精神。雖然這種意識還談不上是對生命的理性認識和個體道德的自覺，但是仍向我們昭示醫療行為一個重要的內涵：即，醫療本身就內在的蘊含著人與人之間互助的需要，掌握一定醫藥技能的人，有義務幫助他人以達到維持集體生存的目的。由此可見，古代醫療活動具有明顯的利他，濟眾的道德性。這種利他濟眾的醫學道德是隨著人類醫療活動的產生而萌芽的。從這個意義上說，此時已經產生了「一切為了病人利益」的父愛主義萌芽，只是由於認識能力的局限，人類自身尚未覺醒，還處於朦朧階段，這種互助意識也是出於生存本能，還沒達到「自覺」的地步。

二、雛形：《黃帝內經》的闡述

從殷周到秦以前，中國的經濟、政治、思想、科技出現了第一個興盛期。春秋戰國前後 500 多年，中國經歷了空前的大變動。政治上王室衰微，諸侯

〔註7〕韓非子·五蠹。
〔註8〕〔晉〕皇甫謐，帝王世紀·路史。
〔註9〕淮南子·脩務訓。
〔註10〕〔漢〕司馬遷，史記·補三皇本紀。

爭霸，戰亂頻繁，民族融合鬥爭激烈；經濟上人口大增，農業進步，手工業發達，商業中心湧現，經濟繁榮；在此基礎上，出現了「諸子蜂起，百家爭鳴」的學術繁盛的歷史時期，原來比較片面和原始的醫學，逐步進入以理論綜合及實踐經驗積累爲特點的發展階段。醫學家們在當時哲學倫理學思想的影響下，全面總結了前代的醫學實踐經驗和成就，逐漸形成了祖國醫學的理論體系。

（一）醫患關係產生

在巫醫時代，並不存在醫患關係之說，巫是被作爲神而崇拜的對象。隨著醫學的進步，巫覡那僅有的醫藥功能已經遠不能滿足人民群眾社會生產生活的需要，巫醫逐漸分開，醫患關係就伴隨著醫學職業的確立而產生。中國在周代（B.C.1065～B.C.771 年）設立了以專門治療疾病爲職責的醫官，並有了相關制度，「設官分職，醫師上士二人，下士四人……食醫中士二人，疾醫中士八人，瘍醫下士八人，獸醫下士四人。」並規定了醫師的考覈獎懲辦法：「醫師，掌醫之政令……歲終則稽其醫事，以制其食，十全爲上，十失一次之，十失二次之，十失三次之，十失四爲下。」〔註 11〕病人到醫師處求醫，醫師便分別派遣醫生對他們進行治療。到年終的時候，通過考覈醫生治病療效的高低來確定他們的俸祿。可見《周禮》以醫生治病失誤多少來衡量醫生的優劣。原始社會出於本能的互助及關愛病人行爲，在法律層面進行了規定，成爲人們自覺遵守的行爲規範。《周禮·地官·大司徒》中還有名爲「寬疾」的政令，即「寬免有殘疾人的卒役」〔註 12〕。據筆者考證這是我國古代最早的表現對病人關愛的官方制度。另一方面，醫學有了分科，主要分爲食醫、即飲食養生方面的醫生；疾醫、即內科醫生；瘍醫、即外科醫生以及獸醫四科。此時的醫學已經作爲一種職業而出現。這一方面反映醫學開始逐漸與巫術分離，成爲一門經驗知識和技藝。失去了原始社會那種神化的力量，與此同時，醫生的地位降爲一般的「方技之術」的擁有者，不再是有著「絕地通天」能力的巫了。這種轉變標誌著醫生與患者的關係不再是近似於「神與人」的關係，而成爲「人與人」的關係。古代醫患關係就此確立。

〔註11〕周禮·天官·醫師。
〔註12〕何兆雄，中國醫德史〔M〕，上海：上海醫科大學出版社，1988 年，第 30 頁。

（二）《黃帝內經》

醫療水平的提高和經驗知識的積累，為醫學理論的確立打下了基礎，相繼出現了許多醫學著作，《黃帝內經》就成書於此時。這部醫學文獻包括《素問》、《靈樞》兩部，共 18 卷，126 篇，闡明了我國古代以樸素的唯物主義思想為以整體觀念為原則的醫學理論體系，是我國第一部明確並深刻闡述醫學倫理思想的醫學經典著作。其中有多篇文章都閃爍著古代醫德的光輝，提出了天地萬物「莫貴於人」的觀點，認為「拘於鬼神者，不可以言至德；惡於針石者，不可以言至巧」；並抨擊了「授師不卒，妄作雜術，謬言為道，更名自功」的不道德行為，從理論上論述了醫術和醫德的關係。具體而言，《素問・保命全形論》強調要以病人為重；《素問・疏五過論》列舉了五種行醫過失，並指出了醫生必須具備的醫德；《素問・徵四失論》專論了醫生在臨床診療中易犯的四種錯誤，以誡醫生；《靈樞・師傳》專論醫生的責任和良心等；這些重要的醫學倫理言論經後世的醫家言傳身教，逐漸形成我國古代具有約束力的醫學倫理道德體系，對醫生的道德思想作風提出了一系列的要求。

1、對生命負責

醫學深受道家自然哲學影響，以陰陽為宇宙間一般規律，人們在診病時不能離開這個綱紀。《內經》指出，「陰陽者，天地之道也，萬物之綱紀，變化之父母，生殺之本始，神明之府也，治病必求於本。」〔註 13〕秦國醫家醫和還提出了六氣病因學說，以自然界陰、陽、風、雨、晦、明為本，若六氣太過，則稱為六淫，可致疾病。以自然界物質本性來解釋醫學，否定了對生命、疾病、死亡等醫學問題上的天命鬼神決定論。《內經》認為，人之所以是最寶貴的，是因為人以天地之氣，四時之法生成。每個人的生命都應該是完備無缺的。「黃帝問曰：天覆地載，萬物悉備，莫貴於人。人以天地之氣生，四時之法成。君王眾庶，盡欲全角，形之疾病，莫知其情，留淫日深，著於骨髓，心私慮之。余欲針除其疾病，為之奈何？岐伯對曰：夫鹽之味鹹者，其氣令器津泄，弦絕者其音嘶敗，木敷者其葉發，病深者其聲噦，人有此三者，是謂壞腑，毒藥無治，短針無取，此皆絕皮傷肉，血氣爭黑。」〔註 14〕黃帝對人類因疾病帶來的身體髮膚等痛苦深表憂慮，欲「針除其疾病」。這是醫學領域第一次提出以人為貴的思想，由此奠定了傳統醫家將病人生命利益

〔註13〕素問・陰陽應象大論。
〔註14〕素問・保命全形論。

置於其它一切利益之上的基礎。「蓋人秉天地之氣所生，陰陽血氣，參合天地之道，運行無息，少有留滯，則為疾病。」〔註15〕人命貴重，是因為人是秉天地之氣所生，人有疾病，是因為陰陽血氣有所留滯。作為決人生死的醫生，在診治中必須從病人利益出發，瞭解患者各方面情況，尤其是心理特點和情志變化，這一點沒有敏銳眼光和耐心細緻，認真負責的態度是很難做到的。因此醫生必須認真負責，一絲不苟，精神專一，拋開各種主觀成見，具備良好態度和醫療作風，否則就會造成各種失誤。如：「診不知陰陽逆從之理，此治之一失也。受師不卒，妄作雜術，謬言為道，更名自功，妄用砭石，後遺身咎，此治之二失也。不識貧富貴賤之居、生之薄厚、形之寒溫，不適飲食之宜，不別人之勇怯，不知比類，足以自亂，不足以自明，此治之三失也。診病不問其始憂患，飲食之失節，起居之過度，或傷於毒，不先言此，卒持寸口，何病能中？妄言作名，為粗所窮，此治之四失也。」〔註16〕指出醫生「所以不十全者，精神不專、志意不理，外內相失，故時疑殆。」就是說醫生在治療時所以不能取得十全的療效，一個重要原因就是由於醫生在治病時不專心致志，對病人情況缺乏認真思考分析，因此用藥或決策時疑慮不決，造成醫療過失。《內經》將醫生謀求功利看做不良醫風，而將病人利益看做醫生施行仁術的出發點和最終目的，明確指責了醫者種種失誤都是由於「精神不專，志意不理，外內相失」和「受師不卒，妄作雜術，謬言為道，更名自功」等學識淺薄，醫術不精又喜謀功利的不良品德和草率作風造成。《靈樞・玉版》指出，「且夫人者，天地之鎮也」，因此，「學者非潛心玩索，不易得也」，作為醫生，「能殺生人，不能起死者」，若無對病人生命高度負責的態度，沒有真正珍重人命價值，就無法達到治病救人的目的。《內經》要求醫生要熱愛醫學事業，司醫之道必「以血為盟」，在習醫前舉行獻血齋戒儀式，端正品行，要發誓有一顆為廣大百姓解除疾病痛苦折磨的惻隱之心，要將病人生命置於首位，刻苦鑽研醫術，不可怠慢視之和夾雜個人的其它私心雜念。這一基本指導思想要貫穿醫者行醫始終。這是由於「夫血脈者，上帝之所貴，先師之所禁也。藏之金匱，非其人勿教，非其真勿授，」〔註17〕《禁服》篇名亦由此而來，意在「誡其佩服而禁其輕泄也。」且要將醫道「傳之後世，以血為

〔註15〕靈樞・九針十二原篇。
〔註16〕素問・徵四失論。
〔註17〕靈樞・禁服。

盟。敬之者昌，慢之者亡。無道行私，必得夭殃。」〔註18〕人命至重，醫學傳授更需謹慎，非篤志勤學，只想不勞而獲的人不可傳授。

2、醫者權威

隨著人們認識能力的提高與自然哲學觀的形成，過去鬼神致病觀念產生了動搖。當時鄭國的子產就發出「天道遠，人道邇，非所及也，何以知之」〔註19〕的聲音，晉平公患病，子產就認為是飲食、哀樂、女色所致，與鬼神無關。齊國晏子也對鬼神之說表示懷疑，時齊景公之病，晏子就認為病因在「縱慾厭私」，因此祈禱是無用的。此時醫學在診斷、治療上採取的措施也與巫術祈禱與占卜迥然不同，而是以「五氣、五聲、五色視其死生」。〔註20〕扁鵲創切脈、望色、聽聲、寫形四診之法，這種診斷方法成為中醫學的基本方法。一方面醫生與病人有了全面密切的接觸，以方便醫生瞭解病情，另一方面由醫生掌握診斷中的主導地位，病人的義務是配合醫生。在治療上以藥物、針灸、外科手術或攻、養、療、節等治療方法，湖南長沙馬王堆三號漢墓發掘的帛書《十二病方》就是最早記載手術法治骨傷科疾病的醫書。

《內經》指出，醫道遠大幽深，「閔閔乎若視深淵，若迎浮雲。視深淵尚可測，迎浮雲莫知其際。聖人之術，為萬民式。論裁志意，必有法則，循經守數，按循醫事，為萬民副。」〔註21〕認為醫生診治之道，要根據陰陽平衡之理，與天道相合，這是一門「至道在微，變化無窮」的「精光大道，大聖之業」，〔註22〕因此不是任何人都能輕易掌握的。醫者首先要對病人之苦具有「私慮」之心，還要具備忠誠的為病人服務的高尚品德，熱愛醫學事業，刻苦鑽研醫術只有如此，才可從容得之，「識契真要」，施行仁術。醫生為病人治病應先揣度其意志得失，考慮病人生活環境、經濟狀況和思想情緒等的變化，然後察其顏色，觀其脈象，詢問病情，如此才能對疾病全面瞭解，擬出治療之方，不會因為某方面疏忽造成過失而引以為咎。可見《內經》中已經將醫生看做「聖人」，因為只有聖人才能明於天道而精於診道，治癒疾病，惠及萬民，故對醫生「不可不敬順之也」〔註23〕這裡表達出明顯的病者須敬順

〔註18〕靈樞・始終。
〔註19〕左傳・昭公十八年。
〔註20〕周禮・天官。
〔註21〕素問・疏五過論。
〔註22〕素問・靈蘭祕典論。
〔註23〕素問・疏五過論。

醫者的醫生權威思想。《內經》載黃帝與岐伯對話說：「黃帝問於岐伯曰：余子萬民，養百姓，而收其租稅。余哀其不給，而屬有疾病。余欲勿使被毒藥，無用砭石，欲以微針通其經脈，調其血氣，營其逆順出入之會。令可傳於後世，必明為之法。令終而不滅，久而不絕，易用難忘，為之經紀；異其章，別其表裏，為其終始。令各有形，先立《針經》。願聞其情。岐伯答曰：臣請推而次之，令有綱紀，始於一，終於九焉。」〔註24〕將人民視為自己的孩子，醫治他們的疾病是作為父親該做之事。黃帝對百姓來說亦是無上權威。

這種誇張醫生權威性的思想，本於醫生和患者信息的極度不對稱，是對醫生專業技術、醫學知識和道德水平的高度肯定，也成為傳統醫療父愛主義的張本。

（三）扁鵲：六不治

在周室衰微，諸侯國敗亡的過程中，不少醫官流落各地，成為自謀生路的遊醫，這使得醫術傳播範圍的擴大，打破了此前「齊楚之醫，皆為官也」的局面，其醫術高明者或傳業子孫，或招徒授術，逐漸形成了以行醫治病為生的特殊人群，即民間醫生。此時的醫生多是個體行醫者，有「醫無定所」的特點，在這種醫學普遍化的形式下，扁鵲作為一種醫德高尚，醫術精湛的傳記人物，他那不為名利、不避艱險、反對巫術、謙虛謹慎、隨俗為變、治病救人的思想與行動，為後世樹立了崇高的醫德榜樣。史載名醫扁鵲「過邯鄲，聞貴婦人，即為帶下醫；過雒陽，聞周人愛老人，即為耳目痹醫；來入咸陽，聞秦人愛小兒，即為小兒醫；」〔註25〕在這種行醫模式下，醫患之間產生的是一種純粹個人與個人的關係，很少涉及與他人、社會的利益關係。因此調節醫患雙方權利義務關係的保證既不是法律準繩，也不是金錢貨幣，而是醫者對病家的道德義務。後來扁鵲成為了良醫的代名詞。扁鵲的「六不治」規定了關於醫生應該做什麼，不應該做什麼的道德戒律，成為了我國最早的醫學倫理學規範之一。其具體內容見於《史記・扁鵲倉公列傳》：「人之所病，病疾多；而醫之所病，病道少。驕恣不論於理，一不治也；輕身重財，二不治也；衣食不能適，三不治也；陰陽並，臟氣不定，四不治也；形羸不能服藥，五不治也；信巫不信醫，六不治也。有此一者，則重難治也。」對於這「六不治」歷來多有詬病，因為它表達了當時醫生治病的一種絕對主導

〔註24〕靈樞・九針十二原篇。
〔註25〕〔漢〕司馬遷，史記・扁鵲倉公列傳第四十五。

態度，父愛主義對病人自主的忽視也由此進一步發展。此時的名醫包括醫和、醫緩、秦越人和文摯等。《黃帝內經》的著成和扁鵲人物的塑造，標誌著古代對醫者的尊崇和醫者對病人利益負責這種父愛主義思想的產生。

三、形成：兩漢醫德的概括

　　從秦漢開始，中國進入了封建社會大一統時期。經濟文化的繁榮，疆域擴大，科技進步，交通發達，爲醫學發展提供了有利條件，醫學在同鄙薄醫術，「恥以醫見業」〔註26〕的思想鬥爭中得到發展。這一時期是經驗醫學開始，巫醫徹底分開的轉變時期，也是中國醫學理論形成的關鍵時期。其特點是重科學，重經驗觀察，重視人的生命和價值。漢代對醫學起到關鍵影響的是董仲舒，他架起了儒學與醫學之間的橋梁。他適應封建社會大一統要求提出的「罷黜百家、獨尊儒術」的建議被漢武帝採納，使得儒家思想逐漸成爲中國文化的主幹，儒家的道德價值觀也浸潤到醫學領域，醫學繼承《黃帝內經》以來的「生命至重」等觀念，加之儒學強調的「仁愛」思想，仁者愛人成爲古代醫學的指導思想，「醫乃仁術」、「濟世救人」成爲中國傳統醫學倫理的核心價值。這種價值觀要求醫生必須懷有仁愛之心去關心病人，一切以病人利益爲重，兩千多年來一直佔據醫學領域的主導地位。張仲景、淳于意、華佗等一大批名醫相繼湧現，他們以自己的言行，對醫者的仁愛、責任與義務、醫生的氣節、德操、品質等方面多有貢獻。開創了兩漢醫學理論、醫藥技術標準化、外科麻醉等的新時代。爲中醫理論體系的建構提供了思想基礎和文化基礎。

（一）張仲景：《傷寒雜病論》

　　東漢傑出醫家張仲景（約 150～219），以他的巨著《傷寒雜病論》開創了我國醫學辯證論治體系。這部巨著中的序言也是一篇具有很高成就的醫學倫理文獻。其中對醫學的性質、宗旨、醫學道德、醫學發展都作了精闢論述。

1、醫者父母心

　　東漢末年，戰亂頻繁，飢餓威脅，瘟疫流行，死亡枕藉。到處是「白骨露於野，千里無雞鳴」的慘狀。張仲景因爲家鄉疫病流行，族人多死於傷寒

〔註26〕參見〔漢〕班固，漢書・游俠傳第六十二，〔晉〕陳壽，三國志・卷二九：方技傳等。

而發奮學醫，其著作《傷寒雜病論》亦在此情形下研習而成。《傷寒雜病論》總計十六卷，後由晉代王叔和將其中的傷寒部分加以整理，這就是現存的《傷寒論》；其雜病部分，直到北宋，翰林學士王洙才從翰林院蠹簡中找出來，後由林億等人整理，這就是現存的《金匱要略》。這部著作不僅奠定了中醫臨證醫學的基礎，也基本確立了「仁」爲醫家主要道德標準。《黃帝內經》中尚無與「仁」相涉及的文字，至仲景方見。他指出醫藥方術是「上可療君親之疾，下可救貧賤之厄，中可保生長命」的人類共同需要的科學事業。他痛斥那些「孜孜汲汲，惟名利是務」的居世之士，以及把生命與勢榮本末倒置的愚昧行爲，呼籲社會有識之士應以「知人愛人」的精神，「留神醫藥」、「精究方術」。張仲景《傷寒雜病論》的問世標誌著仁愛思想從此成爲古代醫家的指導思想。

2、醫學目的是治病救人

在《傷寒雜病論》的序言中，張仲景明確提出醫學的目的是：「上以療君親之疾，下以救貧賤之厄，中以保身長全，以養其生。」〔註27〕即不分貧富貴賤，治病救人。醫生的診斷治療，動輒關係著病人的生命安危，他批判「當今居世之士，曾不留神醫藥，精究方術」，在醫療實踐中，將病人生命利益放在首位，竭誠爲群眾治病，反對那種只知「競逐榮勢，企踵權豪，孜孜汲汲，惟名利是務」的不良風氣。當時士大夫和知識分子羨慕權貴，追求名利，「崇飾其末，忽棄其本，」反而輕視和遺棄了人的根本即身體健康。張仲景痛斥當時醫界中人因循守舊、敷衍塞責、不留神醫藥而競逐榮勢，感歎「進不能愛人知人，退不能愛身知己」，並斥搢紳之士「遇災值禍，身居厄地，蒙蒙昧昧，蠢若遊魂」。還引用孔子言：「生而知之者上，學則亞之。」可見仲景對儒學頗有研究，以學醫、行醫爲仁孝之一端。

（二）郭玉：醫生做主，患者配合

漢代倡導以孝治天下，儒家「父父子子」的倫理道德觀也對古代醫患關係模式也產生了深刻的影響，「醫者父母心」，在要求醫生像父母一樣爲病人著想的同時，也賦予了醫生父母般的權力。這使得古代的醫生在醫患關係中處於絕對權威的地位，而病人的任務應該是服從醫囑，只有這樣才有利於疾病的治療。和帝時（公元 89～104）任太醫令丞的郭玉，「仁愛不矜，雖貧賤廝養，必盡其心力」，精於切脈和針灸，爲貧民百姓治病盡心竭力，多有效應，

〔註27〕 〔漢〕張仲景，傷寒雜病論・自序。

但給達官貴人看病效果卻差很多，甚至「時或不愈」。有些貴人換了衣服，變易居所，打扮成貧苦百姓模樣，再請郭玉診治，結果「一針即差」。和帝很奇怪，問其緣故，對曰：「醫之為言意也。腠理至微，隨氣用巧，針石之間，毫芒即乖。神存於心手之際，可得解而不可得言也。夫貴者處尊高以臨臣，臣懷怖懾以承之。其為療也，有四難焉；自用意而不任臣，一難也；將身不謹，二難也；骨節不強，不能使藥，三難也；好逸惡勞，四難也。針有分寸，時有破漏，重以恐懼之心，加以裁慎之志，臣意且猶不盡，何有於病哉！此其所為不愈也。」〔註28〕郭玉認為，治病是非常細緻微妙的事情，要求醫生全神貫注，心領神會，不能有絲毫差池。治療貧民頗有療效，是因為貧苦患者尊重和信賴醫生，醫者得以施展其才華。而權貴們盛氣凌人，醫生懷有怖懾之心，這樣難以拋開雜念專心一致，他們「自用意而不任臣」，即因身份貴重，自以為是，自作主張而不聽任醫生的治療建議，這樣導致疾病不愈。可見在漢代，對於診病治疾的規約，除了醫生須高度認真負責之外，還要求患者尊重醫生的勞動，盡可能的與醫生的治療相配合，方能收到滿意的效果。在醫患關係中，醫生處於絕對主導地位，病人要全力配合醫生，即使是處於上層的統治階級，也要遵循醫囑才能治癒疾病。將病人不聽醫生吩咐當作治療效果不佳的原因之一。扁鵲的六不治，有「信巫不信醫」之說，主要針對的是巫，而郭玉的「四難」之說是中國古代首次提出了醫患關係中，患者對治療的影響。如果說《黃帝內經》中只單方面對醫家道德作出規範，而沒有關於患方的規定，那麼漢代出現了這種新的醫生做主，患者配合的醫患關係道德要求，則隨著封建社會的發展逐漸穩定，成為中國古代醫患關係的主導模式。

（三）淳于意：中國傳統醫學中的告知與決定

中醫樸素的整體觀和辨症論治的理念影響著醫患關係的特性。中國古代傳統醫學是一種經驗醫學，醫生從診斷到治療均是以直接與病人交往為前提的。如望、聞、問、切等診斷方法，均需同病人直接接觸。在實踐中它強調：其一，人與自然是統一的整體；其二，在分析病理時要有整體觀，要著眼於局部病變對整體的影響和整體病變的局部反映；其三，把辨症論治作為認識和治療疾病的基本原則。基於這種樸素的整體觀和辨症論治的理念，醫生往往具體問題具體分析，尋找並針對疾病的本質進行治療。同時，把生理、心

〔註28〕〔南朝宋〕范曄，後漢書・方術列傳，第七十二：郭玉傳。

理、社會及環境看作是一個有聯繫的整體，從而重視患者的心理因素，更主動地接近、關心和瞭解患者，倡導對患者要全面考慮和負責，這就使得醫患關係具有直接、穩定和主動的特性。這種醫療模式之下，醫患交流密切，據載著名醫家淳于意（BC205～BC150）就講究在治療中醫生應對病人履行充分告知義務。《史記·扁鵲倉公列傳》中就有大量淳于意與病人、病人家屬相交流以制定醫療決策的史料記載，還有關於醫生如何告知病人實情的文字。本文將在第五章詳細討論。

第二節　大醫精誠：醫療父愛主義的演進

　　魏晉至隋唐，祖國醫學的發展呈現出分支學科在分化中日趨成熟、臨床各科大發展及中外醫學交流廣泛等態勢。在對病證及其原因和機理的認識、診斷技術、醫方創制、新藥發展及臨床各科等方面，均取得了較大成就。湧現出全元起、楊上善、土冰、王叔和、皇甫謐、葛洪、陶弘景、孫思邈、王燾、巢元方等一大批著名醫家和學者，著成了《黃帝內經太素》、《針灸甲乙經》、《諸病源候論》、《備急千金要方》、《外臺秘要》等一大批綜合性集大成的醫學著作和醫德著作。為中醫學理論、藥物學、方劑學以及臨床各科的全面發展做出了重要貢獻，在中醫學發展史上寫下了輝煌的一頁，對中醫理論體系的深化發展產生了深遠影響。

一、發展：魏晉南北朝的繁盛

　　魏晉南北朝是我國歷史上最紛亂的時期。從公元 220 年曹丕篡漢立魏，到楊堅立隋完成全國統一，歷經 369 年。階級矛盾、民族矛盾十分尖銳複雜，戰爭、死亡、災害與疾病，威脅著整個國家。公元 310 年黃河流域蝗災，樹葉、草莖甚至牛馬毛都吃光。餓死和疫死者無數。陝西關中自晉惠帝起，生存者僅 1～2%。整個社會宗教迷信盛行，巫蠱活動猖獗。這一時期外科創傷治療技術和傳染病防治技術發展，醫學的專門授受之學，自漢魏以後逐漸亡失。許多著名醫家的研究醫學多從文獻入手。他們懷著崇高歷史使命感繼承和發揚前人的醫學成就，為醫學事業作出了突出貢獻。這一時期，兩漢經學逐漸喪失其統治地位，代之而起的是崇尚虛無的玄學和佛道思想的廣泛傳播，儒家仁愛思想和道教生命哲學成為中國醫學倫理的兩大理論基礎。

（一）皇甫謐：孝當知醫，拯救夭亡

魏晉時期，醫家道德觀念較前代有了深入發展。主要表現在醫學的使命已主要不是體現在對醫生個體或醫患之間的私人關係上，而是突出反映在醫學承擔著拯救夭亡的社會道德義務方面。父愛主義由純粹向非純粹發展，醫者的醫療行為不但要對患者有利，還希翼在客觀上產生有利於社會的效果。對「濟世救人」的追求開始成為醫學發展的重要推動力。如果說漢代只是奠定了醫者以仁愛為指導原則，那麼魏晉在此基礎上前進了一大步。仲景的仁愛思想，尚停留在上療君親、下救貧賤，中以保身的地步，魏晉時期則達到以醫術「播於海內因而濟者其效實多」的高度。名醫皇甫謐（215～282）經歷了封建統治的三次改朝換代，曾一心向道，仰慕高士並陷於士大夫服石的窠臼，身受其害。最終他認為只有精於醫道，才能盡忠行孝，濟世救人。他淡泊名利，屢次辭官，一生只以著述為務。他根據《靈樞》《素問》中有關經脈、瑜穴、針法幾部分內容和當時他所見到的《明堂孔穴針灸治要》一書，並參考《難經》等加以綜合、整理，著成《針灸甲乙經》一書理論性、系統性很強。他說：「夫愛先人之體，有八尺之軀，而不知醫事，此所謂遊魂耳。若不精於醫道，雖有忠孝之心，仁慈之性，君父危困，赤子塗地，無以濟之。此固聖賢所以精思極論，盡其理也。」〔註29〕在此，皇甫謐繼承漢代仁孝觀念，進一步深入了仲景的思想，在「孝當知醫」的框架下，點出了忠孝、仁慈等醫學倫理觀念，但是由於皇甫謐而且他本人不行醫，不是臨床醫家，因此還未上昇到作為醫生的職業道德和行為規範的高度。未能涉足更大範圍。

（二）楊泉：夫醫者，非仁愛之士不可託也

晉代對醫學倫理發展作出突出貢獻的當屬無神論哲學家楊泉。佛教傳入我國後，產生了儒佛鬥爭。其根本點是神滅論與神不滅論。佛教認為精神能脫離身體而單獨存在，主張「神不滅論」，玄學、道教也都是以此為理論基礎。而楊泉與范縝代表無神論思想，在形神問題上繼承了唯物主義傳統，尤其是范縝的《神滅論》，提出形神相即、形質神用觀點。闡明了精神對形體的依賴，精神不可獨立存在，而是形體的派生，從根本上否定了佛道靈魂不滅死後成仙的道路，為醫學反對巫術提供了思想武器。楊泉反對魏晉時期的清談，認為「所以立天地者，水也。成天地者，氣也」，生命「含氣而生，精盡而死」，

〔註29〕〔晉〕皇甫謐，甲乙經·序。

猶如薪盡火滅，「無遺魂矣」。他站在儒者而非醫者的角度，對醫學目的、醫生職業、醫家美德等都有論述，對其後醫家產生了深刻影響。他指出：「夫醫者，非仁愛之士不可託也，非聰明理達不可任也，非廉潔淳良不可信也。是以古之用醫，必選名姓之後，其德能仁恕博愛，其智慧宣暢曲解，能知天地神祇之次，能明性命吉凶之數，處虛實之分，定逆順之節，原疾疹之輕重，而量藥劑之多少，貫微達幽，不失細小，如此乃謂良醫。且道家則尚冷，以草木用冷生；醫家則尚溫，以血脈以煖通。徒知其大趣，不達其細理，不知剛柔有輕重，節氣有多少，進過盈縮有節卻也。名醫達脈者，求之寸口三候之間，則得之矣。度節氣而候溫冷，參脈理而合重輕，量藥石皆相應，此可謂名醫。有有名而不良者，有無名而良者，人主之用醫，必參知而隱括之。」〔註30〕楊泉在這裡明確提出了醫之爲醫的標準包括，其一，仁愛之士。醫生必須是名醫仁人之子弟，擁有仁恕博愛，同情與援救病人的德性。其二，聰明理達。這裡體現中國哲學經權思想在醫學領域的實踐，亦發揮《內經》「以所利而爲之」的治療理念，醫生診病要根據患者體質和自然氣候的變化，採取相應治療措施，該攻該補，該寒該熱，每個藥物用量都要有一定節制。只按經典辦事，缺乏根據患者實際而臨床應變的能力不能稱爲良醫，而只能算作名醫。其三，廉潔淳良。醫者須得本性純良正派，廉潔行醫，不爲利所圖，否則就會借醫行詐。楊泉的觀點實際上體現出中國古代醫患關係的最基本特點，即信託關係。一方面對醫者道德提出要求，要關愛病人，醫者不能僅憑藉對經典醫著的照搬而行醫，還要根據患者實際利益作醫療決策。醫生以仁愛爲原則，以患者利益爲目的濟世行醫，另一方面，「信」、「託」二字體現出患者的道德要求就是對醫生尊重信任，病人將自身性命委託醫生負責，以醫者治療方案爲指導。

（三）葛洪：護人疾病，令不枉死，爲上功也

道教創立於東漢末年，興盛於魏晉時期。道教醫病療疾以布道，主張由修生養性以成仙的信仰和方式。在繼承道家思想的基礎上，提出「我命在我」的生命觀，這種生命哲學成爲中國傳統醫學倫理思想的理論基礎之一。道教以「救人」爲「功德」，以追求長生爲最終目標，一方面推動醫學的發展，另一方面催生魏晉服石之風，成爲有害於人類生命，麻痺人們心智的精神武器。

〔註30〕　〔晉〕楊泉，物理論·論醫。

　　東晉湧現了一位在道教和中醫學歷史上均達到相當高度的傑出人物，這就是先儒後道，先道後醫的道士醫家──葛洪（281～342）。據《晉書·葛洪傳》載，他的信仰和煉丹秘術承其祖傳，內學則學於拜師。葛洪援儒入道，把求仙與儒家道德修養結合起來，提出儒道雙修原則。他說，「為道者，當先立功德。」他說：「以救人危，使免禍，護人疾病，令不枉死，為上功也。欲求仙者，要當心忠孝、和順、仁信為本，若德行不修，而單務方術，皆不得長生也。」〔註31〕修德行莫過於「積善立功，慈心於物，恕己及人、……救人之窮」〔註32〕等方式。因此，以醫術施仁於他人便成了實現道教原旨的一條自然的道路。他說：「人欲成仙，當立三百善；欲天仙，立千二百善……」〔註33〕葛洪在醫療實踐中，看到人民深受疫病威脅，而巫覡「不務藥石之救，惟專祝祭之謬，祈禱無已，問卜不倦。妄說禍祟，疾病危害，唯所不聞。聞則修為損費不訾。富室竭共財富，貧人假奉信息。田宅割裂訖盡，篋櫃倒裝而無餘。或偶有自差，便謂受神之賜。如其死亡，便謂鬼不見赦。幸而誤活，財產窮罄，遂復飢寒凍餓而死。」〔註34〕他痛斥巫術只為斂人錢財，不顧病者性命，深感百姓求醫之苦，遂撰方書《玉函方》一百卷，後從此書中第九十三卷中抄出單方八十六首，名《肘後備急方》四卷，把方便，廉價，療效確實而易於掌握的藥物和治療方法介紹給人民群眾，以應民眾療疾之需，反映醫者將病人利益置於經濟利益至上的崇高精神。

　　晉代另一位著名道醫陶弘景（452～536），深受葛洪思想影響，以拯救疾苦為己任，從事醫籍著述活動。其著有《神農本草經》、《名醫別錄》等。他得梁武帝禮待，居於皇城，只見「輦腋左右，藥師易尋」，無法體會百姓求醫之難。後隱居山鄉，始見窮村回野，遙山絕浦之間，百姓患病得不到及時醫治而枉死者眾。由此產生了拯濟救疾之志。他說：「夫生人所為大患莫急於疾，疾而不救，猶救火而不以水也」〔註35〕他認為，醫者為民治病，只不過是「一時之設」，唯有撰述，對古代醫籍進行整理研究，才可傳於萬世，惠及後人。反映出晉代醫家自覺將為廣大貧苦大眾謀福利的高尚醫德，唐代孫思邈和王冰等都以道兼醫而聞名，宋時「全真教」創始人王重陽（1112～1170）在《重

〔註31〕〔東晉〕葛洪，抱朴子·內篇：對俗卷第三。
〔註32〕〔東晉〕葛洪，抱朴子·內篇：微旨卷第六。
〔註33〕〔東晉〕葛洪，抱朴子·內篇：對俗卷第三。
〔註34〕〔東晉〕葛洪，抱朴子·內篇：道義卷第五。
〔註35〕〔唐〕姚思廉，梁書·陶弘景傳。

陽立教十五論》中的一條教義言：「精研藥物，活人性命。」金代知名道醫有劉河間（1132～1200），明代有張景嶽（1563～1640），清代有徐大椿（1693～1771）等。

二、總匯：隋唐時期的集成

隋唐時期，全國統一和封建政治相對穩定，帶來了社會經濟和科學文化的繁榮。初期由於戰亂導致人口驟降，統治者將醫藥衛生事業作爲保障民族繁衍，發展社會生產的重要組成部分而加以重視，我國醫療事業取得高度發展。這一時期，對臨床醫藥進行了大規模總結工作，疾病病因症候理論得到進一步發展，創制和發現了大量的新方、新藥，同時醫學內部的各科也日益成熟並專科化。政府對醫學的管理進一步加強，尤其體現在醫學教育方面，朝廷設立太醫署和尚藥局，掌管醫藥事務，培養醫學人才。包括了較完整的醫學教育體系，機構嚴密、規模龐大，發揮了巨大的作用。這說明唐代醫生教育已經突破了傳統師承與世傳方式，出現了專門的醫學教育機構。這一時期爲後世留下了許多重要的醫學文獻，如我國第一部病因證候學專著《諸病源候論》，是隋大業中（605～616 年）諸太醫所撰，由巢元方總其成。還有第一部國家藥典《新修本草》、第一部臨床醫學百科全書《千金要方》，以及已佚的我國第一部大部頭綜合性方書《四海類聚方》等等。此外，中外醫學交流也很頻繁，中醫的影響遠至波斯（今伊朗）、大秦（今羅馬），國外的醫藥，如印度醫學，也有大量傳入中國。

（一）孫思邈：《大醫精誠》

隋唐之際的著名醫家孫思邈（581～682），潛心研究歷史上的醫學著作，積 50 年臨床經驗，著成《備急千金要方》。其中的《大醫精誠》、《大醫習業》、《治病略例》等篇章，對以往的醫學倫理規範作了歷史性的總結，並使之更加系統、完備。堪稱整個中國傳統醫學倫理思想史上的頂尖之作。他在繼承前代醫家基本道德倫理思想基礎上，根據其自身與同時代醫者實踐，系統論述了醫學的目的、任務、醫生之仁愛精神、服務態度、道德品質、醫德修養等問題，建立了一個以儒釋道思想爲指導，仁愛慈悲爲核心的醫德規範體系。仁愛救人，醫患誠信，一視同仁等主要醫學思想的確立，成爲我國傳統醫學父愛主義思想形成的標誌。《大醫精誠》篇是中醫史上第一篇醫德宣言書，恰

如希波克拉底誓言在西醫史上的地位。今人論醫德，多以此篇爲典範。

1、仁愛慈悲，以人爲貴

醫學目的就是治病救人，它建立在天地之間人爲貴的思想基礎之上。孫思邈發展了《黃帝內經》生命神聖的醫學傳統，以尊重人、愛護人的生命爲行醫目的，強調習醫必須以救人疾苦爲己任，並以時代的視覺重新進行了貫徹與演繹。把醫學事業視爲人類文明的重要內容，批判那些不懂得愛惜生命的愚昧行爲。孫思邈的思想受到儒釋道三教的共同影響，醫學醫學道德核心是仁愛、慈悲、報應說。他一方面繼承了前代以人爲貴基本精神，同時更爲充分地汲取了儒家的「仁」學，道教生命觀，佛教的慈悲觀、報應論等觀念，從而發展到了新的歷史高度。其中大慈大悲、不殺生、不憚勞苦、不畏污穢等，源於因果報應，佛教戒律；而惻隱之心、忠恕之道、仁人之心，則出於儒家；澄神內視、看有若無、不炫聲名、不自矜己德及行文中借老君之口，係爲道家。孫思邈將其名著冠以「千金」二字，認爲人的生命比千金寶貴，而一個好的藥方能救人於垂危，因此醫方也很寶貴，這就是其名「千金方」的緣由。在生命至重思想指導下，他認爲「學者必須博極醫源，精勤不倦，不得道聽途說，而言醫道已了，深自誤哉！」〔註36〕爲了治好病人，必須用心精微，嚴謹勤奮，醫術精良，如果以「至粗至淺之思」對待醫學，無異於誤治殺人，並以害己告終。孫思邈受儒家思想影響，認爲醫術乃是仁愛思想的踐行，他指出，「古之善爲醫者，上醫醫國，中醫醫人，下醫醫病」。〔註37〕將保護全社會人民健康看做醫者的重大社會責任，也是醫家自覺踐行的行爲準則。孫思邈從小多病，經常求醫診治，所花醫藥費用極多，以致傾家蕩產。正是由於對病人求醫之苦深有感觸，他立志學醫，踐行仁愛之術。

2、關心婦兒，反對殺生

孫思邈說：「凡大醫治病，必當安神定志，無欲無求，先發大慈惻隱之心，誓願普救含靈之苦。」〔註38〕醫者應首先樹立救人於苦難的志向，此言充分體現了孔子愛人，泛愛眾思想的精神實質，醫生應當高度凝神聚志，擯除一切私心雜念，處處想著病人疾苦。特別值得一提的是他對婦女兒童的高度重視，他在《千金要方》中就是把婦女和兒童排在最前面，這相較於前代醫家，

〔註36〕 〔唐〕孫思邈，備急千金要方・大醫精誠。
〔註37〕 〔唐〕孫思邈，備急千金要方・論診候。
〔註38〕 〔唐〕孫思邈，備急千金要方・大醫精誠。

是極大的進步。他還說，「自古名賢治病，多用生命以濟危急，雖曰賤畜貴人，至於愛命，人畜一也。損彼益己，物情同患，況於人乎？夫殺生求生，去生更遠。吾今此方，所以不用生命爲藥者，良由此也。」〔註 39〕孫氏認爲自古名醫治病，多用活的動物入藥，雖然人命比牲畜貴重，但是對於愛惜生命來說，人與動物都是一樣的。他反對爲了人而傷害動物，主張不用動物入藥，尤其反對用活的動物，爲了救命而殺生，是與醫者救命的行醫目的相去甚遠的。孫氏的這種觀點深受佛教倫理影響，一方面將對生命的珍惜與重視擴展到人之外的萬物，另一方面，有將生命神聖觀點絕對化之傾向，不利於醫學的健康發展。

3、普同一等，一心赴救

隋唐時代，一些「末俗小人」掛著醫生的神聖招牌，實行詭詐，敗壞了醫家聲譽，致使「朝野士庶，咸恥醫術之名，多教子弟誦短文，構小策，以求出身之道；醫治之術，厭而弗論」〔註 40〕當時社會諸學子普遍爲了功名利祿應付科舉考試，而輕視醫學，孫思邈對這種傾向很不滿，他非常服膺張仲景對漢代勢榮風氣的批評，深感普及醫藥知識的必要。他作《備急千金要方》一不爲獲取經濟利益，二不爲留名後世，只是痛惜患者「忽遇倉促，求檢至難，比得方訖，疾已不救矣。」〔註 41〕他「痛夭枉之幽厄，惜墮學之昏愚。乃博采群經，刪裁繁重，務在簡易，以爲《備急千金要方》一部，凡三十卷。」〔註 42〕爲了備患者及時之需而爲之，表現出孫氏對患者利益的高度重視和深切關懷。「若有疾厄，來求救者，不得問其貴賤貧富，長幼妍媸，怨親善友，華夷愚智，普同一等，皆如至親之想。亦不得瞻前顧後，自慮吉凶，護惜生命。」凡遇求治的病人，孫思邈不問高低貴賤，不管年齡老幼，容貌美醜，也不念恩怨親疏，不分民族、不分智愚，都要一視同仁，將病人全部視爲自己至親之人一樣愛惜。據記載，他親手治療的麻風病就有 600 例之多，「莫不一一撫養」。〔註 43〕凡病家請求出診，「勿避嶮巇，晝夜寒暑，饑渴疲勞，一心赴救，無作工夫形迹之心」醫生不得瞻前顧後，先考慮個人吉凶安危，怕擔責任，顧惜自身身體和性命。也不得忌憚路途遙遠艱險，晝夜寒暑，饑渴疲勞，要時刻以病人利益爲第一要

〔註 39〕〔唐〕孫思邈，備急千金要方·大醫精誠。
〔註 40〕〔唐〕孫思邈，備急千金要方·自序。
〔註 41〕〔唐〕孫思邈，備急千金要方·自序。
〔註 42〕〔唐〕孫思邈，備急千金要方·自序。
〔註 43〕何兆雄，中國醫德史〔M〕，上海：上海醫科大學出版社，1988 年，第 117 頁。

務。「雖曰病宜速救，要須臨事不惑，唯當審諦覃思，不得於性命之上，率爾自逞俊快，邀射名譽，其不仁矣。」〔註44〕醫生治病救人，應當審愼周密，面對危重疑難大症，也不能迷惑慌亂，醫藥關乎性命。若草率行事，逞強顯能，邀功求名，不是仁愛之舉。對於「瘡痍下痢，臭穢不可瞻視」的病人，要以十分同情的態度，認眞負責的治療，不可有厭惡敷衍之心。

4、同情共感，重義輕利

孫思邈強調，病人請醫生到病家，醫者「縱綺羅滿目，勿左右顧盼；絲竹湊耳，無得似有所娛；珍羞迭薦，食如無味；醽醁兼陳，看有若無。所以爾者，夫一人嚮隅，滿堂不樂，而況病人苦楚，不離斯須，而醫者安然歡娛，傲然自得，茲乃人神之所共恥，至人之所不爲，斯蓋醫之本意也。」〔註45〕要求醫者精力集中，非禮勿視，不可在病家飲酒娛樂，之所以如此，是因爲病家皆爲患者疾病所苦，因此醫者應「見彼苦惱，若己有之，深心悽愴」，如果對病家痛苦視若無睹，只顧自己若無其事的享受，是人神共恥的行爲，道德高尙之人絕不會如此，此皆醫人應守之規範，反之，則有愧於醫生職責，亦病人之大害。他還指出，「醫人不得恃己之長，專心經略財物」，也不可「以彼富貴，處以珍貴之藥，令彼難求。」看到病人有錢有勢，就開方用貴重藥物，使病人很難尋找。孫思邈認爲，這種治療手段，不是爲病人謀取利益，而是爲了醫者自己利用病人對醫生的要求，以謀取私利，顯露自己的功勞和技能。這有悖醫患之間忠誠仁愛之道。孫氏的這一觀點，是儒家忠恕思想，同情共感，推己及人在醫患關係中的踐行。同時也要求患者在治療中要很好的合作，醫患雙方要共同對病人負責。

（二）王燾：醫患誠信，密切合作

唐代醫家針對醫患之間存在的一些問題，注意協調建立良好的醫患關係，以求診療中的密切合作。這是繼漢代提出患者須配合醫生的觀點後再次對病家倫理有所論及。王燾（670～755）分析腳氣病枉死的原因有三種：「一覺之晚；二驕狠恣傲；三狐疑不決。」〔註46〕認爲「良藥善言，不可使人必服。法爲信者施，不爲疑者說。」〔註47〕醫患之間不能眞誠信賴，密切合作，

〔註44〕〔唐〕孫思邈，備急千金要方·大醫精誠。
〔註45〕〔唐〕孫思邈，備急千金要方·大醫精誠。
〔註46〕〔唐〕王燾，外臺秘要，卷第十八：論善能療者几日可瘥。
〔註47〕〔清〕陳夢雷，古今圖書集成·醫部全錄：卷一百九十。

就失去治療的共同基礎。還指出：「世間大有病人，親朋故友遠來問疾。其人不經一事，未讀一方，自聘了了，詐作明能，談說異端。或言是虛，或言是實，或云是風，或云是蠱，或道是水，或云是痰。風雲謬說，種種不同，破壞病人心意，莫知孰是遷延未定，時不待人，欻然致禍，各自走散。」〔註48〕這是對病人毫不負責的行為。告誡患者，在延請醫生時要明識、謹擇和信任專用，不然，便會「大誤人事」。

第三節　醫門法律：醫療父愛主義的完善

宋至清初，我國科學文化取得了突出成就。經濟上農業、手工業、商業發達；政治上封建中央集權達到更加鞏固和完善；意識形態方面，從宋至明，理學集儒釋道三教之大成，成為官方哲學思想。理學強調「求仁」，體現在人際關係上就是「溫然愛人利物之心」，這種思想與醫學濟世救人之宗旨融為一體，進一步豐富和規範了傳統醫學倫理。包含醫德原則、規範、修養、教育、評價等內容的傳統醫學倫理思想在這一時期基本完備。明代資本主義萌芽，商品意識滲入醫學中，傳統醫患關係被賦予了新的內容。而清代自鴉片戰爭後產生中醫危機，中國的傳統醫學倫理體系隨之發生劇變。

一、論證：宋元時期的探討

宋元時期，隨著醫學理論與實踐的發展，醫學倫理規範也走向成熟。醫學的發展與醫德的提高，使一些醫家開始專精於一科一業，宋代錢乙研究兒科四十年，寫成我國最早也是全球最早的兒科專著《小兒藥證直訣》；楊子健完成我國最早專門論述婦女因胎位異常而導致各種難產的《十產論》。還有許多醫家都有論述醫家倫理的專文，如宋代張杲《醫說》、林逋《省心錄‧論醫》，李東垣《蘭室秘藏》、朱震亨《局方發揮》等。

（一）兩宋：理學之盛與醫儒合一

宋代醫學的發展，得益於理學的興盛。理學把儒家的核心思想「仁」提高到本體論層面，使得倡導仁術的醫學地位極大提高，加之統治階級重視醫學的發展，社會上形成了「尚醫」的風氣。在這種背景之下，醫學教育有了

〔註48〕　〔清〕陳夢雷，古今圖書集成‧醫部全錄：卷一百九十。

很大進步。醫生隊伍顯著擴大，醫務人員素質相對以往有了相當提高，醫學上取得了突出的成就。儒家倫理對醫德產生了最為集中、深刻和全面的影響。醫儒合一格局的形成，標誌儒家倫理通過實踐主體的自覺，廣泛地影響到醫學倫理的方方面面，醫生的社會責任意識、擔當精神、醫療中的積極主動救助能力增強。醫療父愛主義模式在此時基本完備。

1、強調醫德修養，立德立言

過去許多行醫者是文盲或半文盲，對醫術的學習一般是由模仿老師的行醫實踐而來。而接受儒家思想教育的學者熟悉歷代經典，不僅能從自己老師那裡學習醫學，而且可以自己通過閱讀醫學典籍來研究，他們不再停留於簡單的技藝模仿階段，而是致力於追求健康、疾病和醫學之道，對中醫理論發展做出了突出貢獻。這也使得父愛主義的行醫模式內化為一種理念，大批醫者從內心裏樹立起一切為了病人利益的醫德觀念，並在此觀念指導下進行醫學研究和實踐。自覺實踐仁愛之道。

立德，即存好生之心，立仁愛救人之德。立言即規範醫療活動的言行舉止。宋代重視醫德教育和修養，林逋（967～1028）認為「無恒德者，不可以作醫。」〔註49〕《小兒衛生總微方論》指出：「凡為醫之道，必先正己，然後正物。正己者，謂能明理以盡術也。正物者，謂能用藥以對病也……若不能正己，豈能正物？不能正物，豈能愈疾？」〔註50〕正物即用藥對症。從正己正物的辯證關係闡明醫德的重要。要求醫者要同情病人疾苦，有赤誠濟世的仁愛精神。「凡病家請召，不擇高下，遠近必赴。」〔註51〕要廉潔淳良，「毀譽不動其心」。醫者要「性存溫雅，志必謙恭，動須禮節，舉乃和柔，無自妄尊，不可矯飾。廣收方論，博通義理，明運氣，曉陰陽，善診切，精察視，辨真偽，分寒熱，審標本，識輕重。疾小不可言大，事易不可去難。貧富用心皆一，貴賤使藥無別。」〔註52〕這個規範，為醫德修養和醫德評價提供了明確標準。

2、重視職業道德評價

宋代醫學，已經不僅僅是單純治療疾病的技術，而是踐行仁愛的方式，

〔註49〕〔宋〕林逋，省心錄・論醫。
〔註50〕〔宋〕撰人佚名，小兒衛生總微方論・醫工論。
〔註51〕〔宋〕撰人佚名，小兒衛生總微方論・醫工論。
〔註52〕〔宋〕撰人佚名，小兒衛生總微方論・醫工論。

即仁術。醫者將醫學實踐整合到修身、齊家、治國和平天下的理想之中，照顧好人民的健康，才能算是最好的實現了忠君盡孝、尊老愛幼和愛天下萬物的德性。這種思想，不單是由醫者內心信念維持，而且宋代還普遍重視對醫生職業道德的評價，以維護病人利益，這是宋代醫學道德的新發展。宋代既重視行醫動機的「善因善果」、「惡因惡果」，更重視用效果判斷善惡，確立了以醫療效果來判斷醫者職業道德水平的基本評價體系。眞正的醫生必須踐行仁術，不是爲了商業利潤和醫者的物質經濟利益，只有百姓的健康才是這門藝術的目的。爲了維護病人利益，醫家們展開醫德評價活動，將那些在醫療活動中貪圖錢財、沽名釣譽和粗疏輕率的行爲斥爲「庸工」、「庸醫」。《醫說》告誡病家，不能「輕以性命託庸醫」，把「治病委之庸醫比之不慈不孝」〔註53〕。還在「醫功報應」中，採用帶上神秘色彩的善因善果、惡因惡果故事，鞭撻醫療生活中的醜惡現象，褒揚善良的醫德風尙。宋代明醫錢乙（1032～1113），爲人治病，不分貴賤。他七十多歲時，因患痺症，回到故鄉，雖手攣痛，坐臥不起，但登門治病者，仍「扶攜繦負，累累滿前。近自鄰井，遠或百數十里，皆授之藥，致謝而去。」〔註54〕故劉跂謂：「乙非獨其醫可稱也，其篤行似儒，其奇節似俠，術盛行而身隱約，又類夫有道者。」爲了人民健康，現出畢生精力。龐安時（約 1042～1099）對前來求治的病人仁愛耐心，體貼入微。《宋史·龐安時傳》記載，「爲人治病，十愈八九。踵門求診者，必闢邸舍居之，親視餌粥藥物，必愈而後遣。其不可爲者，必實告之，不復爲治。活人無數。病人持金帛來謝，不盡取也。」

3、醫不誤患，患不困醫

在醫患合作的基礎上提出醫患應相互尊重，相互信賴。這是傳統醫學首次站在患者的角度考慮醫患關係。密切合作的醫患關係是我國醫學歷來強調的傳統。宋代有了進一步發展，強調醫患應當相互尊重，相互信賴。如此，才有利於治療取效。寇宗奭提出治病六失：「失於不審，失於不信，失於過時，失於不擇醫，失於不識病，失於不知藥。」〔註55〕六失之中，有一失去，就很難治。指出，「醫不慈仁，病者猜鄙」，醫患不能合作，則於患無益。張杲（1149～1227）認爲，作爲一名醫生，對病人應有深切同情心，並竭盡全力救

〔註53〕〔宋〕張杲，醫說·治病委之庸醫比之不慈不孝。
〔註54〕〔元〕脫脫，宋史·列傳第二百二十一，方技下：錢乙傳。
〔註55〕〔宋〕寇宗奭，本草衍義·卷一：衍義總敘。

治。在《醫說》中，他說：「人身疾苦，與我無異，凡來請召，急去無遲。或止求藥，宜即發付。勿問貴賤，勿擇貧富，專以救人爲心。」〔註56〕對於建立良好的醫患關係，醫家強調醫者要「粗守仁義，絕馳騖利名之心，專博施救援之志。如此則心識自明。又何戚戚沽名，齷齪求利也。」〔註57〕要求病家鄭重擇醫，並在治療過程中信任、專用，不輕易易醫，以保持連續治療，有利於病癒。蘇軾特別批評當時士大夫中「秘其所患」而求醫診脈現象，他以患者身份提出忠言勸告說：「脈之難明，古今所病也。至虛有實候，而大實有羸狀，差之毫釐疑似之間，便有死生禍福之異，」〔註58〕因此，他生平求醫十分注重瞭解醫生水平的高低，一旦有疾而求療，必先把病情詳細告訴醫生，使醫生瞭解病證詳細情況，結合切脈，辨別疑似眞僞，才能準確識證。醫生找到疾病的要害，才能藥到病除。病者「豈可以困醫爲事哉？」患者不可不主動告訴自己病證而試醫以脈，醫者更不能不切實際誇大切脈作用，自詡切脈如神，以誘使患者對切脈產生神秘感，影響正常的醫患合作的診療關係。

（二）金元：門戶之分

所謂儒之門戶分於宋，醫之門戶分於金元。金元時期，中國社會再次進入戰亂紛爭，瘟疫流行的時期。宋代《局方》「不能專治今病」，醫家們便「不專執舊本」，致力於新病機理的探討。這一時期，除了傳統濟世救人觀念是醫家堅守的醫學理念之外，突出表現爲關心人民疾苦，不計名利、意無圖報的道德風尚和從實際出發，立論著說，尊古不泥古，探索爭鳴的創新精神，以及熱愛醫業，勤求博采，勇於實踐，反對巫醫騙術的科學態度和作風。金代劉完素（約1110～1200）提出「醫家之要，在於五運六氣」，並提倡六氣皆從火化之理，臨床用藥多主寒涼，後人稱之爲「寒涼派」；稍後於劉完素在北方醫界獨樹一幟的是張元素，他處在金元醫學爭鳴初期，是最早的革新派之一，他主張古方不可今用，善於化裁古方，自製新方，提倡臟腑辯證，總結用藥規律，對中醫藥學的發展起到承前啓後的作用；同意其觀點的醫家另有「功下派」張從正（約1156～1228），主張治病應重在驅邪，邪去則正安，臨床善用汗、吐、下三法；「補土派」李杲（1180～1250），認爲「人以胃氣爲本」，

〔註56〕〔宋〕張杲，醫說·醫功報應。
〔註57〕〔宋〕張杲，醫說·醫通神明。
〔註58〕〔宋〕蘇軾，東坡雜記·求醫診脈。

創立了脾胃內傷學說，長於溫補脾胃之法，著有《脾胃論》、《內外傷辨惑論》和《蘭室秘藏》等，後世流傳較廣；「養陰派」朱震亨（1281～1358），提出著名的「相火論」和「陽有餘陰不足論」，在臨證治療方面，反對忽視辯證和濫用辛燥藥物，頗具革新思想。這四位史稱「金元四大家」，他們的理論皆源於《內經》又異於《內經》，但是不同派別的醫家大體能夠求同存異，本著尊重事實，服從真理之原則，不持門戶之見。只要是利於病人痊癒的方法，即使與自身理論主張相悖，也不排斥。彼此標新立異又相互補充，使中醫理論更趨系統化。

1、醫儒合一

朱震亨幼年喪父，母子相依為命。30歲時因母之患脾疼，眾工束手無策，始有志學醫，他熱心救治，不辭勞累，胸懷坦蕩，為人誠摯。「四方以疾迎候者，無虛日」，而朱氏對求醫者「無不即往，雖雨雪載途，亦不為止」。有一次剛剛出診回來，又有病家踵門請求出診，其隨從向病家訴苦，說醫生已經因勞累過度而生病，朱震亨知道後告誡隨從：「病者度刻如歲，而欲自逸耶？」說罷立即前往。對「窶人求藥無不與，不求其償」，「雖百里之遠弗憚也。」張從正則認為醫德的指導思想是儒家思想，即仁。將仁道引入醫道。學醫是為了事親，因此孝又是醫德的基礎。故將其著定名為《儒門事親》把醫學提高到仁道和孝道，這是張從正對儒醫的新解。

2、反指導——合作型的醫患關係

張從正批判當時輕視醫學，以醫為奴的傾向，提出應以醫學為師，提高醫學的地位。在封建社會等級制度下，醫生與達官貴人、巨賈富商的關係是不平等的。他反對醫生對達官貴人阿諛逢迎，但也不怕別人諷刺打擊。張從正說：「古人以醫為師，故醫之道行，今之人以醫關奴，故醫之道廢。」[註59] 他鄙視醫生中那種阿諛逢迎的作風，雖被朝廷召入太醫院供職，但看不慣當時那種官醫迎送長吏，馬前唱諾的風氣，斥責「真可羞也。」這些特種病人利用他的特殊地位，對醫生處於指揮地位。他們最常見的是要求開貴藥、補藥。這是一種反指導——合作型的特殊醫患關係。當時很多醫生，往往不分疾病虛實，喜歡投病人所好，慣用補養之法。「夫補者人之所喜，攻者人之所惡」，醫生覺得用補養無罪，病人亦以為如此，張從正認為這是是非不分，

〔註59〕〔金〕張從正，儒門事親‧卷七。

他嘲諷那些權貴一旦患病，就聽憑庸醫擺佈，「以章自富，以談辯自強，坐而昂昂，立而行行，闊其步，冀其手，自以爲高人而出塵表，以天下聰明莫己若也。一旦疾之臨身，懵然無所知，……聽庸醫之裁判。」〔註60〕而庸醫的治療方法，也正適合那些腐儒和權貴們的因循守舊思想，因此他們一旦「嬰非常之疾」，只有「委付凡醫恣其所措」。他因此呼籲醫生們努力鑽研醫學，而不是對達官顯貴馬前唱諾。

3、以身作則，成人成己

宋代對立德立言立功的強調，對金元醫家影響很深。醫家主動以身作則，樹立「濟世救人」之志，踐行「仁愛」與「成人成己」的原則，追求自我實現，體現出極強的責任意識和敢於承擔風險的風範。並將對道德的追求看成是提高醫術、研究醫理與創新醫學的動力，將醫學道德理解爲是「成就萬物」的「天德」的展現，實現了醫德與醫術的相輔相成。對於用傳統方法治不好的病，張從正敢於用新法。我國傳統醫學有尊重傳統，法先王的特點，以經典來治療疾病，如果沒有治好，醫生是沒有責任的。但是如果用經典沒有提及的新方法治病，治不好是要擔風險的。張從正認爲：「凡余所治之病，皆眾壞之症，將危且死而治之，死，當怨於戴人；又戴人所論按經切理，眾誤皆露，以是嫉之。」〔註61〕他大膽啓用新法，失敗不怕人怨，成功不怕人妒，足見其作爲醫者的廣闊胸襟和敢於擔當的責任意識。

4、博施濟眾

李杲看到兵連禍結，飢饉疫癘流行，十分同情勞動人民保受疾病折磨，將自己親自試用過的有效良方「特壽之於木」，「鑿之於石碣」，印成揭帖，懸掛於交通要道，使患病群眾對症服藥。晚年，爲傳播醫術，他遍尋品學皆憂的學生，他打聽到羅天益「性行敦樸，嘗恨所業未精，有志於學」時，就問他，你是爲了掙錢學醫還是爲了繼承發揚醫學來學醫呢？羅回答：「亦傳道耳」。李杲欣然收下，因羅家貧，他不但供給食宿，還給白金二十兩安家。臨終前將自己全部手稿交給羅，囑他：「此書付汝，非爲李明之、羅謙父，蓋爲天下後世，慎勿湮沒，推而行之。」〔註62〕這種爲子孫後代毫無保留的高尚品質，很值得今天醫生傚仿。

〔註60〕〔金〕張從正，儒門事親・補論。
〔註61〕〔金〕張從正，儒門事親・卷九。
〔註62〕〔明〕李濂，醫史・卷五：東垣老人傳。

5、醫患信任

張從正認為，醫患信任是治療疾病的根本。「必標本相得，彼此相信。」醫者保守或妄為都會喪失病家的信任，醫患信任首先在於技術上信任。他注意傾聽病人主訴，又注意分析病人病情標本，作為攻下派的代表，他提出八種情況不可吐：1、性情剛暴，好怒喜淫的不可吐；2、病家主張不一、信心不堅的不可吐；3、頗讀醫書，理解不深的不可吐；4、主病者邪正不辨不可吐；5、病人亂說亂聽，反覆不定的不可吐；6、病勢臨危、老弱氣衰的不可吐；7、自吐不止，亡陽血虛的不可吐；8、諸吐血、嘔血、咯血、衄血、咳血、崩血以及其它失血，皆不可吐。這既反映他相信病人，又表明他注意病人病情，根據具體情況對症下藥，注重的是治療的效果，認真細緻，對病人高度負責。

二、完善：明清時期的總結

明清時期，我國醫學理論與醫學倫理思想向綜合化、整體化與理論化方向發展。明初生產發展，經濟繁榮，產生了資本主義萌芽。海陸交通發達，對外貿易擴展，促進了中西醫學交流，商品經濟發展對醫學產生了一定影響。此後，中國經歷了 200 年的封建社會末落以及近代 100 多年的半封建半殖民地時期，中醫發展阻滯，醫患道德調節的研究與發展也隨之受阻。鴉片戰爭後，西方醫學大量傳入，同時帶來了西方的醫學倫理思想。清末齣現中醫存廢之爭，在中醫廢止的吶喊聲中，傳統醫學倫理也被一概持以否定態度，其中值得我們吸收借鑒的部分也失去了存在的理由。小農自然經濟的瓦解，近代西方實驗醫學技術的傳入以及生命倫理思想的傳播，使得在中國傳統社會一直佔據主導地位的父愛主義醫療模式慢慢失去其賴以存在的社會經濟、政治、文化基礎而開始動搖直至被否定。

明清時期「德術」兼具的醫家典範輩出，主要代表有龔廷賢（1522～1619）、李中梓（1588～1655）、陳實功（1555～1636）、李時珍（1518～1593）、葉天士（約 1666～1745）、徐大椿（1693～1771）、王清任（1768～1831）、繆希雍（1546～1627）、喻嘉言（1585～1664）等。明代李時珍的《本草綱目》，被西方醫學科學家譽為「中藥寶庫」、「東方醫學巨典」、「中國古代百科全書」，他本人則與張仲景並稱為「醫中二聖」。龔廷賢《萬病回春・醫家十要》、李中梓《醫宗必讀・不失人情論》、陳實功《外科正宗・醫家五戒十要》、清代

喻昌《醫門法律》等，都對醫學倫理做出了新的貢獻。

（一）明代

明代對正確處理醫患關係，義利關係及醫者之間的關係十分強調。此時心學盛行，醫家普遍從「心」的層面理解「仁」，使得仁愛原則進一步深化。在此時期，我國誕生了第一個民間醫學學術團體──體堂宅仁醫會（公元 1568年左右由明代醫學家徐春甫等組織成立），這個團體除探討醫理，切磋技藝外，還非常重視醫德修養。徐春甫《古代醫統》提出慎醫、慎疾的早預防早治療的科學主張，以及「醫學貴精，不精則害人」的思想。李梴在《醫學入門‧習醫規格》中指出醫生的學習和品德修養：在義與利的關係上要重義輕利，治癒病人，不可「過取重索」；對待患者要做到誠信。「不欺而已」。

1、李中梓：不失人情

明代商品經濟有了一定程度的發展，在醫療活動中「貪利忘義」的現象增多，因此義利問題得到廣泛關注，幾乎任何醫家道德學說都要涉及，由此倡導醫者應重義輕利成為這一時期的焦點問題之一。明代醫家李中梓分析了新形勢下醫患關係的特點，認為在商品意識滲入醫患關係後，會出現醫德難題，即病情和人情的矛盾。遷就人情就有礙病情，遷就病情就失之人情。在《醫宗必讀》中提出調整新的關係的原則是「不失人情」〔註63〕。有三個方面：一、病人之情。病人有四種：富貴貧賤。富者任性，對醫生不信任；貴者驕橫，對醫生不講理；貧者衣食兩缺，看不起病；賤者終日辛勞也不看病。病家有五種思想：1、無主思想，不知信何醫服何藥；2、過慎思想，只求穩當，最怕創新；3、性格矛盾，性急者患慢性病，性緩者患急性病；前者會亂服藥，後者會耽誤治療時機。4、精神過敏；5、不講症狀與病史，為難醫生。二、旁人之情。這是影響醫患關係的又一種力量。現代醫學社會學與醫學倫理學注重分析醫生與病人的關係，忽視社會輿論對醫患關係的影響，或者只注重醫患、醫際、患際關係，忽略患──醫──社會關係。李中梓分析旁人之情，很有創建。社會輿論或第三者對醫患關係的影響主要在兩方面，第一是干涉診斷，第二是干擾對醫生的選擇。都是利用社會地位或社會關係對醫患發生影響。干涉診斷的表現是脫離實際的空論，或者毫無根據的瞎說，或者自以為是，或者主次不分，其結果是影響正確診斷，干擾對醫生的選擇、

〔註63〕〔明〕李中梓，醫宗必讀‧不失人情論。

推薦和品評。推薦醫生只問酬金、空話或偶然的療效。對醫生隨意毀譽。這兩方面都會耽誤治療，或者請來的良醫拂袖而去，或者有良醫請不來，而庸醫則濫竽充數。三、醫人之情。在金錢引誘下，容易醫風不正。便佞之風——使用欺騙性語言、迎合性語言、詭辯性語言和恫嚇性語言；阿諛之風——巴結病人，討好僮僕，奔走鑽營，企圖借為富貴之人診病而謀私利或向上爬；欺詐之風——連字也不識，冒充醫生。打著祖傳秘方名義賣假藥或無效藥；孟浪之風——診病、揀藥不慎重，隨便；嫉妒之風——嫉妒成性，排擠為事，陽若同心，陰為浸潤，是非顛倒，朱紫混淆；貪幸之風——輕忽人物，藥石亂投；庸淺之風——門戶之見，曲高和寡，道高謗多。李中梓只提出了問題，沒法解決，只有慨歎「奈之何哉！故曰戛戛乎難之矣！」〔註64〕

2、繆希雍：《祝醫五則》

繆希雍的《祝醫五則》，進一步提出了醫者所應遵守的行為規範，他看到在商品經濟刺激下出現了許多為騙人錢財以名醫自居的江湖醫生，誤了病人性命，稱其為「俗工」，也有不法商販和藥販，用假藥騙人、害人，因此強調醫生要德術並舉。要識儒理、醫理、還要識藥。繆希雍還認為醫生不能捨棄自己的專業道德，忘記對病人一視同仁，一心為病人服務的宗旨而謀取不應得的報酬。在物質生活的引誘下，企圖通過為富貴病人看病來謀取厚報或希圖倚靠某一達官貴人獲得提拔。醫術不是名與利的手段。

3、李梴：不欺而已

李梴是明代學識和經驗兼優的醫學家，他著有《醫學入門》，其中「習醫規格」專論醫家道德，對醫者品德修養提出了具體明確的要求。尤其是在醫患關係上，他認為醫生最根本的是誠信，即「不欺而已」。臨床診治，要仔細察脈，「對病家必言以實」，「如有察未及者，值令說明，不可牽強文飾」〔註65〕。也就是說對病者症狀、病因等都應據實以告，如有自己不能確定的，不可以牽強，應說明情況。救死扶傷，治癒病人是醫家分內之事，不可過度索取，強求報酬。如「病家赤貧，一毫不取，尤見其仁且廉也。」他指出，「欺則天良以蔽塞，而醫道終失；不欺則良知日益發揚，而醫道愈昌。」把實事求是作為醫生準則。當然，他的思想有其局限性，他主張對女性要隔帷幔診視，實際上是限制婦女平等就醫的權利，這是封建男尊女卑觀念在醫學上的

〔註64〕　〔明〕李中梓，醫宗必讀・不失人情論。
〔註65〕　〔明〕李梴，醫學入門・習醫規格。

消極影響；另一方面，他在「習醫規格」中提到七不欺，一方面帶有儒家慎獨和心學思想，另一方面反映其在醫患關係上主張等價交換的要求。七不欺，實則七不等。只懂一方之論不等於懂醫，熟讀不等於融會貫通；貫通不等於實踐；診斷不等於對病人講真話；處方潦草不等於對病人負責；治癒不等於貪求；隱瞞醫療經驗不等於對社會負責。醫生從病人處得到的名利是等價交換，醫生不得欺人，欺天。

4、陳實功：五戒十要

古代比較系統而完整的醫德規範體系，大體是由明代外科醫生陳實功在其 1617 年的《外科正宗》一書中完成。他提出，醫生要做到「五戒十要」[註66]。對古代醫家的名利觀念、醫學保密、救命施藥、學習作風等方面均有論述，集古代醫學倫理之大成。

五戒是：一戒出診時「遲延厭棄」，要做到「藥金無論輕重有無，當盡力一例施與」。陳實功認為，醫者遇到病家來請，不論大小貧富人等，必須立即前往，不可遲延厭棄，欲往而不往；不論診金輕重有無，醫者都當盡力同等施予藥物；一個請字，一個施字，體現出醫患之間不平等的關係，醫生明顯佔據權威地位。二戒單獨給婦女、寡婦、尼姑看病，必有侍者在旁，然後入房診視，如果無人在旁，不可自看。對病人的「不便之患，要真誠窺睹」，並嚴守秘密。即使對自己妻子也不可談論病情，闡發了古代醫學保守醫密的原則。三戒貪財，不將病家送來合藥的珠琥等珍貴品以假貨偷換。更不得以製藥之名騙取病家珍珠琥珀等貴重財物；體現出古代醫家重義輕利的醫德醫風。四戒「杜撰藥方」，要「依經寫出藥貼」，並親自監視發藥。五戒獵色，對患病的娼妓要像對良家女子那樣尊重人格；對貧窘之家予以贈藥，不能圖淫邪之報。

十要是：一要先知儒理，後知醫理，「勤讀先古明醫確論之書」；二要精心選用藥品，隨病加減；三要正確對待同行，「謙和謹慎；年尊者恭敬之；有學者師之；驕傲者遜讓之；不及者薦拔之。」四是治家不要奢華，「費用太過，輕則無積，重則貧窘。」在人生觀上，他反對貪欲和過度奢華，反對過分重視物質利益，認為醫者要不貪財色，不可行樂登山，攜酒遊玩。五是行醫辦事要體認「天道順逆」，「凡順取，人緣相慶；逆取，子孫不吉。」六要生活

〔註66〕〔明〕陳實功，外科正宗‧醫家五戒十要。

節儉，每餐只可「一魚一菜，一則省費，二則惜祿」。七要施診贈藥，濟貧扶危，對貧難者「當量力微贈，方為仁術。」他認為醫生遇到貧窮的病人，不僅不應收取診金，還要酌量幫助解決生活困難，救命比治病更重要，不然「有藥而無火食者，命亦難保也。」八要置產業以為根本，不可收買玩器及不緊要對象。九要購置醫療器具，且「俱要精備齊整，不得臨時缺少」。古今經典醫書、新刊醫理論說，都「必須參看以資學問」。十要謹慎對待官府，「凡奉官衙所請，必要速去，無得怠緩。要誠意恭敬，告明病源，開俱方藥」。病癒之後，不得貪圖禮物。「五戒十要」較為全面的提出了調節醫生與患者、醫生與同行，醫生與官府等方方面面的關係的道德準則，以及對自己治家、處世、生活等道德要求，其中貫穿著仁心、仁術、人道的主線。《五戒十要》不僅是我國醫學倫理思想史上的一個重要里程碑，而且還被美國在 1978 年出版的《生命倫理學百科全書》中列為世界古典醫德文獻之一，與希波克拉底誓詞、邁蒙尼蒂斯禱詞等並列。〔註67〕

5、李時珍：力闢封建道德

割股事親，一向視為孝道的體現，但是李時珍指出，割骨療親以盡孝道乃是「愚昧之徒」所為。實際上這是傳統儒家父父子子的綱常倫理在醫學上導致的惡果。李時珍在《本草綱目》中說：「張杲《醫說》言：唐開元中，明人陳藏器著《本草拾遺》，載人肉療羸疾。自此閭閻有病此者，多相效割股。」中國一向有割大腿肉來治療國君、父母、丈夫重病的傳說。李時珍力闢謬論，指出：1、割肉之錯不全在陳氏，因為陳氏之前已有以人肉醫病的現象。陳藏器錯在於一不該只介紹而不斥其非，二是《本草》這樣的著作對材料的審訂應該力求慎重。2、封建孝道，身體髮膚，受之父母，割肉是用違反孝道的方法表現孝道之理。3、割肉療親只是想得旌表聲名，並非為了治好疾病，實是驚世駭俗的行為。4、食人肉是盜賊之喪失人性的行為。李時珍的思想進一步衝擊了封建道德。

6、潘楫：醫家正己之法

明代醫家潘楫認為行醫一要謹慎，因為「醫為人之司命，生死繫之。用藥之際，須兢兢業業，不可好奇而妄投一藥，不可輕人命而擅試一方，不可騁聰明而遽違古法」；二要有善心，「君子之遊藝，與據德依仁，皆為實學。

〔註67〕何兆雄，中國醫德史〔M〕，上海：上海醫科大學出版社，1988 年，第 171 頁。

故古人技藝之工，都從善養中得來」；三要有器量，「書云：必有忍，其乃有濟。有容德乃大。醫者術業既高，則同類不能無忌。識見出眾，則庸庶不能無疑。疑與忌合，而誹謗指謫，無所不至矣。須容之於不校，付之於無心，而但盡力於所事。間有排擠毀詈，行之辭色者，亦須以孟子三自反之法應之。彼以逆來，我亦順受。處之超然，待之有禮，勿使病家動念可也」；四是說話要慎重，「仲尼大聖屢以慎言為訓，而醫者之言，尤當慎者。不可誇己之長，不可談人之短，不可浮誕而駭惑病人，不可輕躁而詆誹同類。病情之來歷，用藥之權衡，皆當據實曉告，使之安心調理。不可誣輕為重，不可誑重為輕。即有不諱，亦須委曲明諭。病未劇，則寬以慰之，使安心調理；病既劇，則示以全歸之道，使心意泰然。寧默毋嘩，寧慎毋躁」；五要注意醫者本人的道德修養，「慎吾之言，不若端吾之行。道高天下，守之以謙。智絕人群，處之以晦。敦孝悌，重倫理，而於禮、義、廉、恥四字，則秉之如蓍龜，遵之如杜石。久而勿失，自然自然起敬起信，而醫道易行也」；六是不要有貪心，「醫雖為養家，尤須以不貪為本」；七要立行醫之志，「鬚髮慈悲惻隱之心，誓救大地含靈之苦，視眾生之病，不論親疏貴賤，賢愚貧富，皆當恫瘝，盡力殫力，曲為拯理。」〔註68〕

（二）清代

清朝閉關鎖國政策對醫學造成的影響是深重的。明末以來引入我國的西方醫藥技術、西醫傳播與中西醫學交流逐步減少直至停止，不派醫生出國學習，限制中國醫生眼界，信息閉塞，無法及時吸收國外先進醫學技術經驗。西歐文藝復興後，醫學發生了重大變革，尤其是十九世紀自然科學理論與技術的發展並開始應用於醫學和藥學，取得了劃時代的進步。而閉關鎖國阻斷了西方自然科學和醫學技術的進步，從而使得中醫沒有實現從經驗醫學到實驗醫學的轉變。因此，醫德內容在某些方面雖豐富，但不出前賢規範。然而，在中國生死存亡之際，廣大醫家志存「救苦之心」仍然紛紛著書立說，態度認真負責。喻昌首先提出醫生對病家要「篤於情」的思想；徐大椿針對當時社會一味喜補惡攻陋習，一針見血指出濫用人參的種種害處；顧銘照提出醫生開處方時不要開別名、僻名、不要寫草書，要「字期清爽，藥期共曉」，以防止醫療差錯。

〔註68〕〔清〕潘楫，醫燈續焰・袁氏醫家十事。

1、喻昌:《醫門法律》

喻昌的《醫門法律》,較爲詳細地論述了醫生應遵守的職業道德規範,提出了治療過程中應遵循的具體醫德準則,使道德要求更加具體,更有操作性。如把醫學倫理一些基本的思想包括對病人負責、醫患信任等要求滲透到四診和治療中去,並以此判斷醫生的功過,進一步明確醫生應負的責任,可以說是建立臨床倫理學的最初嘗試。

喻昌一生經歷了自儒而禪,由禪而醫的道路,醫術精湛,爲人熱情,可稱爲先文後醫,醫而並佛的一代名醫僧。他從醫評佛說:「我佛如來累劫中爲大醫王,因病立方,隨機施藥,普度眾生。」〔註69〕又從佛看醫:「至於釋門,其律尤嚴。三藏教典,儀律居三之一,由五戒而五百戒由五百戒直造自性清淨,無戒可言,而道成矣。醫爲人之司命,先奉大戒爲入門,後乃盡破微細諸惑,始具活人手眼,而成其爲大醫,何可妄作聰明,草菅人命哉?」〔註70〕他重視醫學教育,將醫學喻爲「利人之術」。認爲「吾執方以療人,功在一時;吾著書以教人,功在萬里。」先後撰寫自訂醫案《寓意草》,《尚論篇》和《醫門法律》。《醫門法律》是喻昌74歲高齡彷彿門戒律所作,集中代表了他的醫學倫理思想,成爲一代中醫規範頗受後世稱讚。《四庫提要》贊其「專爲庸醫誤人而作,其分別疑似,既深明毫釐,千里之謬,使臨證者不敢輕嘗;其抉摘瑕疵,並使執不寒不熱、不補、不瀉之方,苟且依違,遷延致變者,皆無所遁其情況,亦可謂思患預防,深得利人之術者矣。」

在此書中,喻昌突破了以往醫著中箴言式空洞說教去論述醫德規範,而是結合四診和治療來談論。喻氏在整個傳統醫學史中第一次提出醫生在臨床診治病人時要自己以「法」來確保正確診治,又以「律」來判斷醫生誤診之責與罪,明確對醫生提出了道德規範和是非標準,開創全新評價體系。全書六卷,從醫生四診方法到辯證施治、處方用藥,分門別類,條理清楚,先談「法」,後談「律」,如:「凡治病,不問病人所便,不得其情,曹草草診過,用藥無據,多所傷殘,醫之過也」〔註71〕;「凡診病不知察色之要,如舟子不識風汛,動罹復溺,鹵莽粗疏,醫之過也。」〔註72〕等,涇渭分明,條例森

〔註69〕　〔清〕喻嘉言,醫門法律・自序。
〔註70〕　〔清〕喻嘉言,醫門法律・自序。
〔註71〕　〔清〕喻嘉言,醫門法律・問病論。
〔註72〕　〔清〕喻嘉言,醫門法律・望色論。

森，讓人心服口服。《醫門法律》可稱得上我國首部臨床醫學倫理學著作。在中國醫學倫理思想史上具有劃時代的意義。

喻氏精究醫術，責庸醫「魯莽粗疏」，倡「活人爲務」，「普度眾生」，反對巧取盈利，體現了他的醫風亮節。他重視醫德感情在調控醫患關係中的作用，在中國整個傳統社會第一次提出篤於情的醫德核心思想。在《問病論》中，他指出：「醫仁術也，仁人君子，必篤於情。篤於情，則視人猶己，問其所苦，自無不到之處。」這裡談到了醫患關係的核心和實質問題。醫生只有對病家抱有深厚的感情，才能急病人之所急，想病人之所想，痛病人之所痛，這是建立理想的醫患關係的重要環節。對今天醫患信任的重建有著重要的啓示作用。

在《醫門法律》自序中，喻昌強調醫生責任說：「醫之爲道大矣，醫之爲任重矣」，由於事關人之生死存亡，所以他對那些心術不正、巧取營利、草率從事、不學無術而害了病家的庸醫十分痛恨。以法、律來嚴格要求醫生，他還呼籲「治天下有帝王之律，……醫爲人之司命，先奉大戒爲入門，後乃盡破微細諸惑，始具活人手眼，而成其爲大醫，何可妄作聰明，草菅人命哉？嘗羨釋門犯戒之僧，即不得與眾僧共住，其不退心者，自執糞穢雜役三年，乃懇律僧二十眾佛前保舉，始得復爲佛子。當今世而有自訟之醫乎？昌望之以勝醫任矣。」〔註73〕喻昌認爲，醫學事關人命，醫生責任重大，不可以爲盈利爲目的草率從事，導致損害病家利益的結果。這樣的醫生，應當效彷佛門犯戒之僧，自行懲處。但是古代在儒家無訟觀念影響下，對醫家行爲規範的法律並不多，因此喻昌也只能高呼願爲「自訟之醫」，卻無能爲力。但是，喻昌身體力行，發揮醫者積極救護的主觀能動性，敢於承擔責任，值得今天的醫生學習。

2、葉天士：不以人試藥

清代溫病學家葉天士也講究醫療道德，他對一些庸醫很反感，曾嚴肅指出：「近之醫者，茫無定識，假兼備以幸中，借和平以藏拙，甚至朝用一方，晚易一劑，而無有成見。蓋病有見症，有變症，有轉症。必灼見其初終轉變，胸有成竹，而後施之以方。否則，以藥治人，實以人試藥也。」〔註74〕他認爲，在診斷困難時，施以某些試驗性治療是允許的，但要對病人負責。葉氏

〔註73〕〔清〕喻嘉言，寓意草‧自序。

〔註74〕〔清〕趙爾巽，清史稿‧卷五百二，列傳二百八十九：藝術一。

「不以人試藥」的觀點是中國醫學倫理史上的創見。

3、徐大椿：醫患之間，貴在誠信

清代醫家徐大椿被後世稱爲醫學評論家，他在醫生道德修養，醫患關係上都有獨到見解。他說：「醫者能正其心術，雖學不足，猶不至於害人，況果能虛心篤學，則學日進；學日進，則每治必愈。」〔註75〕正心術，就是學醫要對病人負責，不可「習此業以爲衣食之計耳。」他嚴厲抨擊一些庸妄貪鄙的「江湖醫生」，「或立奇方以取異。或用僻藥以惑眾。或用參茸補熱之藥以媚富貴之人。或假託仙佛之方以欺愚魯之輩。或高談怪論，驚世盜名。或造假經僞說，瞞人駭俗。或明知此病易曉，僞說彼病以示奇。」〔註76〕上述視人命爲兒戲，用藥炫奇立異者，都是心術不正的表現，沒有良好醫德。當時社會上溫補之風盛行，病家愛以醫生是否用補來作爲衡量藥效以及醫生是否是好醫生的標準，實是醫療不正之風的體現。而醫生爲了討好病家，迎合病人心理，以逃避責任，獲取報酬，往往濫用補藥。有的醫生甚至完全不辨症狀，盲目進補，結果許多人死於非命。徐大椿對此十分痛心，他反覆闡明醫生用藥對症的重要性，醫生不能以病人看法爲標準，而應根據自身對疾病的認識爲標準，辯證論治。他指出：「蓋服純補之藥，斷無專補正不補邪之理。」〔註77〕又說：「邪氣未盡而輕用補者，使邪氣內入而亡。」〔註78〕他專門作《人參論》，告誡醫生不要以人參作爲邀功避罪的聖藥，指出：「人參一用，凡病之有邪者即死，其不死者，亦終身不得愈乎，」人參價貴，小康之家，服兩三日即可至傾家蕩產，他憤怒指出，醫生若一味濫用人參，害人破家，「其惡甚於盜賊。」

他認爲醫患之間，貴在誠信，反對醫生故弄玄虛，以示醫術高超。中醫歷來強調望聞問切四診相參來治病，有些醫生爲了賣弄，指頭往病人脈上一按，雙眼一閉，不用病家啓口，便信口道出病症。徐大椿認爲這是欺人之術。爲了嚴肅醫道，不貽誤病人，他說：「況病各有萬，而脈之象不過數十種，且一病而數十種之脈無不可見，何能診脈而即知其何病，此皆推測偶中，以此欺人也。」〔註79〕他告誡醫生不要明知故犯，也爲了使病人明瞭四診法的意

〔註75〕　〔清〕徐大椿，醫學源流論・醫家論。
〔註76〕　〔清〕徐大椿，醫學源流論・醫家論。
〔註77〕　〔清〕徐大椿，醫學源流論・中風論。
〔註78〕　〔清〕徐大椿，醫學源流論・醫道通治道論。
〔註79〕　〔清〕徐大椿，醫學源流論・診脈決死生論。

義，找醫生時主動陳述病情，有利於醫患融洽和疾病的確診與治療。他深感「為醫固難，為名醫尤難。」這是因為中國傳統「有病不治，常得中醫」，許多病人延請名醫，多是到了「病危勢篤、近醫束手、舉家以為危」的地步，此時多數已成壞症，很難救治。不是因為名醫就有起死回生之術。而病家往往寄予厚望，要求很高。有時醫生竭盡全力也無生機，極易招來病家憤怨，影響醫患關係。他一方面認為醫生要「慎之又慎」，另一方面希望病家多多包含原諒，此語道出了溝通病家與醫生相互理解的心聲。

4、王清任：《醫林改錯》

王清任是清代第一個接受經驗醫學向實驗醫學轉變，傳統醫學向近代醫學轉變的人，但由於缺乏自然科學知識和試驗方法，他的思想受到局限，未能充分發揚。清王朝為了挽救岌岌可危的政權，更加乞靈於封建禮教，鼓吹「醫乃仁術，不得剜剝」的陳腐說教，用忠孝節義禮教禁錮人們的思想和行為。王清任不受封建禮教束縛，勇於進行解剖學研究，多次親往義冢、刑場觀察和解剖屍體，用四十餘年繪成「親見改正臟腑圖」，著成《醫林改錯》。書分為兩卷，上卷一記錄他觀察到的一些人體組織結構，肯定腦有主宰思維記憶的功能，把腦提高到人的生命活動中最高主宰的地位，這是他對中醫學理論的重大發展。王清任是一位臨床醫家，在書中他以大量篇幅論述了「氣虛血瘀」、「瘟毒燒煉，氣血凝結」等新的理論觀點，闡發了 40 多種病症的病因病理，創制了多種補氣、行氣、活血化瘀的方劑。通過解剖學和臨床學研究，把血瘀病理改變，看作人體疾病過程中較普遍的病理基礎，形成了較為完整的活血化瘀理論體系。

他還進行動物解剖試驗，將醫學研究由經典——人——動物，是祖國醫學科學的巨大進步。他在《醫林改錯》中提及，由於人體出水道尚不清楚，因而採取動物實驗，「後以畜較之，遂喂遂殺之畜，網油滿水鈴鐺；三四日不喂之畜，殺之無水鈴鐺，則知出水道出水無疑」。當然這種對比實驗還很初級，但無疑是方法論上的一大飛躍，可惜受到整個社會的局限，未能繼續。受到傳統天人合一觀念的影響，崇經尊古，認為「言必本於聖經，治必尊乎古法」（徐大椿），反對創新，認為《傷寒論》「字字金科玉律，不可增減一字」。有人指王清任詆毀經文，標新立異，攻擊他「教人於骷骼堆中殺人場上學醫道」等等，反對新生事物，反對改革創新，嚴重阻礙醫學發展。封建論理道德使得外科無人感問津，研究很受限制，——這是時代的局限性所在。

　　鴉片戰爭後，清朝閉關自守政策徹底破產，西醫傳入中國的形勢與規模空前。據統計，至 1905 年，全國已有教會醫院 166 處，診所 241 間。〔註80〕中醫面臨著巨大的衝擊。中醫獨特的陰陽五行、經絡氣血的整體學說千百年來一直用古代傳統抽象概念來說明，難以與現代科學接軌，當時，接受近代科學教育的人士懷疑中醫、否定中醫、扼殺中醫者大有人在。具體表現在：1、部分受西化思想影響的人在民族虛無主義指導下，妄圖消滅中醫。2、部分中國西醫接受西方醫學教育之後，主張全盤西化，歧視傳統醫學。3、一些學習西醫的醫生雖然關心中醫，研究中醫，但缺乏正確指導思想，對中醫的解釋牽強附會。4、一些較為進步人士，在提倡科學、反對復古口號之下，主張廢除中醫。這些因素給中醫的保存和發展帶來了極大困難，使得中醫沒能走上改革以求發展的道路，而當時在中醫隊伍中充斥保守主義思想，無視醫學交流與發展，頑固守舊，拒絕接受西方醫學技術，無視基礎與臨床實際，在考據學影響下陷入脫離實際的繁瑣考證，加深了當時的中醫危機。

　　甲午戰爭後，以康有為、梁啓超、譚嗣同、嚴復等為代表的資產階級改良派要求「變法圖強」，他們代表民族資產階級上層的利益和願望，企圖在不推翻封建統治的前提下，自上而下實行有利於國家獨立富強和發展的措施，宣傳「要救國，只有維新，要維新，只有學外國」，積極介紹西方社會政治和文化，促進知識分子思想解放。在這種思潮影響下，醫學界開始打破夜郎自大、閉關自守局面，許多人到國外留學，接受現代醫學教育。主張向西醫學習，溝通中西醫，但由於條件限制，成績有限。

〔註80〕何兆雄，中國醫德史〔M〕，上海：上海醫科大學出版社，1988 年，第 189 頁。

第三章　醫乃仁術：醫療父愛主義的道德原則

中國傳統醫學強調「無傷也，是乃仁術」；「醫者父母心」。這兩句箴言體現了醫療父愛主義的實質。「醫者父母心」，意味醫生對待病人要像對待自己的孩子一樣關愛，同時賦予醫生父母般的代替病人作決策的權利。醫學定名為仁術，要求醫以活人為務，以仁愛為原則，一心赴救。父愛主義意味著病人利益應該且只有依靠醫生的良知來保證，因此主張學醫者要先學做人，「成己成物」。在醫療實踐中，只要醫生認為對患者有益，即使病家反對，也可以進行治療。一些極端反對父愛主義的學者認為父愛主義的傳統意味著踐踏患者個人的權利。但實際上在更多的情況下，它意味著個人的權利可以靠醫生的良知來保障，因此，醫生有可能對患者個人的自主決定權利忽視或缺乏尊重。因為在醫生看來，他們為患者做的決策遠比患者自己的決定更能維護患者利益。在處理患醫關係時，以仁愛、博施濟眾為出發點，在醫療實踐中認為一是要有利於病人疾病的緩解、痊癒，保障患者的生命安全，二是要有利於醫學科學和醫學事業的發展。

第一節　人的價值：父愛主義的價值源頭

醫療實踐有著多元價值，包括科學、經濟、倫理等價值。但是道德價值應該是醫學最基本和最重要的價值。如果動搖了這一價值基礎，那麼醫學就可能成為人們探索未知、滿足好奇心的方式，成為商業化社會追逐利潤的手

段。中國從來就不缺乏對醫學道德的重視，甚至可以說，整個中醫學史，同時就是一部中國醫德史。今天我們仍然將醫德教育作爲精神文明建設中職業道德教育的一個重要方面。很多現代醫學中的問題，從現實性上講，如「紅包」、「回扣」、「大處方」、「服務態度」等，稱爲一種「熱點」困惑，並不是眞正意義上的道德困惑。當市場經濟的大潮，夾雜著各色極易爲人們所理解和接受的價值觀念向人們湧來，人們的道德觀念連同整個倫理體系一下變得脆弱不堪。當醫生開處方時，他想到的不是病人最大利益，而是醫院經濟效益、藥物回扣、醫療檢查的提成等，那麼別說他的醫療行爲可能違背醫學倫理原則，就連科學規則都可能置腦後於不顧。今天的醫學，面臨著前所未有的市場經濟的衝擊，面對突湧而至的高醫學技術應用中的大量問題，無時不在反思自身：醫學的目的究竟是什麼？當人類的健康價值被經濟價值取而代之，醫學將何去何從？「醫乃仁術」的思想過時了嗎？

一、醫學目的：治病救人

古代將醫學定名爲仁術，一方面將醫學視作一門技藝即「術」，另一方面因其是施於人的，因而負載著「仁」這種價值取向。但是，隨著生物科技的一日千里，醫學科學變得無所不能的時候，它已不僅僅只能保障和增進人類健康、預防和治療疾病，而且能夠滿足人類的許多非醫學需要。人類運用新的醫學技術幾乎能夠自由地「製造」人本身。此時的醫學該如何發展？如何來確認其價值取向？醫學的目的應該是什麼？

（一）健康與疾病

廣義的健康與疾病概念在史前文明中就已廣泛存在：把疾病視爲一種具有強烈社會、宗教和道德意義的過程和現象。疾病作爲神靈侵入和靈魂喪失的結果的觀念，可以從舊石器時代的遺存中找到充分的證據。〔註1〕在人類早期，疾病是迷信產生的重要源泉。在中國古代殷人的心目中，疾病產生於上帝「肇病」，鬼神「乍禍」或祖妣「降咎」。中國古籍中對疾病從未有過定義，大約人身體感到不舒服，不能自由從事生產勞動，就是疾病。疾病是健康的反面，在以自然哲學爲基礎的中醫學之中，機體陰陽平衡標誌著健康，平衡的破壞則意味著有病。國外也是如此。希波克拉底認爲，將疾病說成帶神性

〔註 1〕周海春，中國醫德〔M〕，成都：四川人民出版社，2002 年，第 36 頁。

的，是用迷信來掩蓋自己行醫的無能。後來，他進一步確立了征服自然的觀念，奠定了醫學和醫德原子論、分析論、還原論、實證論的思維方式。〔註2〕現代認爲疾病包含三個概念：〔註3〕一是指疾病（disease）：這是醫學術語上的疾病，指可以判明的人體生物學上的異常，可以從體格檢查、化驗或其它特殊檢查確定；二是病患或病痛（illness），是一個人的自我感覺和自我判斷，例如某種不舒服，認爲自己有了毛病。在一些情況下，經檢查可以確定有疾病，但是在很多情況下則可能僅是一種心理學上或社會學上的失調；三是指患病（sickness）：是一種對角色社會地位的描述。即他人（社會）知道或承認此人現正處於不健康狀態。大多數所謂的疾病，實際上都是指病痛或患病。《內經》云：「人有臥而有所不安者何也？岐伯曰：藏有所傷及。精有所之寄，則安。故人不能懸其病也。」〔註4〕《說文》釋「疒」謂：倚也，人有疾病，相倚箸之形。也就是說人有病會依坐躺息，不能如常活動，如常勞作，這就是患病的表徵。《孟子》曰：「昔者有王命，有採薪之憂，不能造朝。今病小愈，趨造於朝，我不識能至否乎。」〔註5〕採薪之憂即是對病者社會角色地位的描述。

從自然角度看，沒有病與不病之說。疾病意味著缺乏完全安適的狀態，意味著沒有能力完成個人的日常活動。〔註6〕醫學社會學認爲，疾病是一種負面的軀體狀態，是存在於個體的生理學功能異常。患病是一種主觀狀態，個人在心理上覺得自己有病，並因此修正自己的行爲。病態則是一種社會狀態，主要表現爲由於疾病削弱了患者的社會角色，是一種社會偏離行爲。它以生理功能異常爲前提，以疾病的認識爲中介，以社會表現異常爲最終結果。甚至有說法患病總是一件不好的事情，給個體和他人帶來了不便，把疾病不僅看做一種生理自然現象，還看做一種文化現象，社會現象。所以，疾病是人的生存的一種常態，是「一個整體的綜合性辯證概念」。〔註7〕健康不只是沒有疾病和虛弱，而應包括身體、心理和社會上的完滿狀態。這是 WHO 關於健

〔註2〕 周海春，中國醫德〔M〕，成都：四川人民出版社，2002 年，第 85 頁。
〔註3〕 馬伯英，中國醫學文化史〔M〕，上海：上海人民出版社，1994 年，第 118～119 頁。
〔註4〕 素問·病能論。
〔註5〕 孟子·公孫丑下。
〔註6〕 周海春，中國醫德〔M〕，成都：四川人民出版社，2002 年，第 32 頁。
〔註7〕 周海春，中國醫德〔M〕，成都：四川人民出版社，2002 年，第 34 頁。

康的新概念。「在社會生活中，一次人格受辱，或一次較大的生活事件，或財產糾紛，都足以構成破壞心理平衡與社會安穩狀況的病因」。〔註 8〕從人的本質上說，健康與疾病都意味著個人與他人，個人與社會的關係。健康和疾病既是一種事實判斷，又是一種價值判斷。

（二）醫學目的的歷史演變

人體的健康不僅取決於生物因素，也受到社會和心理因素的影響。祖國醫學強調整體醫學觀，要求人們在確立醫學目的時，必須綜合考慮各種因素與人體健康的關係，也應考慮研究對象各個個體的單個需要，既要從人類整體上來確立醫學目的，也要從各個層次患者的各方面需要來考慮，因此，醫學目的不可能是一個單一的、簡單化的目標，而是由若干個目的有機結合而成的一個目標系統。父愛主義的內涵也正是隨著醫學目的的發展變化而更爲豐富深刻。

考察傳統醫學發展演變歷史後，我們可以基本瞭解中醫醫學目的有過的幾次比較大的變化。

第一是祛除病痛。殷以前，對疾病認識低下，對疾病的記載主要是症狀、病程，是對病者的直觀描述，尚未對病理作、病因做更多說明。這一時期的醫學，表現爲對外在神秘力量的盲目崇拜，而作爲有著通鬼神的神秘力量的巫，在人類心中帶有明顯的一種外在力量的影響力和威懾力，這是父愛主義理念的最初體現。除了用一些動植物外，生病以後祭祀鬼神以禳解是治療的主要方法，此外也進行針灸、艾灸、按摩等減輕病痛。

第二是追求對疾病的早期診斷和治療。隨著人類從對天的盲目崇拜中解脫出來，經驗醫學興起，鬼神致病觀念產生了動搖，人們重新認識疾病，將病因歸結爲陰陽變化、自然界六氣等。在治療上以客觀檢查代替巫術迷信，以診斷出疾病症狀，並應用藥物、針灸及外科手術等加以克服。醫學首重經驗，人們對巫的崇拜轉爲對經驗豐富的醫者的內心信仰和信任。這一時期的父愛主義是一種純粹醫生對患者個人的關係模式，醫學關注的是對患者個體的疾病治療。直到疾病預防思想的出現，開始關注疾病治療的社會後果。

第三是重視疾病的預防。《黃帝內經》中就提出「不治已病治未病」的疾病預防觀，「是故聖人不治已病治未病，不治已亂治未亂，此之謂也。夫病已

〔註 8〕 文歷陽主編，醫學導論〔M〕，北京：人民衛生出版社，2005 年，第 138 頁。

成而後藥之，亂已成而後治之，譬猶渴而穿井，鬥而鑄錐，不亦晚乎！」〔註9〕要注意病發的早期症狀，切實做到防患於未然，對醫者的要求就提高了，所謂「上工救其萌芽，必先見三部九侯之氣盡調不敗而救之，故曰上工。下工救其已成，救其已敗。救其已成者，言不知三部九侯之相失，因病而敗之也。」〔註10〕醫者必須見微知著。《淮南子・說山訓》亦言：「良醫者，常治無病之病，故無病；聖人者，常治無患之患，故無患也。」如果等到有病再去治療就晚了。《後漢書・馬援傳》載有馬援在交阯軍中，「常餌薏苡實，用能輕身省欲，以勝瘴氣」。這是用薏苡實來預防瘴氣致人疾病的例子。東晉時代的葛洪是我國預防醫學的傑出人物，他認為「至人消未起之病，治未病之疾，醫之於無事之前，不追於既逝之後。」〔註11〕是三級預防理論的最早倡導者，第一級是「消未起之疾」，即改變生活習慣和環境，控制致病因子，實行宏觀預防；第二級是「治未病之疾」，即把柄控制在發作之前；第三級是「醫之於無事之前」，即在發病後控制病情，不使惡化。預防疾病是為了避免人們遭受痛苦，是古代重要的醫學倫理原則之一。發展到這一階段的父愛主義思想，已經從考慮患者個體利益發展為同時考慮社會利益的階段。

第四是產生群體公共衛生觀念。封建社會戰爭頻繁，瘟疫流行，導致人口大量死亡，生產遭到嚴重破壞，這種情形促使醫家將醫學目的從個體病人轉到社會群體，承擔起「拯救夭亡」的社會責任。張仲景就十分注重群體衛生保健，勸導人們不要吃瘟獸肉、臭魚、餲面等，還提倡氣功、按摩等，華佗發明「五禽戲」，倡導人們都來鍛鍊身體，提高免疫能力。隋唐設有「癘人坊」，「收養癘疾，男女別坊，四時供承，務令周給」，管理麻風傳染病。醫家巢元方告誡人們不吃半生不熟的肉、魚等，防止寄生蟲，他指出：「諸山水黑土中出泉流者，不可久居，常食令人作癭病。」〔註12〕父愛主義以有利原則為基石，反映醫家社會責任感。在醫療實踐中認為一是要有利於病人疾病的緩解、痊癒，保障患者的生命安全，二是要有利於醫學科學和醫學事業的發展，以達到人民健康水平普遍提高的目的。

第五是倡導優生優育，重視人口道德。成書於公元前 403 年至 386 年間

〔註 9〕　素問・四气調神大論。
〔註10〕　素問・八正神明論。
〔註11〕　〔東晉〕葛洪，抱朴子・內篇：地眞卷十八。
〔註12〕　〔隋〕巢元方，諸病源流論・癭侯。

的《左傳》就有了「男女同姓，其生不蕃」〔註13〕、「內宮不及同姓，其生不殖」〔註14〕等的記載。表明古代已有近親繁殖不利於後代健康的醫學倫理思想。儒家還主張男子「三十而有室，始理男事」；女子「十有五年而笄，二十而嫁，有故，二十三年而嫁」。〔註15〕不主張過早結婚。雖然古代有「不孝有三，無後爲大，」的思想，但亦重視婦女、兒童、老人的保健，尤其是唐宋明時期，婦兒醫學十分發達。

第六是注重養生，追求長壽。受儒釋道思想的共同影響，中國傳統醫學歷來講節制性欲和生育，重視養生保精，尤其是金元養陰學派，其首創人朱震亨深受理學思想影響，力倡清心寡欲，就是要修心養心，節制食色之欲。因爲「嗜欲無節，陰氣耗散，陽無所附」，清心寡欲是爲了人體保健，這是養陰學派的醫學倫理學理論基礎。可以看出，中國傳統醫療父愛主義始終將人的健康作爲醫學的首要目的。對疾病的關注也是爲了人類的生存與發展，從個體的病人到整個人類健康，從偶發性疾病的被動治療，到面對流行病的社會層面的主動預防都是醫學關注的焦點。

現代醫學目的的提出是在九十年代初。美國紐約哈斯廷斯中心（The Hastings Center）主任丹尼爾·卡拉漢（Danel Callahan）在一次由醫生和生物學家召開的會議上明確提出應重新考慮醫學的根本目的。同年，在美國召開了第一次以醫學目的爲主題的國際性會議，形成了題爲「醫學的目的：形成新的優先項目計劃梗概」〔註16〕的論文。包括英國、美國、德國、匈牙利、、意大利、捷克共和國、荷蘭、西班牙、瑞典九個國家參與其中，後來發展到包括中國在內的14個國家。次年（1993年7月23～24日），在布拉格召開了第二次關於醫學目的計劃討論的國際會議〔註17〕更多國家參與進來，並在廣泛研究的基礎上基本達成共識，形成了「醫學的目的：確定新的優先戰略」〔註18〕報告。該報告認爲，現代醫學的目的應該是四個，代表了醫學的核心價值。

〔註13〕左傳·僖公二十三年。

〔註14〕左傳·昭公元年。

〔註15〕禮記·內則。

〔註16〕〔美〕紐約哈斯廷斯中心，醫學的目的：形成新的優先項目計劃梗概〔J〕，醫學與哲學，1994年，第5期。

〔註17〕編輯部，「醫學的目的」布拉格國際討論會〔J〕，醫學與哲學，1994年，第5期。

〔註18〕呂維柏，邱仁宗，醫學的目的：確定新的優先戰略〔J〕，醫學與哲學，1997年，第4期。

　　首要的就是預防疾病和損傷，促進和維持健康。這一點是對古代一直堅持的醫學目的的重新演繹，現代不健康的生活方式諸如吸煙、熬夜、酗酒等對人類生命健康造成危險，而醫生的首要職責，就在於幫助病人改善不良生活習慣，使之恢復健康。並且努力使醫學和公共衛生領域結合起來。自生命倫理崛起後，醫學中的個人自由被擺在突出地位。

　　第二，現代醫學同樣關注由於災難與疾病而引起的人生理上的痛苦，並致力於解除這種痛苦。這也是與古老的醫學目的相一致的。所不同的是，隨著醫學學科和醫學技術的發展，現代醫學對解除病患發生了理解上的偏差，對醫生來說很常見的是，只關注於人生理上的異常，即「disease」，使得醫學目的開始發生由「病人」向「疾病」的轉變。對於病人伴隨疾病造成生理痛苦而同時出現的心理上得壓力和精神上的痛楚逐漸忽視。

　　第三，照料和治癒有病的人，尤其是那些不能治癒的人。由於本世紀醫學技術的飛速發展，將最大注意力集中於治療器質性疾病，而忽視了「病人」。這裡的要求主要是醫學要把目光放到慢性疾病治療之上，特別是面對當今社會老齡化的趨勢，將日益要求醫學重新審視古代重視老年人的生理心理特點，善於養老的醫療傳統，強調照料和姑息療法的作用，幫助因患疾病而必須過有限制的生活的病人重新適應。還要幫助病人有效地對付無法治癒的永久性疾病。

　　第四，避免早死，追求安詳死亡。這一點與古代醫學追求長壽的目的截然相反，現代醫學必須接受死亡是所有人類的共同命運，死亡並不總是人類良好生活的敵人，並在與死亡作鬥爭之治療中保持張力。治療的目的應在於增加安詳死亡的可能性而不是不顧一切地延長生命。當然，避免早死仍是醫學的重要目的，特別是通過不斷髮展醫療技術實現這一目的。醫學應將臨終關懷納入醫學目的中來，護理垂死者與照料那些有希望繼續存活者同等重要。〔註 19〕

（三）醫學的全部目的是維護人的健康

　　我們來看中世紀阿拉伯醫學家阿維森納（Avicenna）在《醫典》中給醫學下的著名定義是：「醫學是科學，我們從中學到：（1）人體的種種狀態：在健康時，在不健康時；（2）通過什麼方式：健康易於喪失，喪失健康時使之恢復

〔註 19〕呂維柏，邱仁宗.醫學的目的：確定新的優先戰略〔J〕，醫學與哲學，1997 年，第 4 期。

健康。換言之，醫學就是如何維護健康的技藝和健康喪失時使之恢復健康的技藝。」提出了立足於「健康」而不是立足於「疾病」的醫學觀。《簡明大不列顛百科全書》認為醫學是「研究如何維持健康及預防、減輕、治療疾病的科學，以及為上述目的而採用的技術。」《中國百科大詞典》（1990 年）：「醫學是認識、保持和增強人體健康，預防和治療疾病，促進機體康復的科學知識體系和實踐活動。」綜上所述，醫學是關於人的健康與疾病的學說。醫學研究的對象是人而不是孤立的疾病本身。醫學是研究人與自然、人與人關係的一個特殊領域，強調人類疾病與人的生物、心理、社會、環境因素的關係。〔註20〕

人生活在社會中，社會的環境、經濟、文化等因素對人類健康和疾病有著重要影響。醫學具有雙重屬性，既是自然科學又是社會科學。在醫學領域，健康本位問題，對於健康是否是醫者關懷的中心，也可以作為區分不同醫學觀的界碑。以健康為本位，就是以病人為本位，這種醫學觀點關懷的是人的存在狀態是否符合人本身對於自身生物合理性狀態的預期，醫者在這一觀念體系中最根本的目的就是為病人謀利益。在這種觀點指導下，所有手段、技術、方法，都以最大限度使病人獲得利益為目的，在病人的疾病狀態之外，醫生要自覺考慮到病人經濟環境、心理因素、家庭條件等，在全面衡量後作出最有利於病人的醫療決策。

醫學是一門科學，但是如果把醫學僅僅看作是一門自然科學或社會科學，那麼顯然把醫學局限了。在人類的進化過程中，醫學首先是一門基本生存技術。醫學是人們為了生存產生的思想源頭，「是保護和增進人類健康、預防和治療疾病的科學知識體系和實踐活動。」〔註 21〕如同科學的其它領域一樣，價值中立說一直都在醫學科學領域頑固地存在著。正是因為把醫學看做價值中立的，才有了以「疾病」為中心的醫學目的論的存在。科學家們相信，科學中沒有重大倫理問題，這是因為科學研究事實，運用客觀方法，提出知識及共識，而倫理學涉及對價值的研究，運用的是主觀的方法，只會產生意見，造成歧異。因此科學不斷在傳統倫理道德的藩籬中突圍，企圖把人類帶到一個科學的新天地。這種觀點看到的主要是醫學術語上的疾病——「disease」也就是人體生物學上的異常，強調醫學本身的價值，將病人「疾病」的狀態

〔註20〕周海春，中國醫德〔M〕，成都：四川人民出版社，2002 年，第 41 頁。
〔註21〕彭瑞驄等主編，醫學科技與社會〔M〕，北京：北京醫科大學與中國協和醫科大學聯合出版社，1998 年，第 172 頁。

作爲醫學唯一的對象和目的，在這種觀點指導下，所有手段、技術、方法，只要能夠消除疾病狀態，都可以大膽地採納，而不將病人其它情況納入考慮之中，對疾病狀態的判斷，純粹是一種醫學內部的學術甚至行業判斷，這種以疾病爲中心的觀點所產生的自然邏輯結果是：醫生與患者之間的關係異化爲醫療手段與疾病的關係。

但是正如埃德蒙・D・佩萊格林諾（Edmund D. Pellegrino）認爲，「醫學是科學學科中最人道的科學（the most humane of science），是最經驗主義的技藝，是人文學科中最富有科學性的學科」。〔註22〕醫學以人爲研究對象，人是具有生物屬性和社會屬性的存在，使得醫學從根本上具有了雙重性質。古代將醫學定名爲仁術，一方面將醫學視作一門技藝即「術」，另一方面因其是施於人的，因而負載著「仁」這種價值取向。但是，隨著生物科技的一日千里，醫學科學變得無所不能的時候，它已不僅僅只能保障和增進人類健康、預防和治療疾病，而且能夠滿足人類的許多非醫學需要。現代醫療技術對人的生老病死的強烈干預與操縱，各種困惑人心的尖端醫療縈繞每個人的身邊，如人工流產、腦死判定、安樂死、代理孕母、生殖技術與複製技術、基因改造設計嬰兒。人類運用新的醫學技術幾乎能夠自由地「製造」人本身。此時的醫學該如何發展？如何來確認其價值取向？醫學的目的應該是什麼？這一切疑問都迴避不了醫學倫理最核心的問題，也是千古以來哲學倫理學的根本問題——人的基本價值，即是「人是誰」？人有何生命特質、價值與意義？生物醫學最大的道德問題是「失人性化」，醫生不將病人當作「人」，而是以疾病爲對象，更不用說當作親人、孩子了。因此，首先要建立人的價值原則。在生物醫學科學與商品經濟充分發展的今天，經過一系列專業訓練的醫生，很容易在臨床實踐中把科學原則、技術要求放在首位，甚至對經濟價值頗爲重視，卻忽視了最爲重要的對病人作爲人的價值的關愛。生命的本質是一切實在的本質，因此只有將人的生命當作一個整體成爲醫學考察的資料和知識的背景，一切醫療科技和理論、知識、方法、功能等的評價都烙著倫理學的印記。不論醫學如何發展，價值中立之說都是站不住腳的。如果解決醫學科技應用所帶來的倫理問題，要想撥雲見日，除卻人類心靈的茫然與困惑，維護人的生命的價值與尊嚴，我們仍然必須回到醫學倫理思維的最根本處，亦即對人的生命的探求，去建立對眞理、對生命的基本認識與瞭解。

〔註22〕黃丁全，醫療法律與生命倫理〔M〕，北京：法律出版社，2007 年，第 10 頁。

　　因此，歸根到底，醫學的根本目的只有一個，那就是維護人的健康。要堅持對患者全面負責——而不僅是疾病；發揚同情共感之心：父愛主義將病人視為自己的孩子，對病人痛苦感同身受，這是今天生物醫學模式應該繼承之處。一個醫生在成為「科學家」的同時，還要成為能與病人交流感情的朋友，甚至是親人。醫生還要避免科學主義的影響，努力提高處理醫患關係的各種能力。只有堅持這一目的，醫學科學在發展高新技術的時候才不致出現倫理偏差，才不致造成人類的災難性事件。

　　醫學的目的，就是臨床醫生的任務。這個問題看起來簡單明確，實則難以得到滿意答覆。絕大多數醫生將自己的責任僅僅限於治療疾病，儘管醫學道德要求他們關心愛護、同情病人，但是這些道德規範總是游離於職業活動之外，而不是作為醫療活動本身。這使得臨床醫生的醫療任務與其對病人的道德義務相分離，這時造成醫患關係緊張的一大誘因。醫患關係是醫生與患者之間人與人的關係，而不是醫學技術與所患疾病之間物物關係。不僅僅是治癒疾病，還應當關注病人痛苦。在現代醫學中，治療病人顯然是醫務人員的基本義務，但何種意義上的治療是好的？是針對疾病還是針對病人？是醫療手段的運用還是還包括心理安慰和鼓勵？《希氏內科學》總論說：「使病人感到舒坦，得到安慰和消除疑慮，這是我們義不容辭的責任，也是臨床醫學最本質的內容。」毫無疑問，治療（treatment）作為臨床醫學任務太過狹窄，還要做到「舒適」（comfort）該詞意指在道德和精神方面加強鼓勵、振奮、激勵等，安慰悲傷或痛苦的人，減輕人的精神苦惱，使人精力充沛，精神煥發，愉悅高行，欣慰有信心等。Thomas Percival 在《醫學倫理學》中就使用了這個詞彙，認為醫生應該通過直接身體接觸安撫病人疼痛、使病人機體和臟器康復、在恢復期間鼓勵和振奮病人精神、使他們感到愉快、提供道德和心理支持、分擔病人面臨死亡的悲痛、分享病人康復後的喜悅等方式來給病人帶來希望。這是傳統父愛主義的重要內容。

　　而當代醫學卻忽視了這一點。許多現代醫生認為，在醫學科學極不發達的古代，醫生的治癒能力受到限制，因此不得不選擇盡可能給病人安慰等方式彌補醫學技術的缺乏。但是今天我們對於治癒病人有了更為有效的手段，因此就是不為病人提供道德和精神方面的服務仍然能達到使病人康復的目的。但是這種思維，使得醫患關係進一步冷漠。我們要呼喚醫患關係恢復到父愛主義傳統中醫生對病人像對自己孩子的階段，醫生要使病人感到真誠、信任、舒適，親密，安全。

二、生命價值：人的神聖與尊嚴

生命神聖與價值原則包含兩層意思，一是尊重他人生命，維護人生的權利，二是以人為貴，尊重生命的價值。

傳統醫學道德的最基本原則就是生命神聖。它要求醫家在醫療實踐中，一方面無條件維持人的生命（主要指生物學意義上的生命），生命不容侵犯，我們不能結束自己和別人的生命。在任何情況下，保存生命，延長生命是醫者的天職，為了這個目的，醫者可以付出任何代價，甚至犧牲自己。這一原則體現了父愛主義的精髓，也是醫學道德的根本要求；另一方面，又無條件反對死亡，即使是不可避免的人的死亡，也是絕對反對。

（一）萬物有靈

對人類自身的疾病、死亡和夢等生理現象的思考，是醫學認識的開端。正如恩格斯指出：「在遠古時代，人們還完全不知道自己身體的構造，並且受夢中景象的影響，於是就產生一種觀念：他們的思維和感覺不是他們身體的活動，而是一種獨特的寓於這個身體之中而在人死亡時就離開身體的靈魂的活動。從這個時候起，人們不得不思考這種靈魂對外部世界的關係，既然靈魂在人死時離開肉體而繼續活著，那麼就沒有任何理由去設想它本身還會死亡，這樣就產生了靈魂不死的觀念。」〔註23〕原始人類認為人的生命與萬物的生命並不存在明顯的區分，對所有的事物都充滿了神秘感和畏懼感，生與死並不能區分，神秘互滲，萬物有靈，生命的全部意義和寄託都在靈魂。靈魂是生命的本體，靈魂的存在是生與死的區別。人死後靈魂不死，正是生命不死的表現。據考證，中國舊石器時代的人骨化石，四周灑上赤鐵礦粉末，以及顱骨穿孔，這些都可能是原始靈魂不滅的象徵，相信生命之後還有生命，那些本來沒有生命或是已死的東西忽然活了起來，被認為是靈魂的特殊賦予，這也就是生命神聖論的萌芽。

（二）肉體生命價值的發現

靈魂意味著生命的本質，但是它必須與一定的實體相依存才有意義，對於人來說，靈魂與肉體同在，才是真實的生命，大量日常的生活、勞動、娛樂，使得人們深刻體驗到了肉體生命的價值和快樂，生命與血肉之軀的同在

〔註23〕〔德〕恩格斯，路德維希·費爾巴哈和德國古典哲學的終結，馬克思恩格斯選集第四卷〔M〕，北京：人民出版社，1966年，第219～220頁。

才是充實和有意義，人類肉體生命的價值被逐漸提高起來。屈原的《招魂》詩，是中國文獻最早表現現實世界與死後天堂地獄風貌的作品，詩中明確表達了活在現世比去天堂地獄更美好的生活態度，生命的現實價值被看重。這種生命神聖思想邏輯上必然產生兩個結果，一是強調生命寶貴。無論是人類群體還是人類個體，失去生命就意味著失去一切，沒有生命就沒有人類的一切歷史活動。因而，人類在認識世界、改造世界的進程中，每時每刻都在追求人的生命，渴望人的生命。生存是人的第一需要。人們必須保證人體生理機能運轉和新陳代謝正常，人體各種組織、器官都健康。就整個人類而言，生命神聖的道德觀意在對人類生命的尊重，這對於整個社會都是十分必要的，而且必須加以維護。禁止任何隨意蹂躪、摧殘人類生命的行為。二是由於自然科學發展程度不高和人類對自身認識的局限性，人們認為「天」主宰著人的一切，人的生命是至高無上的「天」賦予的，人是天的奴僕，生命被賦予神授色彩。既然人是由神聖的天所賜，那麼人的生命也必然是神聖的，因此任何人都不能隨心所欲地放棄和作賤自己的身體和生命。人們把自己的生命看成是一種天命，是大自然的一種必然。對這種必然性的崇敬，在倫理上衍生為對孝觀念的強調與推崇，所謂「身體髮膚，受之父母。豈可毀傷，孝之始也。」而父母辭世，屍體不可解剖，否則被視為大逆不道，受到家族法規的嚴懲。不僅生命神聖，連頭髮、皮膚、屍體都是神聖不可侵犯的。這種生命道德在古代社會被賦予了某種絕對價值的意義。無條件強調，會導致人口惡行膨脹，且良莠不齊，既妨礙人類健康繁衍，又束縛醫學科學的發展。

（三）以人為貴

生命神聖由「重生」而「貴人」的觀念與古代醫學的「以人為貴」思想息息相通。這是人類擺脫宗教和巫術枷鎖後，對自身的嶄新認識。古代思想家肯定人的生命可貴，孟子說：「民為貴，社稷次之，君為輕」；〔註24〕荀子認為「人有氣有生有知亦且有義，故最為天下貴也」〔註25〕從不同層次肯定了人的價值，強調在天地萬物之間人高於其它一切動物。人所以「貴」，正是因為人具有仁、義等倫理道德。任何人為終止生命的行為都是不道德的。漢代董仲舒也極言人的卓越，認為人「超然萬物之上而最為天下貴也」。老子認為「域中有四大，而人居其一」。朱熹也說：「人為最靈，而備五常這性。禽獸則昏而不能備」。

〔註24〕孟子・盡心下。
〔註25〕荀子・王制。

醫學的誕生，正是人類對生命的追求和渴望的結果。醫學從誕生那天起就自始至終以維護人的生命、增強人的健康而自居。醫者以保存人的性命，救治人的傷殘爲己任。醫學的根本任務就是活人救命。人的生命有不可侵犯和至高無上的道德價值，作爲醫學倫理觀念，其基本內容是無條件的保存生命，不惜任何代價維護和延長生命，一切人爲終止生命的行爲都是不道德的。正如有學者指出，「一般的人都認爲，人類活動的本來目的便是生存，這是基於大多數人在大部分時間裏都希望繼續生存這個不可言喻的事實……不僅僅是因爲絕大多數的人即使遭受可怕的痛苦也都希望活下去，而且，這也反映在人類的整個思維、語言結構之中……」〔註26〕所謂「醫方者，所以除疾疢，保性命之術者也。」〔註27〕古代醫家強調醫者須珍愛生命，這是爲醫者首先應具備的品質。「貴人」一直以來都是傳統醫學的中心範疇。人爲貴的思想在《黃帝內經》中尤爲突出。《素問・寶命全形論》說：「天覆地載，萬物悉備，莫貴於人。人以天地之氣生，四時之法成。」所謂「六合之內，所貴人者，人所重者，性命也。有性命而後有道德，有道德而後有功業，則性命豈不重哉。而保衛性命者，醫也」。〔註28〕「醫者，生人之術也，醫而無術，則不足生人。」〔註29〕唐代孫思邈亦指出：「二儀之內，陰陽之中，唯人最貴。人者，稟受天地中和之氣，法律禮樂，莫不由人。」〔註30〕他正是因爲深感人命重於千金，故將「千金」二字作爲自己書名。「人命至重，有貴千金，一方濟之。德逾於此，故以爲名也。」〔註31〕成爲古代醫者奉行的最高道德信條。徐春甫言：「醫道，古稱仙道，原爲活人」。父愛主義這種將病人利益與價值放在首位來關心和珍愛的基本精神與生命神聖倫理觀一脈相通，爲生命神聖論在醫學中的廣泛運用提供了最適宜的條件。促進醫者關心人的生命，尊重人的生命，維護人的生命，捍衛人的生命的職業行爲上升爲具有道德意義的行爲，並以道德的形式加以固定，提倡和規範，從而形成了一系列以病人生命利益和健康利益高於一切的醫學道德規範。正如孫思邈《大醫精誠》言：「若有疾

〔註26〕〔英〕彼得・斯坦，約翰・香德，西方社會的法律價值〔M〕，王獻平譯，北京：中國法制出版社，2004年，第243頁。

〔註27〕〔唐〕魏徵，隋書・經籍志，卷三：第二十九。

〔註28〕〔清〕辛盧谷，靈素節注類編・稟賦源流總論。

〔註29〕〔清〕王士雄，回春錄・序。

〔註30〕〔唐〕孫思邈，備急千金要方・治病略例。

〔註31〕〔唐〕孫思邈，備急千金要方・序。

厄來求救者，不得問其貴賤貧富，長幼妍媸，怨親善友，華夷智愚，普同一等。」這是我國醫家一直推崇的道德規範。因此，在行醫過程中，要時時刻刻注重生命、尊重生命。只要病人還有生命迹象，還有生還希望，就一定要奮力搶救。以拯救生命爲醫者首要責任。正因爲醫者能「生其所生」，能行仁，才配稱爲醫生。這一道德理念從根本上規定了醫者必須是一個尊重生命和善待生命的人，必然是行善之人。正因爲如此，醫療行爲因是尊重生命和善待生命之舉而必然是善行。明代張介賓說：「夫生者，天地之大德也。醫者，贊天地之生者也。人參兩間，惟生而已，生而不有，他何計焉？故聖人體天地好生之心，闡明斯道，誠仁孝之大端，養生之首務，而達人之必不可廢者。惟其理趣幽深，難於窮究，欲徹其蘊，須悉天人。蓋人之有生，惟天是命，天之所毓，惟人最靈。故造化者天地之道，而斡旋者聖人之能，消長者陰陽之幾，而變理者明哲之事，欲補天功，醫其爲最。」〔註32〕

（四）重視生命價值

生命價值是人的價值的核心。是人的生命存在對人的需要的滿足。人爲了自身的生存和發展，總有各式各樣的、豐富多彩的生理需要和心理需要。爲了滿足這些需要，人就要勞動、創造、從事各種各樣的實踐活動。這些都離不開人的生命。因此，人的生命具有滿足人的需要的屬性，即人的生命具有價值屬性。生命存在的意義還在於它對社會和人類的意義，生命的取捨與生命的社會價值緊密地聯繫在一起。生命價值是相應於人的社會屬性的生命的外在價值，即一個人的生命於他人及社會的意義，亦即生存的本質質量或社會質量。只有在有效地釋放和利用人自身之內的巨大力量，將自身的生命湧動作爲一種人格魅力作用於他人和社會時，人才可能獲得眞正的生命價值，才可能獲得作爲人的尊嚴，才可能成爲完整意義上的人。我們對生命的看重也是在於他的價值，它是一切最寶貴的。當然，這裡講的價值不能片面，甚至主要不是依據金錢或經濟價值爲標準，而是各種有形和無形的——對社會的創造、貢獻、效能等、還包括感情、愛、崇敬等心理因素。對於生命價值論者而言，一個人的生命不管以任何形式出現或在任何情況下，都是宇宙獨一無二的有價值的組成部分，當任何實際生命短於他應該存在的時間，他的價值就不必要地減少。但反對者認爲，即使我們認爲一種深思熟慮的、富

〔註32〕 〔明〕張介賓，類經圖翼・序。

有良知的、積極入世的人類生命確實具有與生俱來的價值，但是我們還是會懷疑一個毫無知覺的植物般的生命會有任何價值。辛格（Peter Singer）就認為應以人有不同價值來代替所有人命等值的誡命。對辛格來說，有些人的生命是沒有價值的，對這樣的人我們應該停止「虔誠的矯飾」，「別假裝他們的生命有什麼特別的意義。」有些人活著，只能算是人類。但不是十足意義上的「人」。有些人類是「人」，有些不是。〔註 33〕人有生命價值，但是人的生物性存在是否能作為生命神聖的唯一標準？還應注意到其它要素，如生命質量、人性尊嚴等。

醫學對待人的生命，面對的是人的問題。醫者的行為，不能只關注人的生物學生命，還應關注人的社會生命即人格生命的存在。生命價值論將人的生命的物質價值、精神價值和人性價值作為衡量生命個體效益和社會效益的尺度。生命價值是一個漸進發展的過程，因此，首先，並不是沒有價值或價值不大的生命就應該被否定；其次，人們對於生命價值的評價並非一致。生命的價值隨著歷史的發展而發展變化。在某些時代背景下，在某些人看來是有價值的生命，在另外一些人看來或是在另一時代背景下可能沒有價值。清代名醫傅青主（1607～1684）看病就選擇病人，他有三不看：一是看貧不看富，二是不為異族壓迫者服務，三是不為漢奸治病。第三，生命的價值可以隨著人們對自我認識的不斷深化而增加。這一切，都要求在以任何方式對傳統人類生命尊嚴有所威脅時，應以最大程度的審慎和深思熟慮來進行。「生命神聖」這一經典倫理永遠優於「生命應是高質量，有價值」的倫理原則。無論醫療科技如何發達，生命都不能受到科學與技術的威脅和侵蝕。

第二節　仁愛救人：父愛主義的首要目的

一般的仁愛之舉常意指行為人的行為出於愛心，並沒有道德強制力。幫助他人，扶持老弱，都可算是仁愛的表現，即使當事人不作為，也沒有人對他的道德加以責難。但是作為醫生，仁愛是其義務和責任要求。作為醫學倫理原則的仁愛，應是一種帶有道德義務含義的概念，是醫生對有特殊關係的

〔註 33〕〔美〕懷亞特（John Wyatt）.人命關天——二十一世紀醫學倫理大挑戰（Matters of Life and Death）〔M〕，毛立德譯，臺北：臺灣校園書房出版社，2005 年，第 71 頁。

人——病人的責任與義務，這是由醫生這一特殊角色所決定的。即，醫生對病人負有仁愛的義務，這是醫者必須遵守的原則，仁愛救人，是醫療父愛主義的首要目的，醫生應當且必須促進病人利益。

一、活人爲心：醫乃慈仁之術

　　兩千多年來，醫家都把醫學稱爲「仁術」，醫者憑藉行醫來識仁、求仁、成仁。傳統醫家將醫學看做踐行仁術的方式，而不僅僅是治療疾病的技術。醫學實踐必須整合到修身、齊家、治國、平天下的理想之中。照顧好人民的健康，是實現孝順父母、忠誠君王，敬老愛老和愛天下萬物的德性。所謂良醫，有兩個基本特徵：醫術精湛，醫德高尚。不管是誰，都要以誠待之。仁愛的道德標準是古代醫家行醫的行爲準則，仁愛救人乃是是醫療父愛主義的首要目的。

（一）無傷也，是乃仁術

　　「仁術」一詞，首見於《孟子‧梁惠王上》，載齊宣王坐在殿堂上，見侍者牽牛而過，便問：「牛何之？」侍者答，宰殺後以其血祭神。齊宣王不忍，要求用羊替換牛。孟子贊齊宣王有不忍之心，可以施行王道，曰：「無傷也，是乃仁術也，見牛未見羊也。」儒家以「孝悌爲仁之本歟」，使得儒家的全部道德理想和實踐獲得了一個比較穩固的、屬於人的自然本性的基礎。孟子明確地說：「仁者人也，親親爲大」；「仁之實，事親是也。」仁者愛人作爲處理人際關係的一般道德原則，要求人們以仁愛之心對待一切人，建立人與人之間的相親相愛的和諧人際關係。

　　從醫學方面考鏡源流，《內經》中已有了「仁」的概念。「黃帝曰：嗚呼遠哉！閔閔乎若視深淵，若迎浮雲。視深淵尚可測，迎浮雲莫知其際。聖人之術，爲萬民式。論裁志意，必有法則，循經守數，按循醫事，爲萬民副。」後張志聰解釋此篇論診道言：「夫人之氣爲陽，精水爲陰；衛爲陽，營血爲陰。陰陽和平，而後血氣乃行，經脈乃勻，故當先度其志意之得失，飲食居處，陰陽喜怒，然後察其色脈，斯得萬舉萬全，而無過失之咎。視深淵尚可測，迎浮雲莫知其極，言天道之難明也。惟聖人從容得之，施於仁術，垂於後世，爲萬民式。」〔註34〕將醫術解釋爲聖人施予萬民的仁術，主要指醫學作爲一

〔註34〕素問‧疏五過論。

種技術，其精深奧妙，唯有聖人能從容得之，故稱「仁術」，與後代醫家將醫學定名「仁術」的含義尚有區別。《內經》中多次提及「不仁」，主要指中醫所稱的麻木、失去知覺等義，但也有倫理意義。如：「陽明終者，口目動作，善驚妄言，色黃，其上下經盛，不仁，則終矣。」〔註35〕意爲病於足陽明經者，臨終前躁動不安，又妄言詈罵而不避親疏。故王冰注曰：「不仁，謂不知善惡。」喻其喪失理性，神志昏亂之態。此處不仁已隱含著倫理意義。仁即是善，不仁，即是喪失理性，不知善惡。又說：「太陰之人，貪而不仁，下齊湛湛，好內而惡出。」〔註36〕這裡的「仁」已具有倫理道德概念上的含義，「太陰之人」不仁而性惡，貪婪淫蕩。這與董仲舒「天兩有陰陽之施，身亦兩有貪仁之性。」〔註37〕觀點類似。歷代名家都認爲醫學是仁術，強調對任何病人都要關心、體貼、愛護，做到竭誠盡智，全力施救。

所謂醫乃仁術，有四字精要：「貴」，以人的生命爲貴——一心爲病人著想；「活」，要治病活人——根本宗旨；「仁」，慈愛爲懷——將病人當作家人、孩子；「賢」，做賢良之士——注重醫家職業道德；貴是前提，活是目的，仁是核心，賢是關鍵。要求醫生成爲仁人志士，有熱愛醫藥事業的恒心，有將病人利益放在首位的高尚醫德，在治療過程中，充分發揮主觀能動性，爲病人作決策。古代大量的習醫戒要、箴言、規格、醫話等，都將仁愛二字當作首要要求。歷代醫著之名稱，亦有不少標以「仁」或體現「仁義」之意者，諸如「《仁術便覽》、《仁術志》、《仁齋小兒方論》、《仁齋直指》、《仁端錄》、《體仁彙編》、《行仁輯要》……」〔註38〕張仲景提倡「愛人知人，愛身知己」；北魏醫家李亮，醫術精湛，聞名四方，很多病人不遠千里上門求醫，李亮大蓋廳堂，供遠來求醫者居住，如果有人不幸病死，李亮還置辦棺木代爲殯葬；〔註39〕晉代楊泉《物理論・論醫》中說：「夫醫者，非仁愛之士不可託也；非聰明理達不可任也；非廉潔淳良不可信也。是以古之用醫，必選名姓之後。其德能仁恕博愛，其智慧宣暢曲解，能知天地神祇之次，能明性命吉凶之數。」〔註

〔註35〕素問・診要經終論。

〔註36〕靈樞・通天篇。

〔註37〕〔漢〕董仲舒，春秋繁露・深察名號。

〔註38〕薛公忱，論醫中儒釋道〔M〕，北京：中醫古籍出版社，1999 年，第 19 頁。

〔註39〕〔清〕陳夢雷，古今圖書集成・醫部全錄，第五百零六卷。

〔註40〕有學者認爲此爲南齊名醫褚澄《褚氏遺書》之言。參見徐儀明，性理與岐黃〔M〕，北京：中國社會科學出版社，1997 年。但未見其考證出處。

40〕北宋時期，蘇東坡在杭州任知州時，正逢大旱，當地疾疫並作，遂創建安樂坊，收治貧病的人，治癒了數千人之多。〔註41〕明代名醫龔信的《明醫箴》開篇即言：「今之明醫，心存仁義。」其子龔廷賢也說：「一存仁心，乃是良箴，博施濟眾，惠澤斯深。」〔註42〕

　　仁者愛人使得醫家將病人利益置於首位，一切以病人利益為先。潘楫曰：「醫以活人為心，故曰醫乃仁術。有疾而求療，不啻求救焚溺於水火也。醫乃仁慈之術，須披髮攖冠而往救之可也。否則焦濡之禍及，少有仁心者能忍乎？竊有醫者，乘人之急而詐取貨財，是則孜孜為利，跖之徒也。豈仁術而然哉！……奚必計一時之利而戕賊仁義之心，甚與道術相反背，有乖生物之天理也。從事者，可不鑒哉！醫者當自念云：人身疾苦，與我無異。凡來請召，急去無遲。或止求藥，宜即發付。勿問貴賤，勿擇貧富。專以救人為心，冥冥中自有祐之者。乘人之急，故意求財，用心不仁，冥冥中自有禍之者」〔註43〕。

　　這段文字論述了三層意思：首先，醫生為行仁術者，以救人為自己的根本目的，一切從病人出發，救治病人猶如救人於水火，這樣才符合「生物之天理」；其次，行醫即是行仁，必須以實現道義為價值追求，而絕不能唯利是圖，凡是在行醫過程中，乘病人危難，敲詐勒索，騙取錢財的，就是戕賊仁術的強盜，必遭報應；再次，行醫作為仁術，要求醫生對患者一視同仁，無分富貴貧賤，均以同一的愛心予以救治，在醫生眼中，患者都是需要幫助的人。不講道德的醫中敗類應予以鞭撻。

（二）志存救濟：患者利益至上

　　人命至重，而醫學乃「人命死生之繫」也。面對生命，醫家應當「長懷拯物之心，並救含靈之苦」〔註44〕，本著仁愛救人的精神，「志存救濟」，不辭辛勞，置患者利益於首位。中醫歷來有出診治病的傳統，由病家來請，醫者上門到病人的家裏為其診治。得病不分時間、季節、天氣，這就需要醫家不避寒暑甚至長途跋涉。因此，古代醫家弟子出師，老師都要送弟子一把雨傘，一盞燈籠，寓意不論晴天還是雨天，白晝還是黑夜，都應出診。「赴人之

〔註41〕〔元〕脫脫，宋史・列傳第九十七。
〔註42〕〔明〕龔廷賢，万病回春・醫家十要。
〔註43〕〔清〕潘楫，醫燈續焰・醫範。
〔註44〕〔宋〕王懷隱，太平聖惠方・卷一：敘為醫。

急，百里外，中夜叩門，無不應者」〔註45〕體現「醫乃仁慈之術，須披髮攖冠而往救之可也」〔註46〕的精神。

　　仁愛不僅僅是客觀的道德要求，還內化爲醫者主觀的道德自覺。唐代孫思邈主張對待患者不分貧富貴賤，一視同仁，積極應診。《備急千金要方》言：「凡大醫治病，必當安神定志，無欲無求，先發大慈惻隱之心，誓願普救含靈之苦。若有疾厄來求救者，不得問其貴賤貧富，長幼妍媸，怨親善友，華夷愚智，普同一等，皆如至親之想；亦不得瞻前顧後，自慮吉凶，護惜身命。見彼苦惱，若己有之，深心悽愴：勿避嶮巇，晝夜寒暑，饑渴疲勞，一心赴救，無作工夫形迹之心。如此可爲蒼生大醫，反此則是含靈巨賊。」〔註47〕凡屬患者求治，醫生應當摒棄一切私心雜念，不問貴賤貧富，年齡老少，容貌美醜，聰明愚蠢，也不管他屬何民族，都要精誠診治，把所有病人都當作至親看待。只有如此，方可謂蒼生大醫。醫者沒有外在輿論監督和法律約束，全憑一己仁愛之心自律。他在行醫中也確實做到如己所說，「晝夜寒暑，饑渴疲勞，一心赴救」。孫思邈還常常爲病人未能得到及時治療而深感內疚，認爲這是由於醫家的失職所造成的。宋代無名氏的《小兒衛生總微論方‧醫工論》中說：「凡爲醫者，遇有請召，不擇高下，遠近必赴。」元代朱震亨主動去貧困之家醫治病人，尤其照顧「困厄無告」的病人，以自己的醫學實踐來體現仁的精神實質。凡病家有請，朱氏即隨時啓程，風雨無阻。「四方以疾迎候者無虛日，先生無不即往，雖雨雪載途，亦不爲止。僕夫告痛，先生諭之曰：病者度刻如歲，而欲自逸耶？貧人求藥無不與，不求其償。其困厄無告者，不待其招，注藥往起之，雖百里之遠弗憚也。」〔註48〕朱震亨的僕人爲了他的健康，曾代爲向病家訴說辛苦疲憊，要求免於出診。朱氏得知後，便啓發開導僕人說，病人度日如年，痛苦不堪，當醫生怎能自圖安逸？相反，對於那些頤指氣使，盛氣凌人的豪強權貴，不僅不予逢迎，而且敢於藐視。據宋濂《丹溪先生墓誌銘》載，有一次，「權貴人以微疾來召，危坐中庭，列三品儀衛於左右。先生脈已，不言而出。或追問之，先生曰：三月後當爲鬼，猶有驕氣耶？」對於列三品儀衛以逞威風的權貴，丹溪先生不屑與之言，而面對貧苦患者熱誠相待。

〔註45〕　〔清〕陳夢雷，古今圖書集成‧醫部全錄，第十二卷。
〔註46〕　〔明〕徐春甫，古今醫統大全‧翼醫通考。
〔註47〕　〔唐〕孫思邈，備急千金要方‧大醫精誠。
〔註48〕　〔明〕宋濂，丹溪先生墓誌銘。

二、主導意識：此病非吾不能治

　　古代醫家以關愛之心對待病人，以仁爲行醫規範，施行仁術。這裡有一個基本的前提是首先要使自身的道德修養符合仁愛要求，才能行仁、愛人。「仁」是成己與成物的結合。「仁」本身意味著，作爲主體的人，不是消極適應外在社會規範，而是要充分發揮主觀能動性，創造性的成就、實現自身。因此，君子既要在道德規範框架內「律己」，又要積極主動去「愛人」，爲了他人利益而對其有所作爲。

（一）為仁由己

　　根據學者對郭店出土竹簡的考證，「仁」的古文爲上「身」下「心」，〔註49〕因此它更原始的意義應該是反映身心關係，是人自身內在的一面。包含自身與他人兩方面才構成「仁」的完整內涵。實際上，孔子本人實踐仁，正是將「成己」與「愛人」相結合。仁的自我主動性體現在「克己復禮」，即能夠約束自己去踐行禮，這就是仁。關於立己成己的途徑，孔子說：「志於道，據於德，依於仁，游於藝。」〔註50〕第一，立志行道於天下，即懷有崇高的理想，存志於道，不半途而廢。第二，據守己德，從修我之德做起。第三，依循仁道，對人常存親愛、惻隱、謙敬厚道之心，在與人相處中造就自己仁心仁德；第四，精習人生所必需的學問，以成實用之才，顯現仁義之德。依此四個方面，就實現了德才兼備，內外交成，總之是在仁道中成己，在成己中愛人。一個人是否能成爲仁人，取決於自己的主觀努力。孔子以恭寬信敏惠五種品德對仁作了進一步規定。恭指容貌儀態端莊嚴肅，待人有禮，「行己也恭，事上也敬」〔註51〕；寬指對人寬容，「躬自厚而薄責於人，則遠怨矣」〔註52〕；信即對人言而有信，其意即如《論語‧學而》中言「主忠信」；敏則是行事勤敏講求效率，即「敏於事」；會就是待人有恩，於人有利。寬信惠主要對人，恭敏主要對己。孔子贊顏回「其心三月不違仁」，〔註53〕就是說顏回在修身方面嚴於律己。關於愛人，孔子強調對人情感上的親愛和實際利益上的惠顧。而人對自己自然地具有自利自愛之心，如果對之不加克制，任其發展，

〔註49〕梁濤，郭店竹簡仁字與孔子仁學〔J〕，哲學研究，2005 年，第 5 期。
〔註50〕論語‧述而。
〔註51〕論語‧公冶長。
〔註52〕論語‧衛靈公。
〔註53〕論語‧雍也。

人們也就必然把他人看成自利自愛的障礙，那如何能做到犧牲自己利益而去愛他人？對自利自愛之心加以克制，循禮而行，就可使自我在倫理上能立，在道德上能成。自愛自利之心愈少，愛人利人之心就愈多，能復禮，則少爲己之心，愛人之心自然能發用流行。

古代醫者積極主動踐行仁愛，將病人健康視爲行醫根本。在實踐上，一方面源自主觀上對病人的關愛，另一方面則是對病人行動進行引導，還包括對病人及病家權利與自由的限制，而代替病人做決定，這也正是父愛主義原則的體現。明代醫家萬全《家傳痘疹心法》載醫案曰：「圻水羅良制妻魯氏年二十七歲出痘，遍身紅斑如蚊迹，眾醫視之，皆曰不治，請予往。予視其神識精明，語言清亮，診其六脈調勻，問其飲食如常，大小便調，不煩不渴，但遍身紅斑，稠密無縫，色且豔。予曰：此夾斑痘證也。魯畏死，乞救甚哀。予曰：此病非吾不能治。斑痘相雜，故難識耳。解去其斑則痘自見，汝切勿憂！亟作荊防敗毒散加元參、升麻，作大劑服，次早視之，則斑迹不見，痘粒可摸矣。再進一服，其痘起發，調理半月而安」。〔註54〕病家延請眾醫，都說不可治，萬全見後，主動承擔治療責任，要病人不用煩憂。他在此處表達的觀點是：醫生爲了解除患者的病痛，要根據自己的診斷大膽施治，不能有任何猶豫，也不能害怕承擔責任或者治不好病人而不敢用藥。

清代醫家費啓泰的痘疹專著《救偏瑣言》載：「一友朱良老其閫懷娠六月，出疹於隆冬，躁亂不寧，燔熱如火。道中一友，以寬氣養血安胎爲主，佐以甘桔、牛蒡、蟬蛻、荊芥，疏肌透發，三朝疹非不透，熱終如火，煩渴不已，嗽而增喘，徹夜無眠。至五日不惟不寐，並不能就枕，不惟喘急，並不能出聲，面如土色，目睛直視，手指厥冷，渴想西瓜，六脈絕無影響，其娠追下，小腹痛楚難禁，身無安放，立刻可斃。舉家但願得母無恙足矣。余殆弗藥，惜其未得一對病之劑。覺有不忍，爲熱腸所迫，以大黃五錢，石膏一兩，滑石、生地各七錢，炒黑麻黃三分，佐以赤芍、丹皮、牛蒡、荊芥、地丁、木通、甘桔，以蘆筍煎湯代水，二劑後諸證稍緩，遍覓一大西瓜，陸續以濟其渴。又二劑，其疹又透，諸證減半，而娠不追下矣。前方減麻黃，仍以二劑，面顏頓轉，喘定而得伏枕，熱渴亦殺大半，娠即安然。但欬嗽不止，前方去大黃、赤芍、丹皮，減石膏、滑石及半，加元參、花粉、黃芩、金銀花，二劑熱渴俱平，胃氣大開。據垂斃重證，幸而復生。尚須調理，見安和而遂弗

〔註54〕〔清〕陳夢雷，古今圖書集成‧醫部全錄，卷三百二十六。

藥。越數日後，娠復不安，但不追下，飲食減半。復有餘熱，口內生疳，以消斑快毒湯，減蟬蛻、丹皮、赤芍，加金銀花、花粉，佐以消疳散吹之，痊癒。是證所用湯劑，據常格胎前所大忌者，而得既保其母，並安其娠，見有病病受，不第無損於胎，正見所以安之之妙。疹與痘雖異，其所異者，惟氣虛痘耳。若烈毒之證，原同一軌，令是證但留其母，猶畏大黃等味，利害並存，尚費躊躕，竟爾子母俱全，凡志醫者，可不深思而潛玩也耶？有懷娠而宜峻補回陽者，若余荊之證可徵矣，不贅治驗。」〔註55〕病者孕中出疹，因醫方不對症而愈加痛苦，眼看將母子俱亡。費啓泰可惜其未得對症之藥。因對病人苦楚懷有不忍之心，不忍患者生命遭遇危險，便主動爲病人開方治療，承擔起維護患者生命安全的責任，確保母子平安。在這一病例中，費啓泰治療病人時其實完全沒有把握，所開藥劑均帶有試驗性，冒著很大的醫療風險和道德風險。他完全是在以活人爲目的的醫乃仁術的觀念指導之下，「覺有不忍，爲熱腸所迫」而進行診治的，儘管未得「對病之劑」，但仍然大膽用藥，反覆探索，終於從死亡線上救回了一對母子。在治療過程中，他並沒有告知病家其中的醫療風險，也沒有取得病家的同意，完全是自行決定一切的。在現代醫療觀念中，這種行爲肯定會受到嚴重的質疑，但在醫療父愛主義的語境裏，卻是值得讚賞的行爲。

（二）道德強制：醫生必須促進病人利益

一般的仁愛之舉常意指行爲人的行爲出於愛心，並沒有道德強制力。幫助他人，扶持老弱，都可算是仁愛的表現，這些行爲有些是義務或責任要求，有些則不是。也就是說，即使當事人不作爲，也沒有人對他的道德加以責難。雖然仁愛包含了防止罪惡或傷害以增進福利，但是我們並不認爲一般人有道德責任必須如此。但是作爲醫生，仁愛是其義務和責任的要求。作爲醫學倫理原則的仁愛，應是一種帶有道德義務含義的概念，是醫生對有特殊關係的人——病人的責任與義務，這是由醫生這一特殊角色所決定的。這種角色決定了醫生對病人仁愛是道德上所應當具有的。即，醫生對病人負有仁愛的義務，這是醫者必須遵守的原則。應當且必須促進病人利益。對一般意義上的仁愛與特殊意義上的仁愛原則作出區分，有利於我們更深刻理解醫學上對於仁愛的特殊要求和不同內涵。仁愛之所以是醫生的義務，是因爲在父愛主義

〔註55〕〔清〕陳夢雷，古今圖書集成‧醫部全錄，卷四百九十九。

視域下，其所涉及的病人利益是重要而且必須的，因爲病人是他們的孩子，他們給予病人的，是家長般的關愛。一方面，生存、接受合理醫療、免於恐懼、知情等是病人應有的權利，另一方面，病人若得不到醫生的幫助，就有可能產生極大傷害，如生命威脅或傷殘可能等。這與醫生仁愛密切相關，且在一定意義上說具有因果關係。儘管病人本身的傷害或風險與醫生無關，但只有醫生有能力加以幫助或改善，否則就會產生嚴重後果。這樣，仁愛就是醫生必須遵守的義務性原則。正如彼得‧辛格（Peter Singer）所說：「如果我們能夠防止某些壞事而不用犧牲價值相若的事物，則我們道德上應當去做。」〔註56〕在辛格看來，仁愛之所以具有道德強制性，是由於這是醫生能力範圍內之事，要達成這一義務並不需要我們做出同樣重大的犧牲，挽救另一個人的生命，並不需要犧牲自身生命，或作出其它不道德的行爲才能做到。這即是康德所主張的「應該」意涵「能夠」的意思。行爲人以犧牲相等或更大價值去完成仁愛的要求，是一種超義務的行爲，如舍己救人、殺生成仁、舍生取義等，這已不是義務的要求。因此，作爲一種義務的仁愛原則要求的是當事人有能力實施救助，且其所貢獻並不需要相當代價，就有道德責任去實現這一義務。

　　《外科正宗》載名醫陳實功即使被病家拒絕，仍自請醫病的事例。時一老婦年近七旬，背瘡已過半月，形勢全然可畏。病家俱以爲不治，倉惶整備後事。恰好病家請陳實功爲小孩看瘡恙，陳氏見病家辦喪事，問其緣故，「舉家大小，咸言待死朝夕。醫者強借觀可否，視之瘡形牛背皆腫，瘡雖不高，亦不內陷，以手按之，外實而內腐。老年內虛，膿毒中隔，不得外發故也。雖飲食不餐，且喜腳根兩無混雜，臟腑又無敗色，乃有生之證也。病家固執不信，又言簽龜命卜，俱斷必死，治豈生乎？予嗟：可惜也！再三四日不治，內膜穿潰，必死。此命陷於無辜矣！次日，予心不服，自往討治。喟然歎曰：予非相強，實見其有生，不忍捨其待死，因欲強之，醫藥金分毫不取，直待患者果愈，隨其酬補何如？彼眾方肯。先用蔥艾湯淋洗瘡上，外面俱是不腐頑肉，隨用鈹針利剪，正中取去二寸頑肉，放通膿管，以手輕重之間，捵淨內蓄膿血，交流不住約有三碗，旁視者無不點頭失色。待膿血稍盡，仍用前湯洗淨，用膏封貼，內用回元大成湯三服，以接補眞氣；後用人參養榮湯倍

〔註56〕〔美〕彼得‧辛格，實踐倫理學〔M〕，劉莘譯，北京：東方出版社，2005年版。

人參、白朮、加香附，早以八味丸、八仙糕相兼調理，欲其脾健食進腐脫肌生。況此婦謹愼調理，並未更變，不過百日，瘡愈身健而安。自後方信予言無謬也。」〔註57〕病人由於病情嚴重，病家皆認爲不治，甚至開始準備後事，在召醫生看小兒瘡恙之時，醫生主動問病家緣故，瞭解情況之後「強借觀可否」。在爲病人進行初步診視之後，認爲仍有救治希望，但病家固執，信巫不信醫，認爲病人必死。陳實功大呼可惜，且病人性命危在旦夕，「再三四日不治，內膜穿潰，必死」，如果不及時醫治，病人必將無辜送命。因此，在遭到病家拒絕後的第二天，他「自往討治」，並謂病家，非因財帛之利，實因見其有生之希望，不忍捨棄，想要強行治療。最終病人恢復健康，病家也徹底對醫者的醫術表示信服。陳實功的做法，主觀上是爲了病人的生命利益，客觀上由於病人本人已「待死朝夕」，沒有爲自己做主的能力，因此通過限制病家拒不就醫的權利，而保護了病人生命健康。

（三）主觀性

中醫強調醫家在診治過程中積極的主體意識，這是由於中醫學的整體觀念十分突出，首重經驗，治療根據的是病者外部荣單現與病人身體氣血、體內臟腑、經絡的相互關係，疾病的診斷，完全依靠四診所得的信息，來探察內部陰陽平和的狀態或偏傾的程度、性質；疾病的治療，幾乎都具有試探的性質，如果初服藥劑或治療手段不佳，再重新調整適應。這種治療方法一方面由於中醫理論本身的缺陷，另一方面，也由於醫者在古代佔據醫患關係的主導，因此治療上難免帶有主觀隨意性。即使再負責任的醫生，也存在憑「意」用藥之嫌。羅謙甫（李東垣學生）《名醫類案》載治眞定趙客之病的案例：「眞定趙客，乙丑歲六月間，客於他方，因乘困傷濕面，心下痞滿，躁熱時作，臥不安，遂宿於寺中，僧以大毒之藥數丸，下十餘行，心痞稍減，越日困睡，爲盜劫其財貨，心有所動，遂躁熱而渴，飲冷酒一大甌，是夜臍腹脹痛，僧再以前藥，復下十餘行，病加困篤，四肢無力，躁熱惡衣，喜飲冷水，米穀不化，痢下如爛魚腸腦，赤水相雜，全不思食，強食則嘔，痞甚於前，噫氣不絕，足胻冷，少腹不任其痛。請予治之，診其脈浮數八九至，按之空虛。予泝流而尋源，蓋暑天之熱，已傷正氣，以有毒大熱之劑下之，一下之後，其所傷之物，已去而無餘矣，遺巴豆之毒氣於腸胃之間，使嘔逆而不能食，

〔註57〕〔清〕陳夢雷，古今圖書集成・醫部全錄，卷一百七十九。

胃氣轉傷而然，及下膿血無度，大肉陷下，皮毛枯槁，脾氣弱而衰，舌上赤濇，口燥咽乾，津液不足，下多亡陰之所致也。陰既已亡，心火獨旺，故心智躁熱，煩亂不安。經曰：獨陽不生，獨陰不長，夭之由也。逐辭而退。後易他醫，醫至不審其脈，不究其源，惟見痞滿以枳殼丸下之，病添喘滿，利下不禁而死。」〔註58〕經三人診察，二人治療，羅謙甫放棄。對象相同，結論迥異，病人終於誤治而死。

　　這種主觀性由神農嘗百草開其端，後世不少方論、醫話都有「嘗試」字樣，均爲經驗驗證所記。陶弘景在《補闕肘後百一方》序中云：「凡此諸方，皆是撮其樞要。或名醫垂記，或累世傳良，或博聞有驗，或自用得力……」博聞有驗與自用得力都是指此。

第三節　有利無傷：父愛主義的指導原則

　　在中國，利他助人思想是最早的醫德觀念的精髓，後來逐步集中反映爲行善、有利的行醫準則。中國傳統人性論認爲人性本善，在人的善性中驅動我們產生造福他人的力量，因此要求我們進一步關心並致力於提升他人的利益。一般而言，人們並不必須擁有造福所有人群的絕對義務，亦即廣泛的行善義務，但是在醫學領域，在醫者與病人的關係範疇之內，這是醫家必須遵從的，特定的義務，因此，有利無傷，愈病爲善，關注治療效果是醫者行醫的指導原則。

一、生命倫理：有利無傷的原則

　　醫療父愛主義以有利無傷原則爲基石。有利原則由兩個層次構成，即低層次原則是不傷害患者，這就是「己所不欲，勿施於人」；高層次原則是爲患者謀利益，即「己欲立而立人，己欲達而達人」。不傷害原則爲有利原則規定一條底線，有利原則基於此設定了更爲廣泛而且具有進取性要求的倫理準則。

（一）有利無傷的含義

　　生命倫理中的有利無傷原則，是指一個行爲動機與結果均對病人有利，而且應避免對病人的傷害，即醫務人員要爲病人盡義務，既使病人獲利，又

〔註58〕〔清〕陳夢雷，古今圖書集成・醫部全錄，卷一百八十五。

不造成傷害。這是一系列臨床醫學倫理原則中的首要原則，因爲它是最高層次、最具普遍性的倫理要求。但是臨床實踐中有利與無傷兩種情況往往很難統一，而是利與弊相伴相隨。主要有以下幾種情況：一是許多對病人有利的診療措施，往往伴隨著對病人一定程度的傷害，古語云：是藥三分毒，幾乎所有的診療手段，都帶有不可避免的損傷性。這種情況應使用最優化原則，以最小代價獲取病人最大利益；二是有些醫療行爲無法確定對病人的有利作用和傷害作用，那麼應保障無傷是最低限度。還可以采雙重效應原則分析；三是對病人沒有直接利益，但可能會有一定傷害，如醫學研究。這類行爲不能再病人身上進行。

追溯西方的醫學倫理思想，希波克拉底誓言（Hippocratic Oath）中就有了關於無傷的要求：「戒用醫術對任何人等以毒害與妄爲」，「不對任何求死者給予致命之藥，亦不作此種授意。」〔註59〕是生命倫理學中一個源遠流長的基本道德原則。中國儒家則認爲，「行一不義，殺一不辜，以得天下，不爲也。」表達了儒家對無傷原則的一種強烈要求，不能爲了即使是公共利益甚至是以替天行道爲由而對無辜者作出傷害。在儒家那裡，無傷正是儒家「仁」的一種直接的表現，在孟子看來，不傷害、防止傷害、補救傷害以及有益他人的行爲都是仁愛所要求的，不僅如此，孟子以殺身成仁，舍生取義爲最高價值目標，可以說，在深受儒家思想影響的傳統醫學之中，有利既是醫者道德義務，也是道德理想的要求。

無傷，一方面是要求我們不對任何人或物造成傷害，另一方面防止罪惡或傷害。這是一消極禁止的律令，原則上是不要求我們作任何積極建設的行動。無傷原則反映了我們一個基本的道德經驗現象，即對他人造成傷害本身是不道德的行爲。無傷帶有一種明顯的道德強制性，這與有利是有區別的。傷害同時包括許多疏忽或未盡的行爲，如醫生對病人的醫療行爲沒有達到合理，父母對子女沒有適當照顧等，都有可能對後者產生傷害，有違無傷原則。

有利原則比不傷害更廣泛，它要求所採取的行動能夠預防傷害、消除傷害和確有幫助。根據功利原則，我們首先要使得行動對於病人確有幫助，這是醫務人員的職責，解除病人痛苦，且病人的受益不給別人帶來太大傷害。有利則要求醫生積極採取行動去促進善即患者利益。很多倫理學家認爲無傷

〔註59〕〔美〕羅伊‧波特，劍橋醫學史〔M〕，張大慶譯，長春：吉林人民出版社，2000年，第92～93頁。

是道德義務，有利則不是，甚至認為某些過分強調仁愛行為作為一種道德義務很可能形成不道德行為，如違反了當事人意願的父愛主義行為，就常會造成對病人自主權利的傷害，這就與生命倫理的基石自主原則發生衝突，也違背無傷原則。我們認為，生命倫理諸原則之間道德兩難的出現，並非是仁愛或有利原則所獨有的，其它原則也有可能出現，事實上，這種道德上的兩難困境，正表示在醫學倫理中，有利無傷與其它原則具有同等的道德地位，自主並非絕對唯一的顯性原則，否則就無義務衝突可言，也沒有諸多倫理問題出現，因為其它一切原則之需服從自主原則即可。

（二）中國傳統醫學中的有利與無傷

古代中國，有利無傷是醫者行醫的主要指導原則之一。其依據是儒家忠恕之道。所謂「盡己之謂忠，推己之謂恕，」〔註60〕就是將心比心，以我之欲求去推測，忖度他人的欲求，從而瞭解他人的內心情感和願望。自己所不願接受的，他人也一定會同樣不願接受；自己所喜愛的，別人也一定喜愛，自己所欲求的，別人也一定希望得到。一方面，對人盡心盡力，奉獻自己的全部愛心；另一方面，設身處地為他人著想，不苛求於他人。孔子說：「夫仁者，己欲立而立人，己欲達而達人。」〔註61〕又說：「己所不欲，勿施於人」。〔註62〕前者有獨善、自主、自行傾向，後者側重的是人際交往，前者是成己成人，濟人濟物之德，超越了後者那種以善意與人相處，不對人造成任何可能的傷害，不成過惡的境界。其根本在於把自身與他人看做同等的和平等的，將他人當作自己來對待。表達了人與人之間相處的一種善意的共存意識，如果把自己看得高人一等，必定把他人當作手段和工具，難以去為人著想。這一原則拋開了一切外在的約束，完全以自我情感、欲求、意志為標準，以己度人，以及推人，是一種發自內心的人與人之間關係的調節原則。

孟子認為人有天賦的道德本性。在人與生俱來的良知、良能中，有一種天然的惻隱之心，亦稱「不忍人之心」，此即是不願看到他人痛苦的善良之心。「惻，傷之切也。隱，痛之深也。此即所謂不忍人之心也。」〔註63〕即不忍心看到別人遭受痛苦而發自內心的憐憫、同情之心。「不忍」是仁愛之發端，

〔註60〕〔宋〕朱熹，論語集注・卷二。
〔註61〕論語・雍也。
〔註62〕論語・顏淵。
〔註63〕〔宋〕朱熹，孟子集注・公孫丑章句上。

醫者的仁愛之心來自於對病人的同情心。不忍之心是行醫首要必備的品質。因此醫者可以「善推其所爲」，由自身的快樂與苦痛想到他人，從而愼重的對待自己的行爲，使之對患者不造成傷害。良知良能是人所共有的，因此人與人才能相通。《大學》對此說得具體：「所惡於上，毋以使下；所惡於下，毋以事上。所惡於前，毋以先後；所惡於後，毋以從前。所惡於右，毋以交於左；所惡於左，毋以交於右。此之謂絜矩之道。」〔註 64〕這裡的意思是處理與自身相交的上下前後左右之人之間的關係。概言之，自身行爲可能給他人帶來影響時，必須考慮它的後果是否能爲他人所接受。推己及人以行爲主體在人際關係中的親身體驗爲出發點，從他人對自己的行爲中切身感受這種行爲給自己帶來的利弊，來決定自身行爲準則，其目的是利他，愛他。

這一思想包含著一個邏輯的理論前提，即人與人之間有著共同的善良本性。聖人與我同類，仁義禮智之性，喜怒哀樂之情人人同具，這是具有普遍性的人人具有的類本性。後儒衍爲人同此心，心同此理。但是任何現實的個人又有個別性與特殊性，所推於人的，是一般的、普遍的東西，而不是個別的、特殊的內容。明清之際的學者王夫之就曾深刻揭示這一點，他說：「『己欲立而立人，己欲達而達人』，是仁者性命得正後功用廣大事。若說恕處，只在己所不欲上推。蓋己所不欲，凡百皆不可施於人，即飲食男女，亦須準己情以待人。若己所欲，則其不能推與夫不可推、不當推者多矣。」〔註 65〕可見，儒家提倡仁者愛人，特別強調愛人以道、愛人以德，推己及人，也須以道德之心推之。正己然後推人。

佛道兩家也吸收了這一內容。葛洪在《抱朴子內篇‧微旨》說：「然覽諸道戒，無不云欲求長生者，必欲積善立功，慈心於物，恕己及人，仁逮昆蟲，樂人之吉，愍人之苦，賙人之急，救人之窮，手不傷生，口不勸禍，見人之得如己之得，見人之失如己之失，不自貴，不自譽，不嫉妒勝己，不佞陷陰賊，如此乃爲有德，受福於天，所作必成，求仙可冀也。」其中雖包含求長生不老之迷信因素，但是古人對與人爲善觀點的闡發。佛教同樣認爲向善是成佛的前提。

推己及人的方法之一是由內往外的行仁趨向。所謂「凡爲醫之道，必先正己，然後正物。正己者，謂能明理以盡術也。正物者，謂能用藥以對病也。

〔註 64〕大學：第十一章。
〔註 65〕〔明〕王夫之，讀四書大全說‧卷二。

如此，然後事必濟而功必著矣。若不能正己，豈能正物？不能正物，豈能愈疾？」〔註66〕這裡的行仁之道就是盡仁愛之心來對待他人。所謂正己，就是明理以盡術，醫者首先要進行自我修養，具備良好的醫德才算是施行仁術。所謂正物，就是能用藥對病。正己與正物的關係是正己居於首位，先正己而後正物。方法之二是易位思考。即設身處地爲病人著想，急病人之所急。孫思邈把病人的痛苦視作自己的痛苦，「見彼苦惱，若己有之」，元代名醫朱震亨告誡疲憊僕從「病者度刻如歲，而欲自逸耶？」古代醫家將病人生命利益視爲至上之要，全因「見彼苦惱，若己有之」〔註67〕的推己及人之仁心。

二、愈病爲善：醫療效果的重視

以有利無傷爲指導原則，古代醫者認爲，評價一個醫生醫道和醫德的標準就是治療效果。即看醫療是否有利於病人健康的恢復，是否能實現病人最佳利益。因此，效果論是古代醫家普遍重視的醫療觀點，在治病時很注意治療效果。

（一）以所利而行之

《內經》指出：「善診者，察色按脈，先別陰陽。審清濁，而知部分；視喘息，聽音聲，而知所苦；觀權衡規矩，而知病所主；按尺寸，觀浮沉滑濇，而知病所生以治。無過以診，則不失矣。」〔註68〕治病首先要知病之所主，即所謂「治病必求於本」。這一直是指導醫療實踐的根本原則。「求於本」在診斷上要求「必知始終」；在治療上要求「各司其屬」，「皆以所利所宜也」。環繞「各司其屬」這一中心思想，《內經》提出「謹察陰陽所在而調之，以平爲期。正者正治，反者反治」；「能毒者以厚藥，不勝毒者以薄藥」；「視人五態乃治之，盛則瀉之，虛則補之」；「寒、熱、溫、涼，反從其病也」；「病各有所宜，各不同形，各以任其所宜」；「凡治病必察其下，適其脈，觀其志意，與其病也」；「西北之氣，散而寒之，東南之氣，收而溫之，所謂同病異治也」；「有者求之，無者求之，盛者責之，虛者責之」；「佐以所利，資以所生」；「寒者熱之，熱者寒之，溫要清之，清者溫之，散者收之，抑者散之，燥者潤之，急者緩之，堅者軟之，脆者堅之，衰者補之，強者瀉之。各安其氣，必清必

〔註66〕〔宋〕撰人佚名，小兒衛生總微論方・醫工論。
〔註67〕〔唐〕孫思邈，備急千金要方・大醫精誠。
〔註68〕素問・陰陽應象大論。

靜，則病氣衰去，歸其所宗，此治之大體也。」；「夫氣之勝也，微者隨之，甚者制之；氣之復也，和者平之，暴者奪之。皆隨勝氣，安其屈伏，無問其數，以平爲期」；「氣有高下，病有遠近，證有中外，治有輕重，適其至所爲故也。」〔註 69〕等因人、因病、因地制宜的整體治療原則。至漢代發展爲辯證論治，成爲中醫一直堅持的根本治療方法，並爲後世歷代醫家所遵循。這實際上是強調治療的效果，實事求是，「以所利而行之」〔註 70〕。遵循這一原則，才能達到治病救人的目的，否則會適得其反，是不道德的。

（二）注重效果的治療方針

後代醫家繼承了《內經》的這一思想，金元四大家之一的劉完素就提出了「效果論」的治療方針。劉完素認爲，「醫道以濟世爲良，而愈病爲善」〔註71〕。用什麼來評價一個醫生的醫道和醫德呢？根本點就是醫療效果——濟世和愈病。愈病是微觀效果，濟世是宏觀效果。醫家不在於個人的吹噓或旁人的頌揚，而在於是否能濟世和愈病。因此，劉完素是持效果論的醫療觀點，在治病時很注意治療效果。《原病式》記載，劉完素對前來求醫者「不避嶮危，意無圖報，專一治療，無不痊癒，大率計之，三十有餘年間，所療傷寒，二五日至五七日間使之和解痊安者，可四五千人，汗前汗後，諸般惡證。危篤至死，眾醫不救者，活及二百餘人。」〔註 72〕從這一觀點出發，劉完素發奮鑽研醫學，深入民間，扶危濟困。講究運氣，妥善治療。劉完素同病家關係密切，家門前求診者眾，有車水馬龍的現象。他還四出行醫，爲人民群眾所熱愛。他拒絕朝廷寵幸，行醫民間，在百姓中享有很高的威望。劉完素強調運氣，發展五運六氣學說，一方面注意自然界氣候變化與人體疾病發生發展的密切關係，同時強調人在適應自然中的主觀能動性。他不認爲疾病由於宇宙運行發生而人力不可戰勝，主張：「主性命者在乎人，去性命者亦在乎人，養性命者亦在乎人，何則修短壽夭皆自人爲。」〔註 73〕闡明人可以自己掌握自己性命，而不是「天數命定」。這種尊重人的尊嚴，尊重人的價值的思想，把性命的去留、保存歸結於人類自身，相信人能掌握自身命運，已經不僅限

〔註69〕 素問‧至眞要大論。
〔註70〕 素問‧至眞要大論。
〔註71〕 〔金〕劉完素，保命集‧原道論。
〔註72〕 〔金〕劉完素.素問玄机原病式。
〔註73〕 〔金〕劉完素.保命集‧原道論。

於病家而且及於群體，不僅限於醫療客體而且擴展到醫療主體。這是醫學倫理的全新發展，在封建思想禁錮，民族壓迫深重的情形下是難能可貴的。

在行醫中以一切以病人利益為治療之歸宿，不拘泥於單一藥方和治療手段，只要有利於病人恢復健康，都可採用。朱震亨《丹溪心法》記載了其師羅知悌為僧人治病的案例。羅先生治一病僧，黃瘦倦怠。醫者通過診視，得知僧人乃是蜀人，「出家時其母在堂，及遊浙右，經七年，忽一日念母之心不可遏，欲歸無腰纏，徒爾朝夕西望而泣，以是得病」。看診時僧人二十五歲，羅安排他在隔壁暫住，每日以牛肉豬肚甘肥等煮糜爛給他吃。像這樣過了半個多月，且對病人表現出體貼與關愛，時常以寬慰之語勸解。「又曰：我與鈔十錠作路費，我不望報，但欲救汝之死命爾。察其形稍蘇，與桃仁承氣，一日三貼，下之皆是血塊痰積方止，次日只與熟菜稀粥。將息又半月，其人遂如故；又半月餘，與鈔十錠遂行。」〔註 74〕僧人因思念母親，積鬱成疾。醫者沒有片面孤立的看待疾病本身，而是充分關注到了患者情志，且對病人關心體貼，態度和藹，說話和氣，服務熱情周到，使患者如沐春風，情緒上輕鬆愉快，這樣大大有助病勢的減輕。加之醫者聯繫病人本身的身體條件，知其「充實稟質本壯」因此才行此「攻擊之法」，否則「邪去而正氣傷，小病必重，重病必死。」可見醫生不只要醫術高明，其思想、作風和態度特別重要，如果醫生態度惡劣，語言粗鄙，就會使病人在心理上、精神上受到刺激，因而使病情迅速惡化。尤其是情志病人更是如此。由此可知，醫生對待病人的態度問題不僅僅是關係到醫生個人道德修養，而是作為醫者這一特定職責的迫切需要和基本的道德義務之一。

三、責任意識：醫療傷害的預防

醫療傷害是一種職業性傷害。可能的醫療傷害常常與病人的巨大健康利益糾纏在一起。中國古代醫者早就深刻認識到這一點，並明確指出，醫術可以救人，也可以殺人。因此，對醫者的責任意識十分強調，並對那些希圖微利，誤人性命的庸醫進行有力批判。

（一）什麼是醫療傷害？

概括醫療傷害主要有以下類型：一是技術性傷害：即由於技術使用不當

〔註74〕　〔清〕陳夢雷，古今圖書集成・醫部全錄，卷三百二十六。

造成。生物醫學技術本身有不同程度的損害性，甚至治療過程本身就無可避免的包含傷害，這一點，可以通過向病人告知來確定是否使用，或權衡利與弊。但是許多損害是可以避免的，這些是由於醫務人員責任心不強造成的，這是道德性的技術傷害，包括藥物、手術等；二是行為性傷害：即由於醫務人員語言、態度等行為對病人造成的精神性傷害，例如對病人態度粗暴、出言不遜，無故泄露病人隱私等，不止造成病人傷害，還使得病人對醫方產生不信任的情緒，惡化醫患關係。這種傷害比技術性傷害更為嚴重。3、經濟性傷害：即目前普遍存在的「過度性醫療消費」，醫生為了自身、科室或是醫院等利益集團的利益導致的，使得病人蒙受經濟損失。

（二）誤人性命，希圖微利的庸醫之害

由於醫生責任心不強、或者是將經濟利益看得比病人生命更重，造成對病人的傷害，嚴重違反了無傷原則，也違背了父愛主義的宗旨。這種醫術低劣，醫德不正的「庸醫」混迹在古代醫家的隊伍裏，魚目混珠，濫竽充數，與名醫、良醫同時存在。徐春甫對此作了一番描述：「間有無知輩，竊世醫之名，抄檢成方，略記《難經》、《脈決》不過三者盡之，自信醫學無難矣。此外惟修邊幅，飾以醫騎，習以口給，諂媚豪門，巧彰虛譽，搖搖自滿，適以駭俗。一遇識者洞見肺肝，掣肘莫能施其巧，猶面諛而背誹之。又譏同列看書訪學，徒自勞苦。凡有治療，率而狂誕，妄投藥劑。偶而僥效，需索百端，凡有誤傷，則曰盡命。」〔註 75〕活畫出這些醫界中之詐偽者的醜態。宋代醫家林逋指出：「無恒德者，不可以作醫，人命死生之繫。庸人假醫以自誣，其初則要厚利，虛實補瀉，未必適當，幸而不死，則呼需百出，病者甘心以足其欲；不幸而斃，則曰飲食不知禁嗜，欲有所違，非藥之過也。厚載而出，死者何辜焉！世無扁鵲望而知死生，無華佗滌腸以愈疾，輕以性命託庸醫，何如謹致疾之因，固養生之本，以全天年耶？嗚呼悲夫！」〔註 76〕揭露了庸醫見利忘義的本質。在經濟利益面前至病人生死於不顧，這也是與要求醫生以病人利益為行醫首要目的的父愛主義思想相違背的。這些無聊庸醫也標榜「醫乃仁術」，因此他們往往「擇用幾十種無毒之藥，求免過衍。病之二三日，且不能去」〔註 77〕，這樣便可不去承擔責任，而其實質則為「養癰之術，坐

〔註75〕〔明〕徐春甫，古今醫統大全・庸醫速報。
〔註76〕〔宋〕林逋，省心錄・論醫。
〔註77〕〔清〕喻嘉言，醫門法律・申治病不知藥方之律。

誤時日，遷延斃人者」。〔註78〕

　　清代醫家徐大椿曾批評一些濫用人參治病的醫生：「天下害人者，殺其身未必破其家，破其家未必殺其身，先破其家而後殺其身，人參也」。〔註79〕由於當時嗜補成風，病人又有普遍的心態，認爲貴重的藥就等於有效的藥，「蓋愚人之心，皆以價貴爲良藥，價賤爲劣藥」，倘若醫者爲了經濟利益亂用補藥，是很容易使病人落入圈套的。因此，他痛斥那些一方面爲了獲得經濟利益，另一方面投病人所好的醫生，「醫者誤治，殺人可恕；而逞己之意，害人破家，其惡甚於強盜。」〔註80〕當前我國許多醫療單位也存在這一現象，爲了增加收入，開大處方，用高新儀器或昂貴診療手段，這樣進一步惡化醫患關係。在這樣的關係中，醫生將病人視作盈利的工具，病人將醫生看做賺錢的機器，違背將病人視作目的，醫生一切行爲都要有利於病人，不能對病人造成傷害的無傷原則，喪失醫患信任。此舉不單破病人的家，還破醫療機構，破國家。他還以俚詩直言醫者關乎人命生死，不得見利忘義：「人命關天此事難知。救人心，做不得謀生計。不讀方書半卷，只記藥味幾枚。無論臟腑風勞、傷寒瘧痢，一般的望聞問切，說是談非。要入世、投機，只打聽近日時醫，相的是何方何味？試一試，偶然得效，倒覺希奇。試得不靈，更弄得無主意。若還死了，只說道：「藥無錯，病難醫」絕多少單難獨女，送多少高年父母，拆多少壯年夫妻。不但分毫無罪，還要藥本酬儀。」〔註81〕又對醫術不精之人加以諷勸：「問爾居心何忍，王法雖不及，天理實難欺。若果有救世眞誠，還望你讀書明理，做不來寧可改業，免得陰誅明擊。」〔註82〕可謂對庸醫深惡痛絕。

　　明清之際的著名思想家顧炎武（1613～1682）對庸醫的本質作了深刻揭露，其云：「古之時庸醫殺人，今之時庸醫不殺人，亦不活人，使其在不死不活之間，其病日深而卒至於死。」〔註83〕顏元精通醫道更倡實學，對庸醫也進行了針砭，他說：「今有妄人者，止務覽醫書千百卷，熟讀詳說，以爲予國手矣，視診脈、製藥、針灸、摩砭，以爲術家之粗不足學也。書日博，識日

〔註78〕　〔清〕喻嘉言，醫門法律‧申治病不知藥方之律。
〔註79〕　〔清〕徐大椿，醫學源流論‧人參論。
〔註80〕　〔清〕徐大椿，醫學源流論‧人參論。
〔註81〕　〔清〕徐大椿，洄溪道情‧行醫歎。
〔註82〕　〔清〕徐大椿，洄溪道情‧行醫歎。
〔註83〕　〔清〕顧炎武，日知錄‧卷五，醫師。

精，一人倡之，舉世傚之，岐黃盈天下，而天下之人病相枕，死相接也，可謂明醫乎？」〔註84〕指出庸醫只讀醫書不能看病，誤盡天下蒼生。在明清實學思潮的強烈影響下，不少名醫紛紛出來指斥庸醫。龔信書《庸醫箴》言：「誤人性命，希圖微利，如此庸醫，可恥可忌。」吳瑭說：「生民何辜，不死於病而死於醫，是有醫不若無醫也。學醫不精，不若不學也。」〔註85〕

（三）醫學貴精：防止醫療傷害

防止醫療傷害，要求醫生面對患者必須全力救治。醫生一身繫著病人安危，凡看病施治，必須嚴肅認真，一絲不苟，切忌粗心大意，敷衍塞責。《素問・徵四失論》就斥責看病草率的庸醫，認為有些醫生診病不詳細詢問病情起因經過，不聞病者憂患飲食是否失於節制，不聞起居是否過度或有傷於毒，「不先言此，卒持寸口，何病能中？妄言作名，為粗所窮。」〔註86〕倉促之間，只抓住病人兩手切脈，又怎能中肯分析出病情呢？至於妄騁辯說，巧立名目，實乃誑言惑眾，因此醫者要「誠」，對患者據實以告，才能獲得患者信任。對於這種粗心大意的庸醫，張仲景有過嚴厲批評。他說：「省病問疾，務在口給，相對斯須，便處湯藥。按寸不及尺，握手不及足，……短期未知決診，九侯曾無彷彿；明堂闕庭，盡不見察，所謂窺管而已。夫欲視死別生，實為難矣。」〔註87〕這種不負責任的醫生，看病只滿足於花言巧語口頭應付，望診病人，裝裝樣子，相對片刻，就隨隨便便開個處方，不能判斷患者病情，更不關注全身症狀，這樣的醫生如何對人命負責？又哪談得上視死別生呢？

明代醫家徐春甫說：「醫學貴精，不精則害人匪細。」〔註88〕南齊褚澄說：「病有微而殺人，勢有重而易治，精微區別，天下之良工哉！」〔註89〕一個醫生必須技術專精，否則就會貽誤人命。技術低劣的醫生，可以把輕病患者治死，而技術高超的醫生卻能化險為夷，使垂危病人得救。《難經・十三難》指出：「陽絕補陰，陰絕補陽，是謂實實虛虛，損不足，益有餘，如此死者，醫殺之耳。」因此醫生要做到知識博與精的辯證統一。古代醫家樹立了以人為貴，珍愛生命的基本精神，這是將病人生命放在首位的行醫出發點。但是

〔註84〕〔清〕顏元，存學編・卷一，學辨一。
〔註85〕〔清〕吳瑭，溫病條辨・序。
〔註86〕素問・徵四失論。
〔註87〕〔漢〕張仲景，傷寒論・自序。
〔註88〕〔明〕徐春甫，古今醫統大全・庸醫速報。
〔註89〕〔南齊〕褚澄，褚氏遺書・審微。

從另一方面而言，這種思想，使得遠古時代「主性命者天也」的思想觀念變成「主性命者醫也」。一方面將醫學從巫術的桎梏中解脫出來，另一方面將醫者視為操持病人生命的主導力量，由此確立了中國醫生為病人做主的行醫傳統。楊泉在《物理論‧論醫》中說「古之用醫，必選名姓之後。其德能仁恕博愛，其智慧宣暢曲解，能知天地神祇之次，能明性命吉凶之數。」將醫者擡高到無所不能的地步，使得古代醫患之間基本處於一種命令與服從的關係之中，而且醫者的醫療行為完全由道德來規約，帶有很大的風險性。

第四章　醫患互信：醫療父愛主義的基本要求

　　古代中國的人際交往訴諸道德而不是法，人與人之間重視的是承諾，中國傳統醫患互信並不要求如康德義務論那樣在任何條件下講眞話，那樣反而違背道德眞誠。一個誠信的醫生有時需要在某些醫療境遇中隱瞞信息，這並不違背誠信原則，而是取決於具體案例。在臨床決策中，自主原則片面強調病人自主和獨立性，忽視醫生的積極作用，以「保護病人自主權」之名行保障醫療機構自身安全和利益之實，使得醫生逃避責任，更大的代價則是醫患信任的犧牲。而在有些情形下，醫生基於保護患者就會採取父愛式的醫療手段以保護病人利益。如隱瞞病情，使用模糊用語、善意的欺騙等都是其中的內容。誠實是基本準則，但是在特殊情況下有例外。父愛主義依據有利原則，認爲只要對病人利益有益，有時候不講眞話是必要的。

第一節　醫患糾紛：醫學中的道德難題

　　在中國傳統醫患關係中，病人的權利、病人在醫療中的自主性問題幾乎從未被眞正重視過。傳統醫家關注的是「關係」而不是「病人的權利」。而今天，病人要求實現的權利與醫生權威時代是不能相比的。醫學中道德難題的出現，與病人權利運動興起，醫患之間地位、權利義務的變化有密切關係。醫療權、自主權、知情同意權、隱私和保密權等成爲今後醫患關係的基本立足點。人們在醫患關係所形成的道德處境中可以對醫生行爲，自身疾病狀況等進行評價，並做出自由的選擇，以此來表達自己的道德動機、欲望、情感。

多元化的選擇必然帶來道德上的困惑，我們並找不出唯一正確的答案，只是面對諸多道德難題的出現，我們必須吸收一切有利的道德理論來提供可靠依據，使得我們的選擇更具有「合理性」。

一、醫療道德：基本內容與問題

醫學知識同其它科學知識一樣，本身並不存在道德性，醫學的科學性決定了醫學與其它科學的實踐有著共同的內在科學原則。如重視客觀定量結果，力求精確和準確。但醫療實踐不一樣。如果醫生承認一個人是病人，那麼他就進入了一種醫療關係中，他不言而喻地致力於以一種特殊的方式促進病人健康來追求醫學目的。為達到這一目的，醫生必須努力真誠的為病人工作，這便是醫生對病人的義務。醫學活動時時刻刻離不開自己的對象——病人，維護病人健康是其根本道德義務。背離這一目的而單純為積累醫學知識目的的醫學實踐是不能接受的。二戰期間，德國、日本的醫生為獲取人體、疾病的知識，在未獲得受試者同意的情況下，做了許多慘無人道的人體試驗，使原本以救人為己任的醫學成了殺人兇手。醫學內在的道德原則還可從評價一個醫生行為的正確與否來顯示。如果一個醫生採取為病人治療的方式不只是為了提高聲望或是獲得知識，甚至賺取經濟利益，而最根本是為了維護病人健康利益，我們便可以認定這種行為是道德的；相反，醫生的行為不是為了病人利益，而是為了其它目的，便是不道德的。如果一個醫生不去做維護病人利益，促進病人健康的行為，我們會評價他醫術不高明，或幹得不好，甚至可以說他的行為不是醫生所為，也不是醫學。這都是對醫生行為的道德評價，這表明，醫學內在具有道德原則。

醫學道德作為社會意識形態的一部分，要受到社會總體道德文化水平的影響和制約，中國傳統文化是以儒家思想為主流，傳統醫德的特徵是醫儒同道。一方面，儒家「仁」學思想對傳統醫德有著深刻影響，另一方面，醫療實踐與醫療道德關係密切，從醫德產生的歷史和醫學內在的道德性我們可以看到兩者之間的聯繫。

醫學的道德性還可以通過醫學價值來說明。醫學有科學、經濟、倫理等多種價值，醫學的科學價值要求不斷地發現與發明，不斷積累擴充知識體系，實現其科學價值。但這一切均是建立在為病人健康服務這一倫理基礎上的。離開了這一倫理價值，醫學的其它價值便失去了根基。而醫學的倫理價值要

靠醫學的科學價值來實現，還要靠醫療工作者的道德責任感來保證。

醫學科學的飛速發展，無疑對促進人類健康作出了貢獻。但是在一系列巨大成就的背後卻隱藏著許多危害。抗生素、阿司匹林、輸氧等大量新技術、新儀器、新藥物的使用，一方面使診斷、治療更加有效，另一方面又使醫患關係物化，醫源性疾病增多。醫學在其總體發展進程中就包含了這種兩重性。如何用道德價值思考這些利弊，作出合理的選擇，則是倫理學的任務。在具體的醫療實踐領域中，醫生的行為面臨著進退兩難的困境。許多道德問題被歸納為有爭議的問題（issues）、憂慮的問題（concerns）、要求考慮回答的問題（questions）、難以解決的問題（problems）四類。而正如恩格爾哈特在《生命倫理學基礎》中所指出，醫學中的問題涉及無法解決的法律與道德爭議，因為爭論雙方都很有道理。醫學是一門在悲劇的狀態中實踐的專業，所有人最終都會死並在死前罹患疾病，因而醫生經常面對這樣的選擇：不是所有的權利都能滿足，不是所有的好處都能得到，並且，一個確定的和包攬無遺的價值和好處的等級系統無法得到確立。

我們可以引用生命倫理關於保守醫密的經典案例：[註1]一男病人在殺害一位婦女前，事先告知了精神科醫生。精神科醫生也將病人看管起來，但是基於保守醫密原則，醫生沒有將病人的企圖告知那位婦女。以致於對病人的管束失敗後，該婦女被殺害。此案例最後送交加利福尼亞最高法院審理。主審法官認為，當一個治療者明瞭或者按照其職業水平應該明白他的病人對他人有暴力傷害危險時，他便有責任採取適當措施保護可能受傷害的他人免受傷害，包括通知警察局等有關機構，以及在可能情況下預先通知受害者。該法官主張：在一般情況下，醫生應遵守醫療中的保密原則，但這一原則必須讓位於防止暴力攻擊的公共安全利益。即使在職業倫理準則中，也包含重要的公共價值，這個價值應該超越一切其它價值。另一位法官則有完全不同看法。他認為，醫生的做法是正確的，如果醫生不遵守保密原則，病人的權利會受到侵犯，使得病人對醫生失去信任，將不會對醫生透露關鍵信息，其結果導致暴力攻擊實際增加，因為精神病人不會再尋求醫生幫助。

該案例是關於醫學保密的經典道德難題。因為兩位法官都引證了充分的道德根據，支持他們完全不同的結論。那麼這樣進退兩難的道德困境的形成

[註1]　參見施衛星，柯雪琴，生物醫學倫理學〔M〕，杭州：浙江教育出版社，1998年，第26頁。

原因是什麼？問題每一方面的理由都是重要的，但是另一方都沒有絕對正確的根據。倘若一個人按照任何一方的根據行事，他的行為在這一角度來看是合適的，然而在另一角度看又是不合適的。有人不切實際地認為人們應根據所有的理由行事，因為沒一個理由從其自身來說都是無可挑剔的。當人們需要對包含了兩個相對立的行為進行道德思考時，道德難題便產生了。主要表現為以下兩種形式：一是行為的一些根據表明某一行為是道德的，而另一些根據表明這一行為是不道德的，但這兩方面的根據均非決定性的。

在中國古代，墮胎問題也是一例：「醫者某生素謹厚，一夜，有老嫗持金釧一雙來買墮胎藥，醫者大駭，峻拒之；次夕，又添持珠花兩枝來，醫者益駭，力揮去。越半載餘，忽夢為冥司所拘，言有訴其殺人者。至，則一披髮女子，項勒紅巾，泣陳乞藥不與狀。醫者曰：「藥以活人，豈敢殺人以漁利。汝自以奸敗，於我何尤！」女子曰：「我乞藥時，孕未成形，倘得墮之，我可不死：是破一無知之血塊，而全一待盡之命也。既不得藥，不能不產，以致子遭扼殺，受諸痛苦，我亦見逼而就繯：是汝欲全一命，反戕兩命矣。罪不歸汝，反誰歸乎？」〔註2〕作者原意是揭露宋代以後禮教殺人之本質，但我們可以從生命倫理角度分析，醫者不為患者墮胎的理由有三，一是認為醫藥是以活人為務，不可用來殺人漁利，胎兒也是人；二是認為病人自己的錯誤應當承擔相應後果；三是如果醫生賣藥致人墮胎，泄露出去，恐怕醫者也難活命矣。而病人認為，醫生應該為她墮胎，一是胎兒如果出生，有可能使得病人面對危機，而墮胎不過是「破一無知血塊」；二是這是病人自己的決定，醫生應該尊重病人意思，而不應該代替病人決定。醫生的決定本為了留胎兒一命，卻反而戕害兩條人命。等等。醫學的悲劇性特徵被相互衝突的價值和道德所加強。人們必須經常在不同的痛苦和死亡的可能方式之間做出選擇，而又不能肯定地知道將會發生什麼事。直到今天，我們面對醫學倫理中形形色色的道德難題，仍總會無所適從。

二、強弱不等：醫患關係的概念和內容

醫患關係作為一種社會人際關係，與社會其它人際關係有著相似點和共同點。如人與人之間的尊重、信任、誠實是建立良好人際關係的基礎。但是

〔註2〕〔清〕紀昀，閱微草堂筆記·卷九。

也有其特殊性，這是醫療職業特點決定的，不僅技術，而且對醫生的品格提出更高的要求，這是因爲醫患關係的態度和倫理方面與醫療效果有著密切關係。

（一）醫患關係的概念和模式

醫患關係就是指醫生與病人之間的關係，其中的「醫」包括醫生、護士、醫技人員甚至是醫院管理人員等。從生物學觀點來看，患者就是患有疾病的人，即病人（patient），是指有疾病行爲並尋求醫療幫助且被醫生診斷爲患有疾病者，是社會人群中與醫療系統發生關係的具有病患行爲和求醫行爲的一部分人。〔註3〕當然，不是所有患有疾病的人都稱爲患者，都進入醫患關係，一個患有疾病的人，他可能採取的求助行爲可以是自助行爲，如自己尋找藥物或採取其它方法解決，也可以是他助行爲如找親友甚至去求神拜佛，或醫助。從社會學觀點來看，當一個人採取求醫行爲時，他就是一個患者。進入了一個特殊的「角色」。這種角色隨著社會文化而異。在古代，身患惡疾被認爲是對不道德行爲如冒犯神靈、不敬祖先、觸犯禁忌等的懲罰。在現代社會，病人角色大致包含四個方面，包括他可以從社會得到什麼和他應該做什麼。首先，進入病人角色後，可以解除平常的義務和責任，如按時上班等；其次，患病與道德無關。一個人可能因吸毒、酗酒、不講公共衛生等不道德行爲而受到譴責，但生病不是自己所能控制的，要區分不道德行爲本身和患病事實。在一定社會條件下，某一行爲可能被認爲不道德，但疾病本身是致病因子與機體相互作用的結果。不道德行爲並不必然導致得病，而得病不一定有不道德行爲，所以，不能說患病本身不道德；再次，病人應努力恢復健康，這是社會的期望與要求；第四，病人可以尋求可靠幫助，如找醫生診治，與醫生合作。本文研究的醫患關係，醫指醫生，「患」指病人、病人家屬、監護人、甚至是單位組織等群體。尤其在病人失去行爲能力或沒有行爲能力時，與病人有關聯的人群往往充當起監護人角色，代表病人作出決定。包括患者本人和患者家屬。

醫患關係主要包括兩個方面。一是技術方面。這是指在醫生對患者進行治療、診斷、檢查等過程中與患者產生的相互關係。主要包括讓患者參與治療方案的制定，與患者討論治療方案的實施與選擇，並且在醫療方案實施前

〔註3〕　文歷陽主編，醫學導論〔M〕，北京，人民衛生出版社，2005年，第111頁。

得到病人同意等。這體現了醫患雙方的地位。而醫患關係中更重要的內容是醫患關係的非技術方面。這部分包括了在醫患關係之中，醫生與患者在互動過程中產生的包括心理、社會、精神、態度、作風、倫理等各方面關係。實際上，在治療過程中，醫生佔有技術上的優勢，但是病人對這種專門技術是茫然無知的，因此，他們對於醫生的評價，基本是超出醫療技術範圍之外的。病人判斷一個好醫生的標準在很大程度上決定於醫生的態度是否認真負責，是否眞誠，是否能爲病人著想等。

醫患關係有其特殊性，這是由醫療職業特點決定。不僅技術，而且對醫生的品格提出更高的要求，這是因爲醫患關係的態度和倫理方面與醫療效果有著密切關係。醫務人員良好的形象和語言本身對患者就有很大的心理和治療作用，它可以改善病人對於疾病的消極心理，增強病人與疾病作鬥爭的主觀能動性，甚至導向病人在治療過程中積極配合。希波克拉底甚至說：「一些病人雖然意識到其病況的險惡，卻僅僅由於對醫生德行的滿足而恢復了健康。」當然這種說法未免誇張，但充分說明醫生職業道德的重要性。這要求醫生對病人向對待自己的孩子一樣，給予關愛和同情，能設身處地爲病人著想。雖然患者文化修養、心理素質等也是重要因素，但醫生作爲主導的一方，尤其應對建立和諧的醫患關係承擔主要責任。

薩斯（Szasz）和霍倫德（Hollender）認爲醫患互動可以分爲 3 種可能的模式：主動——被動模式、指導——合作模式和共同參與模式。〔註4〕這三種模式在目前的醫療實踐中都存在。

第一，主動——被動型：這種模式之中，醫患之間完全沒有互動，由醫生完全主動，病人被動接受，也就是醫生說要做什麼，就做什麼。就像父母對嬰兒一樣。有學者誤以爲父愛主義就是這種醫患模式，這是對父愛主義的誤解。這種模式目前仍然適用於急診，手術中突發狀況等情況。

第二，指導——合作型：醫患之間有相互溝通，病人因爲深受疾病的折磨而尋求醫生的幫助，醫生告訴病人該如何做，並認爲病人按自己的方法能夠恢復健康，如果在過程中病人提問或有異議，醫生往往會堅持己見，並說服病人聽從。古代中國基本上是這樣一種醫患關係模式。相當於父母與青少年的孩子，孩子有一定的發言權，但決定權仍在父母手上。「求醫問藥」，一

〔註4〕 〔美〕威廉・科克漢姆，醫學社會學〔M〕，楊輝，等譯，北京：華夏出版社，2000 年，第 164～165 頁。

個「求」字就充分體現了雙方地位上的這種不平等。

第三，共同參與型：病人和醫生有近似相等的權力和地位，病人在醫生幫助下自療。目前對於心理疾病，慢性疾病等都屬於這種模式。古代心理治療就是情志疾病。

還有學者將醫患模式概括為傳統模式和人道模式。傳統模式是指醫生是權威，作出決定，病人則服從、執行決定。實際上這就是一般意義上理解的父愛主義模式。人道模式與現在醫學普遍提倡的自由主義模式基本一致，體現的是對病人意志的尊重，包括醫生應讓病人主動參與整個醫療過程，在醫生作出醫療決策時，病人有發言權，並為其決定承擔責任。這種模式下，醫生在很大程度上是起教育、引導和顧問作用。並認為這種模式更有效，融洽，提高病人對醫生的尊重，因此更有優越性。筆者認為，這種分類存在一定誤區，邏輯上有將傳統模式歸結為「不人道」之嫌。這一方面是對於「人道」的狹隘理解。人道並不是片面對醫療過程中病人權利的強調，而是要看何種醫療行為更能實現病人最佳利益。另一方面，由於醫學知識具有極強的專業性，在很大程度上，最為合理有效的治療方案往往仍是由醫生做出。如果將醫生的地位放到「顧問」的角色上，忽視了在醫患關係中這種本身存在的信息與技術上的不平等，也有可能導致醫生推卸責任。

概而言之，學界目前對醫患關係基本上持一種二分態度，即將傳統醫患關係歸結為父愛主義模式，將現代醫患關係歸結為自由主義模式。在傳統醫患關係中，醫生具有絕對權威，在醫療過程中始終佔據主動地位，充當病人的保護者。這就是父愛式的主動——被動型。俗語說，醫生像父親，護士像母親。在某種意義上反映了醫患間彼此的地位。從積極意義上說，醫生、護士對病人應該有慈父慈母般的胸懷，把愛護之情傾注於病人身上。但這種父愛式醫患關係有其缺陷，即忽視病人獨立意志。在醫患關係的歷史演變中，醫生的主導地位始終沒有徹底改變，而醫患間的密切程度、病人在醫患關係中的地位、自主權利卻發生著翻天覆地的變化。因此有了自由主義模式的醫患關係，即強調病人自主權利，病人的醫療決策由其自身作出。但是，在自由主義模式醫患關係中，並不意味著隨著病人權利的提高而使得醫生責任發生轉移，也就是說，不能因為病人履行權利而將可能產生的不良後果交由病人承擔。這也是為什麼直到今天，父愛主義在醫療實踐中仍然適用，不能片面否定的重要原因。醫生的主導地位是無法改變的，因而醫生在醫患關係的

處理和醫療行為決策中所應負的責任也是主要的，不能因為對病人自主的強調而使得醫生有了推卸責任的幌子，從而忘記了醫者應一切以病人利益為出發點和歸宿的基本原則。

（二）醫患關係的歷史演變

在醫患關係的歷史演變中，既有穩定的因素，也有不斷變化的因素。其中醫生主導地位始終沒有改變，而醫患之間密切程度，病人在醫患關係中的地位，自主權利不斷髮生著變化。醫患關係向著兩個方向演變。一是病人權利和自主越來越受到尊重。而是隨著這種變化，醫患之間關係越來越淡漠。那種「視人猶己，皆如至親」的關係再也看不到了。

1、傳統醫患關係的特點

（1）密切性。古代醫學基本上是一種經驗醫學，缺乏有效的治療和緩解病痛的手段，也沒有現代精確的檢查和定量的指標，醫生從診斷到治療都是直接與病人交往為前提。由於醫師主要靠經驗靠感覺，醫生從瞭解病情，提出診斷意見到實施治療的整個過程等，都是在醫師與病人的直接接觸和密切配合下完成的，醫師與病人情感上的聯繫相當緊密。如中醫的望、聞、問、切等方法，就是以醫生直接接觸患者為前提，沒有第三者中介，醫患雙方直接交往密切。他們在竭力為病人尋求治療良方和緩解病痛措施的同時，更注重對待病人的態度和行為方式，在治療的同時不會忘卻對病人的同情和關心、安慰等，竭盡所能給病人關照。在情感上對每一位病人都同等對待。孫思邈說：「若有疾厄來求救者，不得問其貴賤貧富，長幼妍蚩，怨親善友，華夷愚智，普同一等，皆如至親之想。」〔註5〕明代醫生龔廷賢認為，「醫乃生死所寄，責任匪輕，豈可因其貧富而我為厚薄哉？」〔註6〕嚴厲譴責那些對於貴賤貧富之病人不平等相待的醫生。林逋也說：「無恒德者，不可以作醫，人命死生之繫。」〔註7〕這一點對當今醫患關係異化、物化、陌生化的改善具有極為重大的實踐意義。

（2）利他性。在樸素的以人為本觀念下，「仁者愛人」成為古代醫家的基本信條，在行醫中予以貫徹。醫者的言行均以病人福利為第一優先地位，治病救人是每個醫家應盡的義務和美德。《黃帝內經》把人看成整體的

〔註5〕〔唐〕孫思邈，備急千金要方・大醫精誠。
〔註6〕〔清〕陳夢雷，古今圖書集成・醫部全錄，卷五百三。
〔註7〕〔宋〕林逋，省心錄・論醫。

社會的人，從生理和社會相結合的角度看待疾病，並認爲診病的時候必須詢問病人的飲食起居等生活狀況，尤其是病人的貴賤、貧富、苦樂三種情況必須先問清楚，這樣才能獲得最有利於患者的醫療決策。患者的最佳健康利益作爲一切行爲的出發點。在義利關係上，以病人利益爲先，對於今天有部分醫生以自身經濟利益爲考慮，利用處方權等謀取私利的行爲，具有極大教育意義。

（3）個體單向性。傳統醫患關係多是個體層面，也就是單個的醫生與單個的患者之間的關係，當然也包括患者的家庭。對醫家來說，單一的患者的健康是醫生首先要考慮的。此外，還具有單向性特點，更強調醫生的義務，我們從古代醫家的言論中也可看出這種特點。雖然有對病人義務的強調，但是無論從法律上，還是從倫理上的規約，基本是限於對醫者義務的規定。傳統醫患關係在很大程度上靠醫生內心信念，即孟子所說良善之心來維持，病人只有充分相信給予治療的醫生是能夠勝任的，是爲自身健康著想的，是可信的，能夠治好疾病。醫生在病人心目中是「活神仙」「活菩薩」，善人。

（4）忽視患者權利。儒家倫理中「父父子子」的觀念對醫患關係產生了深刻的影響，「醫者父母心」，要求醫生像父母一樣爲病人著想，關心病人，也賦予了醫者父母般的權力。這使得古代的醫生在醫患關係中處於絕對權威的地位，患者找醫生看病叫「求醫問藥」。一個「求」字生動地體現了醫患雙方地位的不平等。傳統觀念中醫生的行爲是施恩捨濟、澤惠病家，普度疾苦中芸芸眾生的仁慈之舉。對患者的權益沒有充分的意識。醫患之間不是獨立的個人之間的互動關係，而是施予與被施予、恩賜與被恩賜的關係。史載延安中部人王士弘，因「父搏有疾，士弘傾家貲求醫，見醫即拜，遍禱諸神叩額成瘡。」〔註8〕除此之外，在古代倫理本位的社會中，忽視個人的權利和利益，強調個人對權威對組織的服從，一旦患者利益和整個社會倫理道德發生衝突，則無條件犧牲患者利益，維護社會倫理，這是傳統父愛主義的突出特點。如夫婦人倫，男女大防，婦女乳殤等婦科疾病不能診治，只能任其病痛至死。如果醫生爲了婦女健康而爲其診治，是不道德，甚至違法的。傳統醫療模式中知情同意權的主體屬於家庭，而非患者本身。患者家庭和患者本人也是如此。

〔註8〕　〔明〕宋濂，元史·卷一百九十八，列傳第八十五：王士弘傳。

2、當代醫患關係的變化

20 世紀以後的醫學起了較大變化，這是技術飛躍，商業利益掛帥的時代。在醫生和患者之間出現了醫院這一中介。隨著醫學的發展，醫院的規模空前龐大，硬件軟件建設日漸現代化，且迅速的不斷更新。猶如日本影片《白色巨塔》中所描繪的，充斥著各種先進的診斷治療儀器和設備：從 X 射線、心電圖、內窺鏡、示蹤儀、超音波診斷儀，到自動生化分析儀器、CT 掃描、正電子攝影（PET）、核磁共振成像（MRI），腎臟透析機、心肺機、起搏器、人工臟器等，再加上數不盡的各種新藥，在臨床治療中發揮著重要的作用。化學藥物、器官移植、生殖技術、介入性治療等先進的治療技術提供了多種可供患者選擇的治療手段，技術的飛躍解開了許許多多生老病死之謎，治癒了許多原本不治之症。醫學的傲人成就令人讚歎，造福了無數命在旦夕的病患。但是與此同時，因為科學分析研究的負面結果，病人作為研究對象被物化、非人化。幾千年來由一個醫生面對一位病人的對話氛圍，轉眼間變成醫生面對「一臺出錯的機器」，不問情由，醫生只管根據各種先進儀器顯示的數據指標進行維修。「醫」的本質被消解。醫生就像維修技術工人，這是技術屬性膨脹的惡果。醫療被視作商品，病人成為消費者。醫療活動中「人」的屬性失去了原有的光彩，病人的痛苦被轉化為疾病的表徵，如同笛卡爾、拉美特里所說，人的身體不過是一具生命機器，因機體損傷或功能失常需要修理和更換零件，這臺機器的機能甚至可以用物理力學加以解釋。病人失去獨立性、自主性和應有的尊嚴。

從某種程度上說，醫學敘述的原本就是人與人之間的故事，卻一下子變成人與商業利益的故事，人與醫療器械的故事。傳統醫患之間「視病猶親」的愛與關懷，對於現代醫學來說早已遙不可及，游離於技術的範疇之外。在巨大的商業利益誘惑下，醫療中的倫理與良知的視野從此迷失。在現代科學技術的洪流中，醫學中的人文精神日益消解。當代醫學技術的發展，無法抹掉醫學中原本就含有的聖潔精神，醫療應當回歸最基本的對生命的尊重、對人的尊重。在高科技化的同時，還要高人性化（high tech, high touch），面對病人，醫生首先要做一個朋友、一個心腹知己，從倫理道德上考慮醫患之間的關係，這才是醫學倫理與醫療的價值標杆。

（三）醫患關係的性質

研究醫患關係的最終目的，在於融洽二者關係，以使患者得到最大限度的優質衛生保健服務。醫患關係是醫生和患者之間發生的最基本的人際關係，它

同任何人際關係一樣，既可以用法律來規範，又可以用倫理道德來調節。

1、醫患關係是道德關係

著名哲學家福柯指出，在醫療行爲中，人是升格爲主體還是降格爲客體，這取決於他在認識活動中承擔何種任務：施治還是受治。〔註9〕病人及其疾病必須接受兩種監控：社會監控（權力監控）與醫學監控（知識監控）。〔註10〕病人在臨床醫學實踐中是認識主體的客體，病人的義務就是服從，尊重醫生的決定；在另一端，作爲醫生，他們是實踐中認識客體的主體，他們的責任是根據病人的具體情況作出對病人最爲有利的醫療決策。雖然這種關係的確定在本質上取決於哲學上主體對客體的界定，但其語義邏輯折射出來的人類智慧仍提醒我們，醫患之間的關係雖然不是立刻可以轉換的主從關係，但至少不應當是對立的。醫患協作的利益不僅及於病人，也及於醫者乃至整個醫療事業。按照福柯的醫事哲學路徑分析，醫生診治病人等於合法的限制病人的自由。病人（無論是誰）一旦接受醫治，或被送進醫院就被置於護理和凝視狀態，受到關注、照管。病人的處境發生了變化，已由原來的自由人成爲非自由人。由家庭成員變爲醫院的一員。不論是誰，都因診治而改變自己的身份，即使是高官顯貴亦是如此。誰應被診治，醫生就診治誰。被診治者就是病人。〔註11〕在福柯看來，醫生本因病人而存在，醫院本爲疾病而建立，病人到醫院是爲了獲得救治的權利，是上帝、是雇主、是絕對主體，然而，病人一旦眞正跨進醫院大門，走進診室，站在醫生面前，便一下成爲「凝視對象」，甚至成爲試驗品，成爲其它病人的借鑒或鏡子。〔註12〕

福柯的觀點，指出了醫患關係相對於一般人際間關係的特殊性。首先，病人生病必須由醫生來醫治，醫生群體對病人具有某種不可選擇性；其次，病人在這種關係中還由於存在著無法改變的知識擁有上的不平等以及病人救助疾病的需要，始終處於脆弱和不利的地位；其三，病人的生命質量、價值

〔註 9〕于奇智，凝視之愛：福柯醫學歷史哲學論稿〔M〕，北京：中央編譯出版社，2002 年，第 66 頁。

〔註 10〕于奇智，凝視之愛：福柯醫學歷史哲學論稿〔M〕，北京：中央編譯出版社，2002 年，第 39 頁。

〔註 11〕于奇智，凝視之愛：福柯醫學歷史哲學論稿〔M〕，北京：中央編譯出版社，2002 年，第 39 頁。

〔註 12〕于奇智，凝視之愛：福柯醫學歷史哲學論稿〔M〕，北京：中央編譯出版社，2002 年，第 46 頁。

和存在有時要求醫生來加以維護，病人對醫生具有依賴性；其四，病人在求醫過程中，出於醫療的需要，可能暴露一些隱私和有關的秘密，構成與醫務人員特殊的親密關係；其五，病人的求醫行為隱含著對醫生的信任，醫務人員必須接受病人的託付，構成一種信託關係；這意味著醫患關係不可能是一般人際交往中平等的人與人之間的關係。這種關係強調醫生的道德義務，醫生必須接受病人的託付，要把病人利益放在首位，竭盡全力幫助病人，而病人的行為內含著對醫生的信任，以及對疾病治癒的期待。因此，肯定醫患關係要靠道德來維持顯然是有道理的。但是僅憑道德倫理維持的醫患關係是有所欠缺的。由於醫患關係一方面有著服務與獲取醫酬的經濟關係，同時又有受經濟關係影響的義利道德關係。而這兩種新的社會關係單憑社會成員內心信念和輿論習俗無法維繫，必須由強制力進行保障。

2、醫患關係是法律關係

我國臺灣學者認為，醫生與病人之間的法律關係，屬於委任契約的關係，經由病人前往醫師執業醫院或診所「掛號」而成立。這種診療的默認契約持續到病人痊癒、死亡、病人自願中止治療或轉往其它醫生處就診為止。〔註13〕根據醫學社會學的觀點，從 20 世紀 60 年代起，就已經建立起患者是「消費者」而不是病人的概念，醫生被看成是「衛生服務提供者」，醫患之間是兩個獨立的主體之間自願發生的關係，可以視為契約關係。它與病人永遠是被動的舊有醫患關係直接對立。當一方（委託人）將決策權授予另一方（代理人）時產生代理關係。委託人的問題是如何建立一種契約或關係以保證代理人的行為符合委託人的最大利益。各種代理關係被創造出來是為了緩和患者和提供者之間的問題，包括醫生患者的長期關係以及健康維護組織。〔註14〕卡爾耶（Culyer, 1989）視醫生為「完美代理人」。他認為醫生會做出和患者瞭解情況並為自己做出的決定相一致的決定。這在患者自身利益要求其關注自身健康的角度上，和醫學倫理道德一致。一旦產生任何衝突，完美代理人將關注患者而非自己的偏好。〔註15〕但必須看到的是，醫患關係不是從明確的

〔註13〕吳正吉，醫學與法律〔M〕，臺北：吉仁新醫股份有限公司，1983 年，第 37 頁。

〔註14〕〔美〕舍曼·富蘭德等，衛生經濟學〔M〕，王健譯，北京：中國人民大學出版社，2004 年，第 215 頁。

〔註15〕〔美〕舍曼·富蘭德等，衛生經濟學〔M〕，王健譯，北京：中國人民大學出版社，2004 年，第 209 頁。

協商之後訂立某種契約開始的。病人請醫生診療，並沒有言明之契約，且醫療行為屬於善意本能之特殊或無條件行為。原則上病人找醫師看病，醫者不得拒絕，但是否能治好，除了醫術之外，尚有很多不可預期因素。但在現實中，棄患者於野的醫生大有人在。

　　將醫患關係看做一種法律關係，意指其中包含著醫患雙方的權利和義務。如醫生平等對待病人的要求就是病人的平等就醫權。醫生不能拒絕病人，這是病人的權利，其中包括看不起病的病人。醫生不能拒絕行醫，也不能有選擇的，不公平的行醫，醫生要保守病人的秘密，建立與病人的信任關係。這都在法律上明文規定，對醫患雙方具有同等法律效力。對於醫生來說，病人的利益總是放在優先地位，但在權衡醫療決定的利弊得失時，家庭成員的利益也應考慮在內。

　　但是僅將醫患關係理解為法律關係也是片面的。醫生是掌握醫學知識與技能的專業人員。當病人前去求醫，就與醫生進入了一種專業關係。這種關係與其它法律上的契約關係，如商品交換關係不同。普通的商品交換關係是一個陌生人的世界。如我們去超市購物，不提供任何個人信息，也能得到優質服務，對這種關係進行評價規範的，主要是一些消極義務與權利。例如賣方負有不出售假冒偽劣商品的義務，買方有權利得到與付出費用相當的商品。但是醫患關係不是陌生人之間的關係，不能如此等同。在醫患關係中，病人處於脆弱和依賴地位。大多數病人並不擁有使其自身恢復健康的知識和技能，不得不依賴專門醫生，因此他們不能判斷醫生提供服務的質量好壞。而醫生要用自己的仁慈和專業技術來解除患者的痛苦，因此醫患之間不可能是單純法律關係，而必須靠道德的約束力。

3、醫患關係是倫理關係

　　今天隨著醫療保障制度的不斷完善，醫患關係更凸顯出倫理關係的性質。之所以這樣理解，首先是因為醫學本身就是一種「應當如何」的價值建構。從醫學發展的歷史來看，醫學一直不斷塑造自己，儘管醫學的價值問題已經成為一個開放性問題，但醫學的目的只有一個：為了病人的健康。這就決定了醫生所承擔的任務無論在想像上、制度上和科學上都離不開人本身。其次，醫患矛盾的最終解決，不是依賴於法律制度，而是依賴於道德調節。醫生有義務通過對患者的「關愛」來解決和避免醫患矛盾。儘管在當前社會醫療保障制度尚不完善，醫療資源相對短缺的社會現實下，這一要求一時難

以達到，但仍應當是醫患關係追求的道德理想。再次，醫患關係最佳模式應當是基於誠信的。在醫生與患者之間，絕對平等是不可能存在的，因此，一個由獨立的、理性的行為者協調出來的契約模式並不見得能為這種醫患誠信提供一個理想框架，這要求醫生對患者既有父愛式的關心與責任心，又能充分尊重患者自主權利。

第一，在醫患關係中，醫生將病人利益放在首位。首先，醫患關係是一種信託關係。當病人求醫時，自己的健康、命運、甚至生命都處以危險之中。為了有利於治療，病人常常須得向醫務人員透露一些隱私，如病史等，使得病人與醫生之間形成一種較密切甚至親近的關係。這種關係與商品關係已是大相逕庭。病人的求醫行為隱含著對醫生的信任。相信醫生會把自身健康和生命而不是醫生個人或他人的利益擺在優先地位。因而他將自己健康和生命託付給醫生。當病人認為醫生是為了其它利益而不是自身生命與健康而採取治療手段，那麼就有可能結束醫患關係。中國古代醫家早就指出，醫生手中掌握著「決人生死」的知識，用之不慎，就會殺人（淩之凋），所以「夫醫者，非仁愛之士不可託也，非聰明理達不可任也，非廉潔淳良不可信也。」〔註16〕這種信任託付關係可以說代表了醫患關係的實質。

西方醫學之父希波克拉底曾說，醫生要對病人提供幫助，至少不傷害病人。中國歷史上的醫家也早指出「醫乃仁術」，元代醫家劉完素云：「醫道以濟世為良，而愈病為善」。可見醫本仁術、醫本為善的思想十分深刻的。醫家行仁，就是行善。意味著要把病人利益放在首位。如果醫生不是如此，而是趁病人危困而去發家致富，那麼就如徐大椿所說：「天下之害人者，殺其身未必破其家，破其家未必殺其身」〔註17〕，醫生此舉「害人破家，其惡甚於盜賊」。這樣的醫生雖是少數，但影響惡劣，嚴重破壞了醫患關係。

第二，醫患關係是兩個具有獨立人格的人自願發生的關係，這種關係帶有契約性質。在這種意義上理解，醫患關係的特點被突出了，其一，病人和醫生雙方具有獨立人格，但醫療決策能力有差異；其二，病人和醫生兩者具有不同的價值和信念，不同的利益和目標；其三，雙方自願建立起醫患關係，也可以隨雙方自願而中斷。這種關係要求尊重彼此擁有的權利，並且給予病人較多的決定權。醫療決策不是簡單地醫生說了算，而是雙方之間互相交流

〔註16〕〔晉〕楊泉，物理論·論醫。
〔註17〕〔清〕徐大椿，醫學源流論·人參論。

信息和協商的過程。特殊情況下，病人也可以讓醫生代表他作出決定。

　　醫患關係的這兩個基本性質是其兩個方面，缺一不可。醫生要尊重病人獨立自主、意願、價值以及作出合理決定的能力。當病人失去行為能力，尊重其家長、監護人的決定能力。如果只看到醫患關係中的行仁性而忽視其契約性，就有可能導致由醫生代替病人決定一切，而沒有對病人獨立人格給予應有的尊重。醫生主觀地為病人做判斷、定決策，完全忽視病人權利。實際上父愛主義就有這樣的特點：醫生有著對病人利益、幸福謀福利的仁愛之心，但認為病人不懂醫學，患病後身心處於不利地位，難以作出合理決定，而應該不必徵求病人意見，由醫生作出決定。雖然中國古代醫家也提倡「問病人所便」，強調醫患之間充分溝通，但始終沒有達到認為病人具有就有關自己的醫療問題作出決定的權利的地步。契約性承認病人和醫生都是具有獨立人格的人，具有不同的價值觀念和行為目標，在醫療決策中，涉及技術方面可以由醫生決定，但涉及個人生活取向、如宗教信仰等，不可能由醫生代替病人作決定。因此要盡量保證病人對醫療方案知情並爭得病人同意。如果醫生認為病人決定有危害病人自身利益的風險，可以提出意見，與病人家屬進行交流。但最後一般應由病人作決定。將醫患關係類比為契約關係，不是強調雙方的平等交換或類似的買賣關係，而是將雙方看做獨立自主基於自願的關係，從而具有相應的權利和義務。

三、過度做主：父愛主義與醫患糾紛

　　醫生是一個很古老的職業。據文字記載，埃及在公元前 16 世紀就有了專司治病的醫生，中國在公元前 14 世紀便有了用藥物治療疾病的醫生。然而醫生社會地位的提高，是在 20 世紀以後，隨著醫學科學的重大發展，具有良好效果的藥物以及診療器械不斷出現，大量危重病人被掌握專業知識的醫生所拯救，使得醫生成為一種很有聲望的職業。這種職業優勢由多方面因素組成：一是醫生作用的特殊性。醫生不是一般的科學家，因為其掌握的專業技術關係到人的生命安全，病人的生死在很大程度上操縱在醫生手中。對於每個人來說，生老病死是人的生理過程，醫療是任何人都不能避免的。在古代，有「有病不治，常得中醫」的說法，但是特別是現代人對健康要求的大大提高，使醫生進一步受到尊重。二是技術的複雜性。醫學技術關係到人的生死，而這種專業知識要靠長時間的培養。尤其是在古代醫學極不發達的情況下，醫

生挑選徒弟往往經過嚴格篩選，認爲有責任心、勤學好問，立志救死扶傷的人才能成爲醫生，還要懂得其它多種知識。加之古代自然哲學基礎的醫學重視的是經驗的作用，醫者可說是活到老學到老，是所有職業中用時最長、投資最大、複雜性和重要性都最強的。三是權力的獨立性。醫學是一門專業性很強的學科。一般非專業人士很難干預醫生的決定。隨著醫學科學的發展，這種專業優勢更爲明顯。與此相伴隨的，是醫生權力的獨立性空前加強。醫生具有診斷權、處方權，即醫生有權力決定一個人是否生病，是何種疾病，用何種治療方案，是否需要住院、手術、隔離等，醫生還有權宣佈病人是否死亡。這種獨立的權力不受外界干擾，如果濫用，往往形成「超父愛主義」，釀成惡果。

父愛主義的醫療模式中，醫生佔據主導地位，這是由醫學本身特點決定的。醫生因爲職業特點常處於命令地位，病人爲了治病必須求助醫生，病人要求越多，其從屬性地位就越明顯。醫患關係總體上講是不對稱的。在這種醫患關係中，醫生作爲優勢一方，在醫患關係和諧中具有決定性的印象因素。因此在醫患糾紛的形成中，醫生方面往往佔據主要原因。

第一，服務態度問題。人際交往中信息的傳遞要靠語言和行爲。醫患關係中的交往不同於一般的社會交往，醫生的語言和行爲，不僅會影響到醫患關係，而且還影響到病人的健康、疾病的治療。醫務人員的態度牽動著病人的注意力。因此，醫生應十分注意治療中的態度問題。從古至今，這一直是醫療糾紛的主要原因。醫生對病人冷、硬、頂，「臉難瞧，話難聽，病難看」。這種問題的存在就其根源當然有深刻的社會因素和體制因素。但是從醫生角度來說有心理認識根源和職業道德根源。醫生自古以來在醫患關係中的主導地位未曾動搖，父愛主義的模式使得醫生產生了權威心理。古代雖然對醫家美德十分強調，但以施恩者自居的醫生不在少數，這種心理使得醫生在病人面前認爲自己應說一不二，即使將具體治療方案告訴病人，也是希望病人按自己的方式執行，認爲這才是最有利於治療的。這種心理如果得不到其它如關愛心理，體貼心理等因素的共同作用，就有可能發展爲嚴重的「超父愛主義」，使得醫生完全凌駕於患者之上。

喻昌在《醫門法律》中就載有因醫生言語過激而引起病家不快，使得病人治療受到影響的案例：「岵翁公祖，偶因飽食當風，忽然一吐，傾囊而出，胃氣大傷，隨召診問。體中微似發熱，左關之脈甚大，自云：始先中脘不舒，今覺

氣反攻左，始用梨汁不投，今用蔗漿稍定，不知此何證也？昌因斷曰：此虛風
之候也。以胃中所受之水穀，出盡無留，空虛若谷，而風自內生，兼腸中久蓄
之風，乘機上入，是以胃中不定。……於是以甘寒一派之藥定方，人參、竹瀝、
麥門冬、生地黃之屬，眾議除參不用，服後腹中呱呱有聲，嘔出黃痰少許，胷
中遂快。次早，大便亦通，證似向安。然有可怪者，本是胃經受病，而胃脈反
不見其病，只是上下兩旁，心腎肝肺之脈，時時另起一頭，不安其常，因為剖
心爭論，謂：此非上下兩旁之見病端也，乃中央氣弱不能四迄，如母病而四子
失乳，故現饑餒之象耳。觀祖翁自云口中之味極淡，又雲水到喉管即汪注，不
肯下行，明明是胃中之氣不轉，宿水擋住喉間，不能更吞新水耳。宜急用四君
子湯以理胃氣，則中央之樞軸轉，而四畔之機關盡利，喉管之水氣不逆，而口
中之淡味亦除矣。如不見信，速請明者商之，不便在此羈時誤事也。然而言過
激烈，反怪為故意驚駭，改召二醫。有謂中風者，有謂傷寒者，見各不同。至
於人參之可用則同聲和之，謂證之輕而易療，則同力擔之。微用發表之藥，即
汗出沾濡，又同口贊之，曾不顧已竭之胃氣，追之實難，反開關而縱之去。於
是氣高神蕩，呃逆不休矣。再徼倖而投黃連一劑，將絕之係，加極苦以速其絕。
二醫措手不及，復召昌至，則脈已大亂，如沸如羹，頻轉頻歇，神昏不醒，身
強莫移，年壽間一團黑滯，其氣出則順而入必嚘，通計晝夜一萬三千五百息，
即得一萬三千五百嚘矣。二醫卸禍，謂昌前所議四君子湯，今始可用。吁嗟！
呼吸存亡，尚圖雍容樽俎乎？據理答之曰：氣已出而不入，再加參朮之膩阻，
立斷矣。惟有仲景旋覆代赭石一方，叮收神功於百一。進一劑而嚘勢稍減，二
劑加代赭至五錢，嚘遂大減。連連進粥，神清色亮，脈復體輕，再用參、苓、
麥冬、木瓜、甘草平調二日，遂康復如初。此蓋祖翁少時，純樸不凋，故松柏
之姿，老而彌勁，非盡藥之功能也。即論藥亦非參之力，乃代赭墜參下行之力
也。」﹝註18﹞喻昌為古代名醫，然而在治療過程中以權威自居，在言語上過於
自信偏激，使得病家誤以為是醫者故意聳人聽聞，驚駭誇張，因此改召其它醫
生，結果使得病人病情加劇，差點喪命。醫者也自責不已。

　　第二，心理狀態問題。父愛主義有不同類型，也表現出不同的特點。所
謂「精於醫者曰明醫，善於醫者曰良醫，壽君保相曰國醫，粗工昧理曰庸醫，
擊鼓舞趨祈禳疾病曰巫醫。」﹝註19﹞強父愛主義者總是想通過自己的診療活

﹝註18﹞　〔清〕陳夢雷，古今圖書集成・醫部全錄，卷二百五十一。
﹝註19﹞　〔明〕徐春甫，古今醫統大全・翼醫通考。

動，來表現自己的技術水平，證明自己是有經驗、有水平、值得信賴和尊敬。在這種心理狀態下，認爲自己的意見是絕對權威，不容置疑，因此將患者置於完全消極被動接受治療的地位。如徐春甫描寫的「時醫」：「時醫雖不讀書明理，以其有時運造化，亦能僥效。常自云：趁我十年時，有病早來醫。又云：饒你熟讀王叔和，不如我見病證多。里諺有云：左心小腸肝膽賢，時來每日有千錢。所謂明醫不如時醫，良以此也。」〔註20〕又如「名醫」：「多恃衒名騰價，不能精心研習，京邑諸人皆尚虛譽，不取實學，聞風競獎，其新學該博而名稱未振，以爲始習，多不信用，委命虛名，良可惜也！」〔註21〕這類醫生或是倚仗自己的豐富經驗，或是熟讀醫書，便認爲自己醫術了得，臨證中往往既不聽從病家意見，也對同道不同方案不屑一顧。導致在診斷上主觀隨意性很強，很容易對患者造成傷害。一方面可能危害患者生命健康，另一方面引起醫療糾紛。元代名醫羅天益《衛生寶鑒》就記載了福醫治病最終導致病人死亡的案例：「丙辰秋，楚丘縣賈君次子二十七歲，病四肢困倦，躁熱自汗，氣短，飲食減少，欬嗽痰涎，胷膈不利，大便秘，形容羸削，一歲間更數醫不愈。或曰：明醫不如福醫。某處某醫雖不精方書，不明脈候，看證極多，治無不效，人目之曰福醫。諺云：饒你讀得王叔和，不如我見病證多。頗有可信，試命治之。醫至，診其脈曰：此病予飽諳矣，治之必效。於肺腧各灸三七壯，以蠲飲枳實丸消痰導滯，不數服，大便溏泄無度，加腹痛，食不進，愈添困篤。其子謂父曰：病久瘦弱，不任其藥。病劇遂卒。」福醫盲目主觀地爲病人治療，導致病人死亡。患者父親將此事告訴羅天益，羅曰：「思《內經》云：形氣不足，病氣不足，此陰陽俱不足，瀉之則重不足。此陰陽俱竭，血氣皆盡，五臟空虛，飭骨髓枯，老者絕滅，壯者不復矣。故曰不足補之，此其理也。令嗣久病羸瘦，乃形不足；氣短促，乃氣不足；躁作時嗜臥，四肢困倦，懶言語，乃氣血皆不足也。補之惟恐不及，反以小毒之劑瀉之，虛之愈虛，損之又損，不死何待？」患者父親歎息而去。羅天益對此事深有感觸，認爲醫者關乎人命，因此看病要仔細愼重。「夫高醫愈疾，先審歲時太過不及之運，察人之血氣衣食勇怯之殊，病有虛實淺深在經在髒之別，藥有君臣佐使大小奇偶之制，治有緩急因用引用反正之別。孫眞人云：凡爲大醫，必須諳《甲乙》、《素問》、《黃帝針經》、《明堂流注》、十二經、三

〔註20〕〔明〕徐春甫，古今醫統大全·翼醫通考。
〔註21〕〔明〕徐春甫，古今醫統大全·翼醫通考。

部九候、五臟六腑、表裏孔穴、本草藥性、仲景、叔和諸部經方，又須妙解五行陰陽，精熟《周易》，如此方可爲大醫。不爾則無目夜遊，動致顛隕。正五音者，必取師曠之律呂，而後五音得以正；爲方圓者，必取公輸之規矩，而後方圓得以成。五音方圓特末技耳，尚取精於其事者，況醫者人之司命，列於四科，非五音方圓之比。不精於醫，不通於脈，不觀諸經方本草，乃以命通運達而號爲福醫，病家遂委命於庸人之手，豈不痛哉？噫！醫者之福，福於渠者也。渠之福，安能消病者之患焉？世人不明此理，而委命於福醫，至於傷生喪命，終不能悟，此惑之甚者也，悲夫！」〔註22〕不同的心理狀態表現出對待病人的責任心。這種由醫生責任問題而產生的醫療常常更能引起病人及其家屬不滿，釀成醫療糾紛。

　　第三，病人對醫生的信任問題。醫患互相信任，病人便不會諱疾忌醫，敘述病史不隱瞞與診斷相關的隱私。病人對醫生的信任由醫生技術水平、道德修養、生理差別、知名度等決定。患者如果不信任醫生，懷疑醫生水平，就有可能隱瞞病史等，實際上不利於疾病治療。病人在醫患關係中處於弱勢，即使病人也同是醫生，因爲醫學分科的不同，也有知識、信息等專業差別。父愛主義是實質存在的，因此，醫生應提高自身素質和道德修養，爭取病人信任。否則會對病人造成危險。陳實功《外科正宗》曰：「一男子六旬有二，發生右搭，先用艾灸，漸次形勢高腫，堅硬不痛，十五日後，尚未潰膿，日生煩悶。恐其毒陷，先用針通，隨行拔法，拔出惡血鍾許，已後稍得輕便，擦上化腐之藥膏蓋，用至三日，其瘡漸作腐潰；至二十日，亦出正膿，壞肉漸脫，新肉漸生。此外治之法盡矣。因病家與內科一醫，平交甚切，託彼用藥內服，而不遵外科補託之法，自執己見，不聽予言，失於峻補，每日人參不過二錢以爲足用。予曰不及，法當五錢，兼熟附二錢，方爲稱病，不然必生變矣。彼俱不信，後果肉色淡白，瘡口散大，膿水清稀，飲食減少，此敗證具矣。後雖強投溫中健脾大補之藥，終則不應。至於形體消削，膿水臭穢，延至六十日，瀝盡氣血而亡，然後方自懊悔。殊不知凡大瘡每日膿出一碗，用參必至三錢，以此爲則。況本病出膿，日有三碗，用參二錢，謂之大損小補，豈不歸死？又外科乃破漏之病，最能走泄眞氣。如損補兩不相敵，無以抵當，往往至於不救者多矣。此爲不信於補，而執俗見，自取敗亡者也，可惜！」〔註23〕

〔註22〕　〔清〕陳夢雷，古今圖書集成‧醫部全錄，卷五百二十九。
〔註23〕　〔清〕陳夢雷，古今圖書集成‧醫部全錄，卷一百七。

第二節　道德衝突：患者知情與醫療保密

在有些情形下，醫者為了避免醫療非技術因素可能對病人身體和心理造成的傷害，從而影響病人疾病的治療和康復，就會採取父愛式醫療手段以保護病人利益。如隱瞞病情，使用模糊用語、善意的欺騙等都是其中的內容。這都與醫療講真話直接對立。醫生應不應該講真話？善意的謊言或欺騙或許給病人代來好處，但是對醫患誠信埋下隱患。這種情況應該被限制在越來越小的範圍內使用，其唯一理由就是更有利於病人健康。另一方面，醫療保密是絕對的嗎？保密原則是醫生作為職業以貫徹其美德的一個重要因素，但是當保密義務與其它更高一層原則發生衝突，便要讓位，如無傷原則。父愛主義認為，為病人保守醫密是出於對病人的尊重，但當為病人保守秘密有可能給他人或社會帶來危害，也不應保守秘密。總之，不傷害原則高於保密原則。

一、患者知情：醫療講真話的限度

在特定情況下，出於對病人的最佳利益的判斷而掩蓋真相乃是醫生的權利，甚至是義務。中國的醫學倫理不僅在理論上，也在實踐上依然主張有隱瞞真相甚至撒謊的需要。根據有利原則，只要這些行為是為了病人的最佳利益。

（一）關於醫療講真話的爭論

病人與醫生之間的交流應是誠信的，這是一種美德，是醫患真誠關係的基礎。病人要對醫生講真話，如實而不隱瞞地將自己病情告訴醫生；醫生說話應以事實為依據，應真實地告訴病人有關診療情況。但在某些情況下，對這一問題有爭論：

1、不贊成講真話的觀點：認為當不向病人說真話才符合病人最佳利益，說假話或隱瞞就是必要的。理由如下：病人未經醫學訓練，醫務知識有限而不能真正理解醫生告訴他的內容；病人情況不佳時，適當隱瞞實情，對增強病人信心和爭取病情好轉都有好處，有時病情會隨著自療力量的加強而好轉；病人需要正面鼓勵，壞消息如實告訴毫無意義，只會加重病人心理負擔，增加對健康的擔心，甚至加重病情。

2、贊成講真話的觀點：應該對病人講真話，這是病人權利要求，此外，絕大多數病人想知道自己的真實情況，即使是壞消息；病人知情後更能積極

配合治療，消除疑慮和恐懼，增強自信心；病人如果不瞭解副作用或其它不適，一旦出現這種情況，會抱怨醫生，甚至拒絕治療；對於不治之症病人的預後，可以讓病人對餘下不多時間充分調整和利用。

3、折中觀點：講不講眞話的關鍵在於是否傷害了病人。病人想知道，應讓他們適當瞭解，如果一再迴避，反而有可能引起病人痛苦或不安，傷害它們的自尊心，不利於治療。要注意：認眞傾聽病人訴說，弄清其眞實要求；既不要拐彎抹角，也不要令病人難以忍受；不要強行告訴沒有思想準備的病人；不要使用醫學術語來迴避實際情況，要使病人眞正瞭解；解釋時注意語言和態度。

（二）講眞話的例外：保護病人

在有些情形下，醫者爲了避免醫療非技術因素可能對病人身體和心理造成的傷害，從而影響病人疾病的治療和康復，就會採取父愛式的醫療手段以保護病人利益。如隱瞞病情，使用模糊用語、善意的欺騙等都是其中的內容。其直接形式是隱瞞實情，甚至說謊和欺騙，這都與講眞話直接對立。醫生應不應該講眞話？誠實是基本準則，但是在特殊情況下有例外。在臨床中，也有病人在這種保護性醫療，即醫生善意謊言和欺騙下得益的。根據有利原則，只要對病人利益有益，有時候不講說眞話是必要的。不講眞話的理由：親屬不讓說；避免因疾病反應使病人不快；不想使病人絕望，避免病人拒絕治療；病人自己不想知道；醫生自己並無十足把握等等。

醫患誠信要求醫生對病人講眞話，這也是患者自主原則的必然要求。自主原則以患者爲目的，而說謊即視對方爲工具，對對方人格和應有的權益產生傷害，是缺乏仁愛的表現。對父愛主義的批判也大多由此產生。在當代醫療實踐中，對有行爲能力的病人講眞話（truth-telling）被廣泛認爲是醫生的首要道德義務。但是講眞話原則常面對兩難的困境。一是當眞話與第三人或社會重要權益發生衝突時，有可能被擱置或必須取捨。二是有時候會因考慮到講眞話會給予患者重大打擊及由此而來的嚴重傷害，而難以遵守。很多時候，完全的誠實會被認爲忽略病人承受能力而給病人帶來比疾病更爲嚴重的後果，這時候，醫生通常選擇對當事人本人含糊其辭，而對病人家屬直言，由家屬作出決定。或者爲了病人健康而說「善意的謊言」。在今天病人自主的要求下，這都是違反生命倫理基本原則的行爲，今天，在當事人自主自願要求下，醫生不可對患者有所隱瞞，因爲這樣做即違反當事人基本權利。但是在

很長一段歷史時間裏撒謊被認爲在醫療實踐中理所當然。柏拉圖就允許，並且只允許醫生撒謊，因爲他認爲謊言也是一種對人有用的治療方式。〔註24〕在特定情況下，出於對病人的最佳利益的判斷而掩蓋眞相乃是醫生的權利，甚至是義務。這種情況一直持續到現代。即使在今天，中國的醫學倫理不僅在理論上，也在實踐上依然主張有隱瞞眞相甚至撒謊的需要。根據有利原則，只要這些行爲是爲了病人的最佳利益。我們認爲，出於保護病人利益考慮，病人自我決定權，不能低於可能受到傷害的打擊。換言之，當事人自主權利超過了其它人爲他所考慮的不傷害病人或仁愛以及有利原則的措施。在這種情況下，應該由醫生來予以父愛式醫療干預，以正確權衡完全眞實地告知病人具體情況是否是最佳選擇。

古代醫學引入中國哲學經權原則的方法論，在醫療講眞話和爲病人謀利之間進行了很好的權衡，值得我們當今在處理醫患關係時作爲借鑒。如《醫方考》引《名醫錄》云：「李王公主患喉癰，數日痛腫，飲食不下，召到醫官，盡言須用針刀潰破。公主聞用刀針，哭不肯治。痛迫，水穀不入。一草澤醫曰：某不用刀針，只用筆頭蘸藥癰上，霎時便潰。公主喜，令召之。方兩次上藥，遂潰出膿血一盞餘，便寬。兩日，瘡無事，令供其方。醫云：乃以針繫筆心中，輕輕劃破而潰之爾，他無方也。」〔註25〕病人一聽到要用針或刀來作爲治療方法，便不肯就診。此時由於病痛，患者已是水米不進，生命危在旦夕，而除了針刀，再無良方。在此時，若還堅持首先對患者講眞話，全盤告知患者治療方案，然後聽從患者的意見才能診治，那患者必有生命危險。此時，醫者的選擇應該是爲了患者的利益而隱瞞治療方法。

又如，「一女子年二十餘，許婚後，夫遠出，二年不歸。女子病重不食，困臥如癡，他無所苦，諸醫不效。予往治之，見女向裏床而睡，形體羸瘦。餘思之，此氣結病也，藥不能治，得怒可解。予往，激其怒，掌其面三，且責以不得有外思。女果大怒而哭，待其哭一二時許，令其父母解之，進藥二貼，即欲食矣。余謂其父母曰：雖愈必得喜方可解，若再思則結氣必復至矣。其父因僞作其夫有書回，約日成婚。一月餘，其夫果歸，病得全愈。」〔註26〕

〔註24〕 Plato.Republic 轉引自范瑞平，當代儒家生命倫理學〔M〕，北京：北京大學出版社，2011年，第40頁。

〔註25〕 〔清〕陳夢雷，古今圖書集成·醫部全錄，卷一百六十三。

〔註26〕 〔清〕陳夢雷，古今圖書集成·醫部全錄，卷三百十四。

為了讓孩子恢復健康，父親在醫生的點撥下，假說其未婚夫給她寫信，並約定時日成婚。一月後女子未婚夫回來，她的病果然好了。

中國傳統倫理在人際交往中講究人與人彼此忠誠、保密、等，這是人類社會能夠形成的基本要素，沒有這些日常行為規範，人與人之間難以組成社會。因此需要禮。日常道德倫理要嚴格遵守，但並非不做任何變通，這會使得道德原則僵化為教條，反而扼殺了道德的表現，在實際生活中成為一種不道德的壓抑人性的要求，這就是禮教殺人。既要尊經，又要權變，留有變通餘地，使得道德可以實踐。這就是經權原則。但是這種變通不是隨意的，不是為了私利的，孟子說：「子莫執中。執中為近之，執中無權，猶執一也。所惡執一者，為其賊道也，舉一而廢百也。」〔註27〕孟子認為，不能依情理變通而偏執於某一規則，漠視或不能回應日常道德的多元表現，也就喪失了道德判斷與實踐應有的創造性與彈性，反而違背「道」而成為不道德。但是權變不是任意變通，而是在遇到道德兩難時，遵循某一規則已顯然無法達到目的，則必然訴諸更高級的道德原則，直至道德根源，如仁心等，而不是下委至低層次私利私欲。孟子並舉例說明經權原則的具體應用。《孟子・離婁上》載：「淳于髡曰：『男女授受不親，禮與？』孟子曰：『禮也。』曰：『嫂溺，則授之以手乎？』曰：『嫂溺不援，是豺狼也。男女授受不親，禮也；嫂溺援之以手者，權也。』」男女授受不親，是為經，嫂溺援之以手，則是權。在日常規範中，男女大防是道德原則而必須遵守，但是面對人的生命受到威脅之際，救命是高於男女之禮的更高級道德命令，在這樣的道德衝突產生之時，應訴諸於更高級道德義務。在醫學上採經權原則，其基本規定是，以病人最佳利益為優先，對病人的承諾或託付保證會基於病人最佳利益行事。這是醫患雙方互相信任的條件。從這裡，我們為醫生不履行講真話義務作一限制：醫生有明顯證據表明其出發點和落腳點是為了病人利益。在父愛主義模式中，醫生因其專業優勢，在決策中實際上處於權威地位，病人或是家屬都是根據醫生的方案來作決策，醫生也擁有何種方案最有利於病人的決定權。並且，如果醫患雙方意見不一，一般情況下，醫生會要求患方接受其治療方案，因為這是根據專業判斷最有利於病人的。這就對醫生責任提出了更高要求。即使病人簽署知情同意書，醫生也不能以此作為免責條款逃避責任。

〔註27〕孟子・盡心上。

二、醫療保密：患者隱私的尊重

醫患關係的架構是由信任和尊重支撐。毫無疑問，醫療保密是建立醫患相互尊重和信任的基礎，它維護了醫患雙方的利益和權利，增進了醫患關係的協調發展。

（一）醫療保密的概念與意義

醫療保密（medical confidentiality）醫療保密是醫學倫理中堅定不移的基本準則之一。指醫方在醫療中不向他人泄露能造成醫療不良後果的有關病人疾病信息的信託行為。其有四個構成要件：1、不向他人泄露。其一是從信息的性質、重要性，病人委託範圍的合理性，醫療需要來確定保密程度；其次是保密範圍一般局限於醫生本人、或與護理相關的治療小組或醫務人員，而不向無關者透露；2、醫療不良後果。一是直接影響病人疾病診治、加重病情的情況；二是損害醫療職業信譽，損害病人人格、尊嚴、聲譽、心理等，造成醫患關係緊張，甚至引發醫療糾紛的情況；3、有關病人疾病信息：包括兩方面：一是病人根據醫生診斷需要提供有關個人生活、行為、生理和心理等方面的隱私；二是診斷中已瞭解的有關病人疾病性質、診斷、預後、治療等方面的信息。4、信託行為：醫患雙方出於各自對對方的信任和尊重而對醫療信息保密要求的承諾。通常由病人委託，醫生對此作出保證。但在大多數情況下，這已經成為醫生職業普遍自覺地要求，這是一種事實上的信託關係。

醫療保密對於構建和諧醫患關係意義重大。首先，體現了對病人人格、權利和尊嚴的尊重。其次，是建立良好醫患關係的保證，是取得病人信任和主動合作的重要條件，再次，是一項必要的保護性防治措施，可以防止意外和不良後果發生。早在 2000 多年前的《希波克拉底誓言》就規定：「凡我所見所聞，無論有無業務關係，我認為應守秘密者，我願保守秘密。」世界醫學會 1949 年採納的醫學倫理學《日內瓦協議法》要求：「凡是信託於我的秘密，我均予尊重。」並在同年制定的《國際醫學倫理準則》中規定：「由於病人的信任，一個醫生必須絕對保守所知的病人隱私」。我國衛生部 1985 年頒佈的《醫務人員醫德規範和實施辦法》也規定：「為病人保守醫密，不泄露病人隱私和秘密」。

（二）尊重患者，保守醫密

在醫患關係中，病人病情以及與此有關的個人信息應屬於保密範圍，這是沒有爭議的。《希波克拉底誓言》說：「我在治療過程中看到和聽到的……

無論如何不可散佈，我將堅守秘密。」在古代文獻中最早提出守密的是《周易》，其中闡述了「君不密則失臣，臣不密則失身，幾事不密則害成。是以君子愼密而不出也。」〔註28〕並有「不出戶庭，無咎」之語。這裡強調的是君臣之間如果君主不能為上奏的大臣保守秘密，就會失去臣子的信任，而行事不保密則在很大程度上妨礙事情的成功。因此君子謹愼守密，不妄語。可見在傳統人際交往中保守秘密的重要性。作為特殊的人際關係，這種守密的道德原則自然滲透在醫學領域。早在《黃帝內經》中就有了相關的規定。在黃帝與歧伯就醫學要旨進行討論的時候，歧伯耐心解釋了如何問診，他說：「閉戶塞牖，係之病者，數問其情，以從其意，得神者昌，失神者亡」〔註29〕。意為歧伯要求醫生對患者問診的時候要關好門窗，其目的在於不讓與病情無關的人瞭解病人的病情及相關情況，這實際上就是提出了醫生為病人保守醫密的具體做法。在診視婦科疾患之時，不可造次。明代陳實功明確指出，「凡遇婦女及孺婦尼僧人等。必候侍者在旁。然後入房診視。倘侍者偶不在旁。更宜謹避嫌疑。眞誠診視。歸對妻子。亦不可妄談閨閫。」〔註30〕明代李梴說：「寡婦室女，愈加敬重，非此小節，及其論病，須明白開論辨析。」明代陳實功說得更為具體：「凡視婦女及孀尼僧人等，必侯侍者在旁，然後入房診視。倘傍無伴，不可自看。假有不便之患，更宜眞誠窺睹，雖對內人不可談，此因閨閫故也。」這就是說，檢查婦科疾病，一定要有人陪伴，切忌獨自進行檢查，治療時嚴肅認眞，眞誠待患，不可有絲毫輕浮表現。對於婦科病、性病、生理缺陷，乃至某些情志病等，即使是自己的妻子也不能隨便亂說，要嚴守醫密，否則可能引起不良後果。為病人保守醫密，就是尊重他的自主性，沒有這種尊重，醫患之間的信任關係就會受到嚴重影響。堅持保密原則，醫務人員才能更好的為病人治療，因為只有為病人保密，才能獲得病人的信任，病人才放心把全部病情告訴醫務人員，有利治療。

（三）不傷害高於保密

保密並非絕對，它可以由於當事人自主自願的授權，或由於涉及他人相關權益，如傳染病、遺傳病史等，則第二方有責任作適當揭露，但是有必要先告知當事人。但是如果有使得當事人被具有社會化標籤的情況，如艾滋病

〔註28〕周易・繫辭上。
〔註29〕素問・移精變気論。
〔註30〕〔明〕陳實功，外科正宗・醫家五戒十要。

人，應有絕對保密的承諾。保密原則是醫生作爲職業以貫徹其美德的一個重要因素，只有如此，才能獲得病人的充分信任，和毫無保留的協助，才能讓醫生更好的發揮其專業技能，裨益個體乃至整個社會。是信任產生的依據。當保密義務與其它更高一層原則發生衝突，便要讓位，如無傷原則。父愛主義認爲，爲病人保守醫密是出於對病人的尊重，但是如果這種尊重使得病人本人或是他人利益遭受危害，而且這一不良預後的結果遠比不爲病人保密的結果更爲嚴重，那麼，當爲病人保守秘密可能爲病人帶來不利或危害時，爲了保護病人利益，就不再絕對，如病人知悉自己患有絕症而想要自殺，醫務人員就不應再保守秘密，而應通知病人代理人。當爲病人保守秘密有可能給他人或社會帶來危害，也不應保守秘密。總之，不傷害原則高於保密原則。

但是不能否認，誠信才是第一準則，善意的謊言或欺騙或許給病人代來好處，但是對醫患誠信埋下隱患。這種情況應該被限制在越來越小的範圍內使用，其唯一理由就是更有利於病人健康，在病人不願知情或未作承諾的病人等情況下適用。同時，這種做法是對病人自主的忽視，因爲病人不能自主參與到醫療過程中來，不能進行自主選擇，從根本上違背醫患誠信原則，隨著病人文化知識水平和心理素質的提高，將逐漸消失。

第三節　堅守誠信：維護醫患關係的精神紐帶

調節醫患之間的關係，必須建立在醫生與患者之間眞誠的內心信念和切實的日常行爲實踐基礎上，誠信要求誠實不欺，講究信譽，信守諾言。醫患間應眞誠相待，這是建立良好醫患關係的最基本要求。

一、誠信博弈：誠信與父愛主義

誠與信最初是兩個概念。中國古代典籍最早出現「誠」這一概念的是《尚書》：「鬼神無常享，享於克誠」〔註31〕，這裡的「誠」乃虔誠之意。意指對鬼神虔誠恭敬。至《周易》中講「修辭立其誠」，就與我們今天對「誠」的一般理解很接近，是忠實不欺，言行一致之意。因此可以說，誠的首要含義是眞實。誠是君子的道德品質，不僅是內在心理感受，也是主體道德修養的精神動力。「唯天下至誠爲能盡其性，能盡其性則能盡人之性，能盡人之性則能

〔註31〕尚書・太甲下。

盡物之性，能盡物之性則可以贊天地之化育，可以贊天地之化育則可以與天地相參矣。」〔註32〕達至至誠之人，即可達到盡己性、盡人性和盡物性，有限的生命中即使不能實現，也要朝這方面不懈努力。故孟子說：「誠者天之道也；思誠者，人之道也。至誠而不動者，未之有也；不誠，未有能動者也。」〔註33〕我們若能充分發揮本心，則可與天道合而為一。這是一個人道德的極致表現，即是聖人之境。這種成己成物的要求，是人類道德本心之指引，由於天道不斷生生，但也有化育不能完善處，故人心仍可覺得有所遺憾，由是而做出相應補救，即以人道補天道之不足。包括醫療、救助貧弱等，都是如此行為。

信，從人從言，在《康熙字典》解釋為：「信，愨也，不疑也，不差爽也」，即誠實謹慎之意。《辭海》解：「信，誠實，不欺。」「信」與「誠」意思相近，都具有虔誠篤信的意思。故常與誠連語為誠信，即對某種信念、原則和語言出自內心的忠誠。信是中國古代重要的道德規範。《國語・周語上》有言：「禮所以觀忠、信、仁、義也……信所以守也。」先秦儒、法、道、墨、兵諸家都推崇「信」。孔子把「信」作為仁的重要表現之一。《論語・學而》云：「吾日三省吾身：為人謀而不忠乎？與朋友交而不信乎？」又說，「賢賢易色，事父母能竭其力，事君能致其身，與朋友交言而有信。雖曰未學，吾必謂之學矣。」信要求行為主體除了擁有誠實品質，還應當是可信賴的，人們可以放心將自己的福利託付給他。孟子說：「可欲之謂善，有諸己之謂信」，〔註34〕把「朋友有信」列入五倫之一，與父子有親、君臣有義、夫婦有別、長幼有序等成為整個中國封建社會道德評價的基本標準和倫常規範。闡明了誠信對於人與人的交往的重要性。韓非認為，第一，人們之間的交往要講信，忠信是禮的根本，忠信多多益善。第二，君主治國必須取信於民，「小信成則大信立，故明主積於信」〔註35〕。

因此，誠與信是既可相通又有區別的概念。「誠」更多地是指向道德主體，是對道德主體的內在要求。「信」體現在人們的道德實踐過程中，要遵循客觀天道，使天然的德性化為自然的行為。就主體自身修養而言，信指通過思誠

〔註32〕中庸・第二十二章。
〔註33〕孟子・離婁上。
〔註34〕孟子・盡心上。
〔註35〕韓非子・外儲說左上。

來擇乎善，明善，並固執此善作爲自己的本性，在此意義上，「信」可說是「誠」的外顯。所謂「誠於中而信於外」，只要明白了天地之善在自己本性中的眞實性、實在性，就能與天合一。誠信要求誠實不欺，講究信譽，信守諾言。人與人之間應眞誠相待，這是建立良好人際關係的最基本要求。即人的行爲要出自本心，言行一致，表裏如一，不欺人欺己，講究信義，才能言可復，行可行，獲得他人的尊重、信任，從而保證言行的一貫性、眞實性和有效性。老子告誡人們「信言不美，美言不信」，講信最重承諾，「輕諾必寡信」〔註 36〕並提出「信者，吾信之；不信者，吾亦信之」〔註 37〕的「德信」觀點。對守信用的人，當然要相信，對不守信用的人，也要信任他，這樣能使人人守信。孔子要求人們講究信義，「與朋友交，言而有信。」〔註 38〕「言忠信，行篤敬，雖蠻貊之邦行矣；言不忠信，行不篤敬，雖州里，行乎哉？」只有言而有信，才能得到他人的信任，即使是身處蠻陌蒙昧之地，也能順利地行動，有效實現自己的目的。君臣有信則仁忠，父子有信則孝慈，夫婦有信則義順，兄弟有信則友悌，朋友有信則親愛，「講信修義，人道定矣。君不信以御臣，臣不信以奉君，父不以信以教子，子不以信以事父，夫不信以遇婦，婦不信以承夫，則君臣相疑於朝，父子相疑於家，夫婦相疑於室。大小混然而懷奸謀，上下紛然而竟相欺，人倫於是亡矣。夫信由上結者也。故人君以信訓臣，則臣以信忠其君；父以信誨其子，則子以信孝其父；夫以信遇其婦，則婦以信順其夫。上秉常以化下，下服常以應上，其不化者，百未有一也。」〔註 39〕

就醫患關係而言，誠信指醫與患作爲主客體雙方，要忠於自己的社會身份，自覺承擔自己應盡的社會職責和道德義務，使自身言行與所處的社會地位、所承擔的社會職責和道德義務相符合。誠信肯定人的本性和存在的眞實性的價值，要求人們忠實於自己的本性和存在，因此誠信既強調醫者主體自身道德修養，又是醫患之間交往的關係準則。楊泉在《物理論》中云：「以信接人，天下信之；不以信接人，妻子疑之。」如果以信待人，可以得到天下人信任，如果不講信義，言行不一，爲人不誠，即使和最親近的人也無法建立和諧、眞誠的關係。誠信，在醫患關係中不止是對一方面的規約，而是雙

〔註 36〕老子‧六十三章。
〔註 37〕老子‧四十九章。
〔註 38〕論語‧學而。
〔註 39〕〔晉〕傅玄，傅子‧義信。

方要相互信任，相互理解，相互尊重。這種發自內心的誠摯是醫患之間交往的精神紐帶，把人緊密、牢固的聯繫在一起。醫患之間不是道德他者，而是道德朋友。只有誠實不欺，才能建立相互信任的關係，各盡自己的社會職責和道德義務，維持正常社會秩序，反之則導致醫生與患者相互猜疑，相互欺騙，導致醫患關係惡化和社會秩序混亂。

醫生如果做到誠信，即使患者在醫學知識上一竅不通，也會信任醫生，尊重醫生的決策，配合醫生進行治療，使得疾病順利康復。相反，不講究誠信，就得不到病人信任，即使在自己的家鄉，在熟識病家，醫療行為受到阻礙，抵制，無法達到自己的目的。「信則人任焉」〔註40〕，反映了人與人之間真誠的交往和相互的尊重與信任，體現了人與人之間的一種義務關係，因而具有價值傾向性。調節醫患之間的關係，必須建立在醫生與患者之間真誠的內心信念和切實的日常行為實踐基礎上，因為「每一個患者所做的決定最關鍵的是把他們的生命交到一個對他們來說是陌生人（指醫生）的手中，並且讓陌生人或者陌生人群體來做一些不允許其它人做的事情。患者之所以信任這些陌生人，是因為他們認為醫生將根據他們的利益而不是醫生的利益來進行治療」。〔註41〕彼徹姆通過對誠實的討論展開醫患之間信任關係的研究。他指出：「醫患關係建基於信任與信賴；而醫生是患者醫學保健必要的託管人。誠實的這種模式更多地依靠于忠誠與信任的價值，而不僅僅只是依靠於對某人言辭的信任。無論醫生在他們進入職業領域的時候是否做了一個保證或立下了一個誓言，只要他與一個患者建立起了一個關係，誠實的義務就會以這種模式出現。同樣地，放棄就意味著對誠實規範的違背，失真行為歸於背信棄義的行為。」〔註42〕

誠信也是傳統父愛主義醫療模式的必然要求。誠信並不要求如康德那樣在任何條件下講真話，那樣反而違背道德真誠。一個誠信的人有時需要在某些醫療境遇中隱瞞信息，這並不違背誠信原則，而是取決於具體案例。以臨床決策為例，自主原則共分強調病人自主和獨立性，忽視醫生的積極作用，

〔註40〕論語・陽貨。

〔註41〕Salvatore J.Giorgianni.The Evolving Patient-Physician Relationship〔J〕，The Prizer Journal, 1998, 2（3）：9.轉引自李霽，誠信與患醫關係的重塑〔D〕，長沙：湖南師範大學博士學位論文，2004 年。

〔註42〕Tom L, Beauehamp, James F.Childress, The Principles of Biomedical Ethics （sthed）〔M〕, New York: Oxford University Press, 2000: 70～90.

甚至以越來越多的經濟、法律、制度等框架，以「保護病人自主權」的名義，設置程序、規則和表格，增加病人經濟、精神負擔。實際上是為了保障醫療機構自身安全和利益，使得醫生逃避責任，更大的代價則是醫患信任的犧牲。第一，強調醫者道德修養。從根本上說，誠信是指忠於自己的本質，使自己一言一行都符合真實無妄的本性，從而肯定自身存在的價值，保持自身行為的穩定性、一貫性。此即是正心誠意。人首先要做到信於己，不自欺，才能做到對他人守信，醫患誠信，對醫者道德責任提出更高要求。醫者要敢於為病人做決定，但是不能輕易下判斷、做決定，也不能朝令夕改，因為任何治療決策就代表一種責任，醫生要敢於承擔責任和任何可能造成的風險，而不是發生醫療事故就推卸責任；二是調節醫患之間關係，做到醫患誠實無欺，互相信任。醫者的任何醫療決策應該是對患者有利而不是其它目的，這才是符合道德的，也只有如此，患者才會真正尊重，信任醫生，將自身健康託付給醫生。

二、醫患以誠：治病救人的前提

醫患誠信誠即醫生以完全真實可信，不虛偽的態度對待病人，這樣醫生自然能得到病人的充分信任。「愛人者人恆愛之，敬人者人恆敬之」〔註43〕，只要自己善待他人，必得他人善待，這種與人為善的思想深刻影響著醫患關係。誠信是良好醫患關係的基石。是古代醫家必備品質，也是衡量醫者施行仁愛之術的重要尺度。

（一）病家信醫

在醫療過程中，患者對醫家的態度直接影響到診治的效果，因此，古代醫家格外重視病家對醫家是否信任的問題。早在戰國時期，就有了關於醫患誠信的記載。扁鵲行醫有六不治：「使聖人預知微，能使良醫得早從事，則疾可已，身可活也。人之所病，病疾多；而醫之所病，病道少。故病有六不治，驕恣不論於理，一不治也；輕身重財，二不治也；衣食不能適，三不治也；陰陽並，藏氣不定，四不治也，形羸不能服藥，五不治也；信巫不信醫，六不治也；有此一者，則重難治也。」〔註44〕其六「信巫不信醫」，明確指出扁

〔註43〕孟子・離婁上。
〔註44〕〔漢〕司馬遷，史記・扁鵲倉公列傳第四十五。

鵲對於那些信巫而不信任醫生的患者是不進行治療的。因爲病人在此種態度之下就醫，自然不會重視醫家的診斷和治療方案，那麼疾病就很難被治癒。《黃帝內經》中，有這樣的訓誡：「病不許治者，病必不治，治之無功矣。」〔註45〕認爲如果患者不配合醫生的治療，那麼即使醫生醫術再高明也將無功而返。漢和帝時任太醫丞的郭玉則談及了爲富貴人家診病時無法達成誠信，或患者不遵醫囑的情況：「夫貴者處尊高以臨臣，臣懷怖懾以承之。其爲療也，有四難焉；自用意而不任臣，一難也；將身不謹，二難也；骨節不強，不能使藥，三難也；好逸惡勞，四難也。針有分寸，時有破漏，重以恐懼之心，加以裁愼之志，臣意且猶不盡，何有於病哉！此其所爲不愈也。」〔註46〕宋代藥物學家寇宗奭亦說：「醫不慈仁，病者猜鄙，二理交馳，於病何益？由是言之，醫者不可不慈仁，不慈仁則招非；病者不可猜鄙，猜鄙則招禍。惟賢者洞達物情，各就安樂，亦治病之一說耳」〔註47〕。在爲病人診治過程中，作爲醫家應該以身作則，以「仁慈之心」對待患者，同時患者對醫家的尊重和信任也同樣重要，不信醫有可能造成災禍。明代醫家龔延賢也談到病家應該相信醫家的問題，曰：「九莫信邪，信之則差，異端進語，惑亂人家」，「室人脂噪，耳目盡成荊棘，聽信巫師賽禱，廣行宰割」〔註48〕。

（二）醫不欺患

醫者不得欺騙患者，《醫工論》對醫生的誠實做了詳細規範：「凡爲醫者，性存溫雅，志必謙恭，動須禮節，舉乃和柔，無自妄尊，不可矯飾。廣收方論，博通義理，明運氣，曉陰陽，善診切，精察視，辨眞僞，分寒熱，審標本，識輕重。疾小不可言大，事易不可去難。貧富用心皆一，貴賤使藥無別。苟能如此，於道幾希。反是者，爲生靈之巨寇。」〔註49〕醫生對患者病情必須據實以告，不可妄自尊大，爲了獲得報酬或是博取虛名而將小病誇大，將容易治療的問題矯飾成難題，這才符合仁術之要求。龔延賢言醫者要「一存仁心，乃是良箴；博施濟眾，惠澤斯深。二通儒道，儒醫世寶；道理貴明，羣書當考。三情脈理，宜分表裏；指下既明，沈疴可起。四識病原，坐死敢

〔註45〕 素問・五臟別論。
〔註46〕 〔南朝宋〕范曄，後漢書・方術列傳第七十二，郭玉傳。
〔註47〕 〔宋〕寇宗奭，本草衍義・卷一：衍義總敘。
〔註48〕 〔明〕龔延賢，萬病回春・病家十要。
〔註49〕 〔宋〕撰人佚名，小兒衛生總微論方・醫工論。

言；醫家至此，始稱專門。」〔註50〕其中要求醫者確診病原之後，要敢於對患者據實以告，如此才可稱得上明醫。他又說：「凡病家延醫，乃寄之以生死，理當敬重，慎勿輕藐，貧富不在論財，自盡其誠，稍褻之則非重命者耳。更有一等背義之徒，本得醫人之力，病癒思財，假言昨作何福，易某人藥，所爲吝財之計，不歸功於一人。吁！使不得其利，又不得其名，此輩之心，亦不仁之甚。吾道中有等無行之徒，專一誇己之長，形人之短，每至病家，不問疾屙，惟毀前醫之過以駭患者。設使前醫用藥盡是，何復他求？蓋爲一時或有所偏，未能奏效，豈可概將前藥爲庸耶？夫醫乃仁道，況授受相傳，原係一體，同道雖有毫末之差，彼此亦當護庇，慎勿訾毀，斯不失忠厚之心也，戒之戒之！」〔註51〕明代醫家李梴認爲，爲醫之道若以一句話概括就是「不欺而已矣」〔註52〕。醫生要具備「質實而無僞」的素質，以誠心對待病人。不欺騙病人：「既診後，對病家言必以實，或虛或實，可治、易治、難治，說出幾分證候，以驗自己精神。如有察未及者，值令說明，不可牽強文飾，務宜從容擬議，不可急迫激切，以至恐嚇。」〔註53〕「或以僻藥以惑眾，或立奇方以取異，或造假經僞說瞞人駭俗，或明知此病易曉，僞說彼病以示奇……以等之人，不過欲欺人謀利」〔註54〕，其次是不欺同道，不嫉賢妒能，不詆毀，並且「要誠意恭敬，告明病源，開具方藥。」〔註55〕

《儒門事親》中說，張從正給一十餘歲的富家女看病，病人「好食紫櫻，每食即二三斤，歲歲如此，至十餘年。一日，潮熱如勞，戴人診其兩手，脈皆洪大而有力，謂之曰：他日必作惡瘡腫毒，熱上攻目，陽盛陰脫之證。其家大怒，不肯服解毒之藥。不一二年，患一背疽如盤，痛不可忍。其女忽思戴人曾有是言，再三悔過請戴人，戴人以（金非）針繞疽暈刺數百針，去血一斗，如此三次，漸漸痛減腫消，微出膿而斂。將作痂時，使服十補內託散乃痊。終身忌口，然目亦昏，終身無子。」〔註56〕由於病情的不良後果，據實以告會使得患者家屬大怒。但即使如此，醫者仍不諱言，不欺騙隱瞞患者。

〔註50〕〔明〕龔廷賢，萬病回春·醫家十要。
〔註51〕〔明〕龔廷賢，萬病回春·醫家病家通病。
〔註52〕〔明〕李梴，醫學入門·習醫規格。
〔註53〕〔明〕李梴，醫學入門·習醫規格。
〔註54〕〔明〕徐大椿，醫學源流論·醫家論。
〔註55〕〔明〕陳實功，外科正宗·醫家五戒十要。
〔註56〕〔清〕陳夢雷，古今圖書集成·醫部全錄，卷一百七十九。

（三）患不困醫

誠信是雙方的，不僅僅是針對醫者的責任要求，患者也有如是告知病情的義務。稱爲「醫不誤患，患不困醫」。蘇東坡就強調在醫生詢問病情時，患者應如實相告，這才是最有利於疾病診治，其云：「脈之難明，古今所病也。至虛有實候，而大實有羸狀，差之毫釐疑似之間，便有死生禍福之異，此古今所病也。病不可不謁醫，而醫之明脈者，天下蓋一二數。騏驥不時有，天下未嘗徒行；和扁不世出，病者未嘗徒死，亦因其長而護其短耳。土大夫多秘所患而求診，以驗醫之能否，使索病於冥漠之中，辨虛實伶熱於疑似之間，醫不幸而失，終不肯自謂失也，則巧飾遂非，以全其名；至於不救，則曰，是固難治也。間有謹願者，雖或因主人之言，亦復參以所見，兩存而雜治，以故藥不效，此世之通患而莫之悟也。吾平生求醫，蓋於平時默驗其工拙，至於有疾而求療，必先盡告以所患，而後求診。使醫者了然知患之所在也，然後求之診，虛實冷熱，先定於中，則脈之疑似，不能惑也。故雖中醫，治吾疾常愈。吾求疾愈而已，豈以困醫爲事哉？」〔註57〕蘇軾批判當時士大夫爲了驗證醫者的醫療水平，對自己的某些症狀故意秘而不宣，使得醫生只能在「疑似」之中摸索病證，難以獲得確切病情，這是不利於病人康復的。蘇軾指出，診脈本就不是易事，這在《黃帝內經》中已有明示，只有「聖人」才能從容得之。確診更是不易，如果因爲病家的行爲而誤導醫家造成誤診或者在治療方法上無法掌握病人的承受能力，將導致治療或服藥無效，最終傷害到的還是患者自身利益。

明代龔廷賢亦贊同蘇軾觀點，他也對患者之誠進行了要求，認爲患者應該如實陳述病情，並認爲只有達成信任，藥物才能生效：「常見今時之人，每求醫治，令患者臥於暗室帷帳之中，並不告以所患，止令切脈，至於婦人多不之見，豈能察其聲色？更以錦帕之類護其手，而醫者又不便褻於問，縱使問之亦不說，此非欲求愈病，將以難醫。殊不知古之神醫，尚且以望聞問切，四者缺一不可，況今之醫未必如古之神，安得以一切脈而洞知臟腑也耶？余書此奉告世之患者，延醫至家，罄告所患，令醫者對證切脈，了然無疑，則用藥無不效矣。昔東坡云：吾求愈疾而已，豈以困醫爲事哉？余書此奉告世之患者，延醫至家，罄告所患。令醫者對證切脈，了然無疑，則用藥無不效矣。」〔註58〕清康熙對醫患間的誠信也頗多論述，他從建立良好醫患關係的

〔註57〕　〔宋〕蘇軾，東坡雜記‧求醫診脈。
〔註58〕　〔明〕龔廷賢，萬病回春‧醫家病家通病。

角度出發，告誡某些病人不要性急，要相信醫生，患者切忌服用一、二劑藥不見效果就「頻換醫人」。因爲有時往往是醫生辯證施治正確，而由於患者體質、病情深淺等原因而未能速見效果。如果患者「頻換醫人，乃自損其身也。」他還指出「往往有人不以病原告之，反試醫人之能識其病與否，以爲論難」，此觀點與蘇軾如出一轍，指出這也是患者自己對自己的傷害。清代名醫程國彭在《醫學心悟》中也說：「病家誤，不直說，諱疾試醫工與拙，所傷所作只君知，縱有名家猜不出」。只有在信任的基礎上，病家如實告知病情，並按醫囑服藥和調節生活起居，診斷才準確，治療才有效。

第五章　家庭主義：醫療父愛主義的補充與超越

　　從歷史的勾勒中，我們對中國傳統醫療父愛主義有了一個整體的瞭解。可以說，醫療父愛主義思想在中國傳統醫學中佔據主要地位。醫生能夠在某些情況下不顧病人的意志採用醫療方案。但是這並非傳統醫患關係的唯一模式。實際上，在古代中國，還有著另外一種醫患關係模式與醫療父愛主義同時存在。這就是基於家庭主義基礎上的尊重病人傳統。這種傳統以中國父子人倫親情倫理爲思想基礎，表現爲醫生尊重病人家庭的意見，病人的家庭可以在醫患決策中起到決定作用。這種模式直到今天仍然存在，而且是醫療實踐中的主要模式，對於忽視病人自主的醫療父愛主義思想，是一種補充和超越。

第一節　知情同意：生命倫理中的重要原則

　　知情同意（informed consent）是生命倫理學中最被重視和討論最廣泛的一個道德規則。知情同意表達的是對人的自主性的尊重。因此，尊重個人及其理性的決定和選擇，就是對他（她）的最好的保護。目前，患者知情同意作爲一項制度，在法律上有了相對完整的規定，在醫學實踐層面也已經得到廣泛的適用。

一、倫理蘊含：知情同意的概念與意義

　　在生命倫理學中，知情同意就是指「有關人員在法律上有資格提供同意；並應處於能行使自由選擇的權利的境況下，而沒有暴力、欺騙、欺詐、強迫、閱騙以及其它隱蔽形式的強制或強迫等因素干預；應該對所涉及的問題有充

分的知識和領會，使他能夠作出理解和明智的決定。」〔註1〕臨床醫師必須向患者提供包括診斷結論、治療決策、病情預後以及治療費用等方面眞實、充分的信息，特別是治療方案的性質、作用、依據、損傷風險以及其它可供選擇的治療方案及其利弊等信息，使患者或其親屬在充分瞭解信息後自主的作出選擇。患者對自己的與醫療行爲相關的所有信息及資料均有獲取、知悉或詳細、眞實被告知的權利。只有在得到患方明確的同意和承諾之後，醫方才可最終確定和實施治療方案。知情同意的應用非常廣泛，自紐倫堡審判後，包括醫療、契約、交易、選舉、實驗等等領域中，都被引入和研討，也由此使得個人自由自主權利得到大幅的改善。

　　知情同意實際上包含了兩方面內容。一是知情（informed）。知情主要是立足於病人權利而對醫生義務的規定。即是指，醫生應當向病人以及病人家屬、監護人等相關人員提供與患者及泵有關的醫療信息和資料。在此基礎上，醫生有責任幫助或指導病人充分理解信息的基本內容和核心要件。其目的在於確保病人在眞正自主自願的基礎上作出決定，而不會由於對信息理解不充分影響醫療決策。其關鍵在於要讓病人「眞正的」知情。比如對不同的病人提供多少信息、如何把握其中的分寸，如何向他們解釋信息以及如何讓他們眞正的理解信息以保證他們做出自主決定等等。患者應當知情的情況包括：有權瞭解醫生對自己健康狀況作出的診斷、分析，即將接受的檢查、實施藥物治療、物理治療、手術治療、臨床實驗等醫療行爲的目的、要求、可行性、危險性和預後，病歷記錄、醫療機構和醫務人員的基本情況、將支付或已支付的醫療費用等。

　　二是患者同意（consent），意味著在醫療實踐中，「治療、檢查須獲得病人准許，甚至在所有病人身上進行的醫療措施都須經病人同意。當病人年齡小於16歲時，需經病人父母同意，當病人神志不清或無意識時須經其最親近的人同意，除非在一些急診無法獲得同意時。」〔註2〕在充分知悉與自己疾病有關的一切診斷、治療方案、預後、費用等信息後，患者有權自主地權衡判斷各種醫療方案的利弊，並作出決定。包括各種檢查、手術、藥物、醫療措

〔註1〕 邱仁宗，卓小勤，馮建妹，病人的權利〔M〕，北京：北京醫科大學出版社，
　　　　 1996年，第120頁。
〔註2〕 何倫，施衛星，臨床生命倫理學導論〔M〕，南京：東南大學出版社，2005年，
　　　　 第210頁。

施是否接受，醫生做出的醫療方案選擇是否同意等等。這是完全由患者自己自主自願決定，醫生無權干涉。患者的同意權意指兩點：一是病人有參與治療決策過程的權利且最終決定權在病人而非醫生身上，二是病人有權要求醫生將與之相關的所有情況告訴他，以便做出符合自己意願的決策。

知情同意在臨床醫療和醫患關係中具有義務性、意向性和自願性三方面的倫理特徵，這是在醫學倫理學中知情同意所共有的，也是我們對知情同意進行倫理分析的基本立足點。〔註3〕首先，醫生幫助病人瞭解與自己疾病相關的信息，而病人或其親屬在知情後協助醫生的診療工作，並在醫生的指導幫助下做出相關的決定，這就意味著醫患雙方都要承擔相應的義務。其次，隨著病人權利意識的崛起，對於與自身疾病相關的醫療信息，患方越來越主動地希望獲得充分瞭解，並積極參與醫療決定。更多的醫生也越來越贊同這種傾向性，認為這有利於建立良好的醫患關係，實現最佳醫療效果。再次，知情同意是病人的自願要求，也是在病人的自主自願的情況下做出的，而不是在強迫、權威暗示或欺騙的情形下做出的。這是知情同意最為重要的特徵。

知情同意表達的是對人的自主性的尊重。一般而言，自主就是，「與他人無關的事情，個人自己有權決定，僅僅對自己有害的行為，由自己承擔責任」〔註4〕自主性是使一個人按照他/她自己的價值和計劃決定自身行為方式的一種理性能力。自主的人不僅是能夠思考和選擇這些計劃，而且是能夠根據這一選擇採取行動。人的自主性就是他的獨立性、自律性和自己作出決定的能力，不受外部環境或自身生理、心理局限。知情同意是對個人自由不可侵犯性的肯定，每個人都是自己的主人，有能力為自己作決定。即使是醫生，也不能代替病人做決定。為了保護病人自主自律權利，因而要求對加諸病人身上的醫療行動或醫療決策，需要得到病人的自願同意。患者在完全獲取了包括本身病情以及此種診療行為所預計帶來的積極效果和消極效果在內的全部信息後如表示同意，醫務人員方能按照患者同意的方案進行診療。醫護人員不告知患者其病情、診療方案以及診療後果或告知後未取得患者同意而擅自進行診療的，將視為對患者權利的侵犯。

〔註3〕 何倫，施衛星，臨床生命倫理學導論〔M〕，南京：東南大學出版社，2005年，第214頁。
〔註4〕 〔日〕松井茂紀，論自己決定權〔J〕，莫紀宏，譯.外國法譯評，1996年，第3期。

二、告知與自主：知情同意的條件

邱仁宗指出，知情同意有四個要素，也就是實行知情同意的四個必要條件：[註5] 一是知情的要素，包括信息的告知與信息的理解；二是同意的要素，包括自主的同意與同意的能力。同意的能力是實行知情同意的前提。首先，一個人是否真正自願去作某一選擇，並不是很容易達到的，尤其在涉及自己或他人嚴重的切身利害之時，病人所做的決定常受到內外因素的有意或無意影響，以致難以實現。因此一個人是否自主自願作出抉擇的先決條件之一是他有作出決定的能力。如果是兒童、老年癡呆病人、精神病人等心智不成熟者，或者在極度生理痛苦之下如癌症末期病人等，他們做出的決定，都不能說是自願，因為在這種情況下，當事人被認為沒有足夠的選擇能力。在此情況下去要求得到當事人的自願同意，不符合知情同意原則的要求。其次，自由的同意是指一個人作出決定時不受其它人不正當的影響或強迫。也就是他人有意利用威脅、暴力等對行為人身體、精神或經濟利益等造成危害或損失。或者用不正當手段誘使行為人作出本來不會做出的決定。在當事人有自主能力的前提下，做出的決定是否是自主自願，也是一個關鍵。如在外在脅迫之下，包括有形的對當事人生命的傷害，無形的如利用權威的心理控制等，以至於各種不合理的家庭或社會壓力等。在這種情況下，當事人除了作出唯一選擇沒有其它出路，即使當事人自稱是自願選擇，都有違知情同意原則的規定。在具有完全決定能力的狀況下，不受任何人左右的自主自願自由狀況下的決定，才符合這個原則要求。

信息的知情是實行知情同意的基礎和保證。第一，利用不實或片面的信息，以及不充分的解釋，使當事人無法知道和理解相關的事實和各種能夠或有權做出的選擇的可能性，這使得一個人不能真正行使其自願同意的能力，因而無法真正進行自由選擇。因此，知情同意原則要求醫生必須提供當事人適當合理信息，包括醫療目的、可供選擇的辦法，可能的好處或風險等，並確保當事人正確理解信息。沒有充分的理解，一個人不可能利用這些信息作出決定，不管他獲得的信息有多麼充分。這一點與患者文化智力水平、疾病輕重、心理因素以及治療時間緩急有關。因此在信息告知時，這些都是醫生需要考慮的因素，盡可能減小病人的壓力，保護其利益。包括情緒衝動、不

〔註5〕 翟曉梅，邱仁宗，生命倫理學導論〔M〕，北京：清華大學出版社，2005 年，第 54 頁。

成熟、不理智等，都會影響理解能力。從這一層面上理解，知情同意不是片面強調醫生告知義務或患者知情的權利，而是強調醫患之間的互動溝通，強調患者對自身醫療過程的參與和瞭解。患者應該瞭解何種治療方法對其自身是最有利的，患者的同意是在醫生履行了告知義務並且肯定患者對告知內容能夠充分理解的基礎上做出的。

三、歷史回溯：知情同意的發展與演變

　　知情同意作為醫學倫理中的一個重要概念，其提出應當是始於 1947 年第二次世界大戰結束後的紐倫堡戰犯法庭醫師大審（Nuremberg Doctor 』s Trail）。23 名納粹醫師為其於二戰期間在集中營裏施行於猶太人及戰俘身上駭人聽聞的人體試驗接受審判，其罪行包括未經受試者同意將戰俘暴露於極高或極低溫度以致使細菌感染他們，進行藥物毒性及絕育手術試驗等。這些受試者後來大多死亡或永久傷殘。該事件導致了 1947 年紐倫堡原則（Nuremgerg Code）的產生，這是第一份主張「自願參與」與「知情同意」的國際文獻。首次訂明瞭人體試驗的 10 條倫理規範，《法典》第一條即規定：「人類受試者的自願同意是絕對必要的。」《法典》是對歷史教訓的總結，肯定了在醫學研究中個人自由的、不受脅迫或欺騙的選擇的必要性，認為非此就不能保護個人的權利、自由、乃至生命。所以，它明確表明，「自願同意」的目的就是為了保護受試者的利益。「這要求受試者做出決定前，使他知道試驗的性質，持續的時間和目的，進行試驗的方法和手段；可能發生的不方便和危害；他的參與對他的健康和個人可能產生的影響。」《法典》不僅確立了自主原則，也深刻影響了歐美各國對病人權利的尊重和保障觀念的勃興。此後，自願同意逐漸成為生命倫理學最受關注的原則並逐漸發展完善。

　　英國 18 世紀的斯萊特訴貝科和斯特布萊頓案（Slate v. Baker and Stapleton）〔註6〕之後，知情同意和自我決定的主張在醫學界逐漸得到充分重視。該案中兩位從業醫生在分離病人斷骨前，出於擔心引起病人恐懼的原因，沒有取得病人同意，因此要承擔責任。至 1960 年，Natansons v.kline 案進行審理，該案件是一女性患乳房惡性腫瘤，外科醫生在實施手術後，囑放射科醫生繼續進行放射治療，但沒有將這種放射療法存在的風險、併發症等信息告

〔註 6〕范瑞平，當代儒家生命倫理學〔M〕，北京：北京大學出版社，2011 年，第59 頁。

知病人，最終導致病人非常嚴重的燒傷。在此案件中，法官認為醫生應盡可能的以容易理解的言語向患者解釋說明疾病的性質、治療內容、成功的可能性或者代替的治療方案以及可能發生對身體產生無法預期的不幸結果等等。〔註7〕

《赫爾辛基宣言》是繼《紐倫堡法典》之後第二個關於知情同意的里程碑式文件。《宣言》於 1964 年第十八屆世界醫學大會（World Medical Association）通過，明確地把「自願同意」稱為知情同意，強調知情同意是醫學臨床和研究領域應該遵循的基本倫理原則。它更多地強調醫生和研究者對病人和受試者的義務，以及對受試者的保護。《宣言》指出：「任何人體實驗都必須取得受試者的同意，不允許隱瞞病人和家屬在病人身上進行任何實驗。」「醫務人員只有在受試者被說服同意，並對實驗過程中可能遇到的風險或可能發生的偶然事故完全知情後，研究計劃才能開始進行，否則應予放棄」《赫爾辛基宣言》提出的知情同意權當時僅限於醫學實驗和科學研究，其後經過多年的醫學實踐和發展，知情同意權的權利主體和權利內容已被大大的擴展了。至 1973 年美國醫院協會通過了《患者權利典章》，承認「患者就所有疾病有關之診斷、治療、預測及危險性，有知的權利。對於看護、治療有接受或拒絕的權利。在受到充分說明後，有親身判斷利害得失之自我決定權。」

1979 年，《貝爾蒙特報告》在美國發表。該報告以三大倫理原則——尊重、有利和公正來概括生命倫理學。知情同意被解釋為是尊重人的體現，認為「尊重人至少包含兩個基本的倫理觀念：第一，個人應該被當作自主的道德行動者；以及，第二，具有最小自主性的人並因此需要得到保護的人，有權獲得此類保護。」在後來的倫理準則中，知情同意原則的重要性則更多地從尊重人及自主選擇來強調。

1981 年在葡萄牙召開的世界醫學會第43屆大會上通過了《病人權利宣言》確認了病人應享受的 8 項權利，即獲得良好質量之醫療照護的權利；自由選擇醫療方式的權利；自主決定的權利；獲得個人病情信息的權利；診療秘密被保守的權利；獲得衛生教育的權利；保有個人醫療尊嚴的權利；獲得宗教協助的權利。其中自由選擇醫療方式，自主決定，獲得信息等都是知情同意原則的範疇。

〔註 7〕陳子平，醫療上充分說明與同意之法理〔J〕，東吳大學學報，2000 年，第 1期。

在《病人權利宣言》之後值得一提的是 2000 年修改版的《赫爾辛基宣言》。在第二十條中這樣強調：「受試者必須是研究項目的自願和知情的參加者」。同時，宣言還對如何實施知情同意進行了規定和細化。在二十二條中指出：「在關於人類的任何研究中，必須充分告知每個潛在的受試者研究的目的、方法、資金來源、可能產生的任何利益衝突、研究者的隸屬單位、研究的預期受益、潛在的風險以及研究可能產生的不適。受試者應被告知有權不參與研究，或在任何時候都有權撤回參與試驗的同意，而不受到懲罰。在確保受試者理解了這些信息之後，醫生應該獲得受試者自由作出的知情同意，最好是書面同意。如果不能取得書面知情同意，那麼非書面的同意必須正式記錄在案並由證人作證」。〔註 8〕它更注重醫生和研究者詳細地向病人和受試者告知詳情，以免違反病人或受試者作決定的權利，以免不尊重他們。所以，在經過五十多年的時間後，對知情同意的合理性的認識，已與《紐倫堡法典》以及 1964 年的《赫爾辛基宣言》強調研究者對受試者的保護有了差異。準則所包含的邏輯不言而喻：因爲要尊重人，所以必須把所有的信息要告知受試者。

與此同時，以 Tom Beauchamp 和 Ruth Faden 等爲代表的生命倫理學家，明確強調了知情同意的目的就是尊重人的自主性，並把知情同意概括爲自主個人的自主的行動。這是目前西方生命倫理學界對知情同意理論合理性的比較普遍的看法，認爲知情同意意味著尊重人的自主性，這與提倡獨立個體、人的理性與自律的西方哲學思想一脈相承，並且以康德的道義爲其理論基礎。認爲康德所講的人就是自主的個人，是道德行動者。一個道德行動者有能力過理性的生活，有能力對行動進行理性的思考，作出符合理性的選擇，並能夠對行動的後果承擔責任。尊重自主的人，就應該給予他們以足夠的空間和自由進行選擇，即使這樣的選擇可能對他們有害。若非他們同意，我們不能對他們的行動進行干涉或替他們作選擇。我們所採取的行動是努力提高他們自我決定的能力，而不應該阻止他們的行動，除非他們明顯受到別人脅迫。〔註 9〕因此，尊重個人及其理性的決定和選擇，就是對他（她）的最好的

〔註 8〕 陳元方，邱仁宗，生物醫學研究倫理學〔M〕，北京：中國協和醫科大學出版社，2003 年，附錄，313〜31.

〔註 9〕 Robert J, Levine, Informed consent：some challenges to the universal validity of the western model〔J〕, Law, Medicine and Health Care, 1991, 19：207-213.

保護。目前，患者知情同意作為一項制度，在法律上有了相對完整的規定，在醫學實踐層面也已經得到廣泛的適用。

在我國，知情同意原則是近二十年才逐步引起人們重視和探討的。目前我國《民法通則》中沒有明確規定患者的知情同意權，但在法律、醫療衛生領域的行政法規、部門規章中卻也有不少關於患者知情權的規定。我國明確規定患者知情權的相關法律及衛生法規最早可追溯到 1929 年 4 月 16 日中華民國衛生部發佈的《管理醫院規則》。其中規定：「醫院於治療上需要大手術時，須取得病人及其關係人之同意，簽立字據後始得施用」。1982 年，中華人民共和國衛生部發佈了有關知情同意的正式文獻《醫院工作制度》，其中第 40 條附則──「施行手術的幾項規則」規定：「實行手術前必須有病員家屬或單位簽字同意……（體表手術可以不簽字）」。〔註10〕

1994 年 2 月 16 日發佈，9 月 1 日生效的《醫療機構管理條例》第 33 條規定：「醫療機構施行手術、特殊檢查或者特殊治療時，必須徵得患者同意，並應當取得其家屬或者關係人同意並簽字；無法取得患者意見時，應當取得家屬或者關係人同意並簽字；無法取得患者意見又無家屬或者關係人在場，或者遇到其它特殊情況時，經治醫師應當提出醫療處置方案，在取得醫療機構負責人或者被授權負責人員的批准後實施。」這就是通常所說的知情同意條款。《醫療機構管理條例實施細則》第 62 條規定：「醫療機構應當尊重患者對自己的病情、診斷、治療的知情權利。在實施手術、特殊檢查、特殊治療時，應當向患者作必要的解釋。因實施保護性醫療措施不宜向患者說明情況的，應當將有關情況通知患者家屬。」關於「特殊檢查」、「特殊治療」，第 88 條規定：「特殊檢查、特殊治療：是指具有下列情形之一的診斷、治療活動：（一）有一定危險性，可能產生不良後果的檢查和治療；（二）由於患者體質特殊或者病情危篤，可能對患者產生不良後果和危險的檢查和治療；（三）臨床試驗性檢查和治療；（四）收費可能對患者造成較大經濟負擔的檢查和治療。」衛生部和國家中醫藥管理局制定的《病曆書寫基本規範（試行）》第 10 條規定：「對按照有關規定需取得患者書面同意方可進行的醫療活動（如特殊檢查、特殊治療、手術、實驗性臨床醫療等），應當由患者本人簽署同意書……」。同時，一系列涉及臨床和以人為對象的生物醫學研究的衛生法規和

〔註10〕楊平，知情同意的表現形式問題研究〔J〕，中國衛生事業管理，2003 年，第 2 期。

條例也都有相應的規定。可以說，知情同意在中國已成爲一個醫學臨床和研究的慣例和必須遵守的倫理原則。

　　我國立法中雖然有知情同意的規定，但是對這一原則的精確含義並沒有明確的界定，因此在醫療實踐中易產生歧義和誤解。主要包括：關於在何種醫療行爲時應履行知情同意原則，僅列舉了實驗性臨床醫療、手術、特殊檢查、特殊治療等，缺乏概括性規定；「有一定危險性」、「可能產生不良後果」等語義模糊，缺乏明確規定；對於醫務人員應當告知信息的具體內容和判斷標準也缺乏界定。關於醫方違反知情同意應承擔的責任，《執業醫師法》（1998）第 37 條規定，醫師在執業活動中，未經患者或者其家屬同意，對患者進行實驗性臨床醫療的，由縣級以上人民政府衛生行政部門給予警告或者責令暫停 6 個月以上 1 年以下執業活動；情節嚴重的，弔銷其醫師執業證書；構成犯罪的，依法追究其刑事責任。我國《醫療事故處理條例》第 56 條規定，醫療機構未如實告知患者病情、醫療措施和醫療風險的，由衛生行政部門責令改正；情節嚴重的，對負有責任的主管人員和其它直接責任人員給予行政處分或者紀律處分。可見，在醫方違反知情同意原則的責任問題上，多是進行行政處罰，對於民事賠償責任缺乏認定。〔註 11〕由於規定不明，責任不清，在實際操作中由於醫患雙方地位的不平等，有可能或者形成所謂斜坡效應，滑向「超父愛主義」，使得患者實際喪失自主權。

第二節　中國特點：傳統醫學中的知情同意

　　有些醫生或學者認爲，知情同意是一個泊來品，不適合中國國情，這種觀點已經成爲很多醫生在醫療實踐中不履行知情同意規範的託辭。但是經過對中國醫學歷史深入細緻的考察，我們發現，在中國古代醫療實踐中，有著知情同意的悠久歷史。這種傳統，並非是基於患者道德權利而存在，而是作爲醫者義務得以履行。因此，研究中國古代知情同意問題，有益於挖掘中國古代醫學倫理思想與當時主流哲學或倫理思想不相一致的原因，更能駁斥目前普遍認爲父愛主義的存在妨礙知情同意實施的觀點，從另一個側面反思當前醫患關係的困境。

〔註11〕對知情同意規範的梳理，詳見趙西巨，王瑛，論美國法中的知情同意原則及我國的立法思考〔J〕，南京中醫藥大學學報，2004 年，第 3 期。

一、並非沉默：中國傳統醫患關係史

　　學者通常用「沉默」來形容中西醫患關係的歷史。〔註 12〕這實際上是借用美國生命倫理學家 Jay Katz 著作 "The Silent World of Doctor and Patient" 的用語，來表示在醫患關係歷史上醫生在醫療決策中具有絕對的地位和權威，醫生歷來不對病人告知實情，也沒有病人參與醫療決策的傳統。Katz 認為，「從古到今醫患關係的歷史……表明，醫生很少關注病人的權利和由他們自己作決定。在歷史上，除了負面地強調病人不能理解深奧的醫學知識，並因此不能與醫生分擔醫療決定的負擔外，很少對揭示和同意的問題進行考察。」「這是一個有關病人參與決策的沉默的歷史……」。〔註 13〕古希臘的《希波克拉底誓言》中，也沒有提到醫生和病人是否交談、醫生決策是否應徵求病人的同意。誓言中說：「我要竭盡全力，採取我認為有利於病人的醫療措施，不能給病人帶來痛苦與危害。」〔註 14〕美國學者 Jones 認為，希波克拉底誓言要求醫生不要向病人告知信息：「當你在治療病人時，多數事情不要跟他們說……把他們的注意力從對他們的治療上轉移……不要告知病人他們現在或未來的病情。」〔註 15〕這種狀態一直持續到 20 世紀。沉默不是指醫生根本不對病人說話。他們與病人交談各種事情，但是，他們從來不邀請病人參與分擔共同決策的責任。醫生以自己所認為的什麼是對病人好的方式來決定醫療方案，從不咨詢病人的意見，病人也不參與有關自己的醫療決策。

　　儘管還不太清楚，是否在所有的醫療情況下都必須遵守這些規則，但無疑，自那時起醫生被塑造成父親般的人、他們關心病人福利，並為病人決定一切，而好的病人則應該完全聽憑醫生擺佈、乖巧地服從醫生的命令。「聽從醫生，那麼你的病就會好的」，是一條大家公認的真理。合格的希波克拉底式的醫生，被認為是善於對病人隱瞞病情，懂得如何巧妙地迴避和轉移病人的

〔註 12〕參見李齊，誠信與當代患醫關係的重塑〔D〕，長沙：湖南師範大學博士學位論文，2004 年；朱偉，中國文化環境中的知情同意〔D〕，武漢：華中科技大學博士學位論文，2007 年等。

〔註 13〕Jay. Katz, The Silent World of Doctor and Patient〔M〕, New York：The Free Press，A Division of Macmillan Inc., 1984, P28.

〔註 14〕希波克拉底誓言（BC15）〔OE/BL〕光明網, http：//www.gmw.cn/CONTENT/ 2004-09/24/content_105004.htm.

〔註 15〕Hippocrates, Decorum, trans, W. Jones, Cambridge：Harvard University Press, 1967, 297.轉引自 Jay Katz，The Silent World of Doctor and Patient〔M〕, New York：The Free Press, A Division of Macmillan Inc., 1984, P4.

詢問。醫生認爲與病人共同商議作出醫療決策的事是無法想像的，因爲醫者最重要的品質在於自信心。醫生與病人之間是兄弟一般的友愛關係。病人如果要求參與治療決策，就意味著對醫生的不信任，這是對這種友愛關係的破壞。因此，醫生做主，病人對醫生信任與服從，使得醫患之間保持沉默。這種父愛主義的醫療傳統在知情同意產生之前一直在西方醫學倫理中居於主導地位，也被認爲是導致醫患關係處於沉默狀態，患者在醫療決策中沒有發言權的主要原因。

　　父愛主義傳統雖然佔據中國古代醫學倫理的主流，但是中國醫患關係的歷史卻並非沉默，而是一直處於充分溝通，密切合作的狀態。有著與父愛主義同樣悠久的眞相告知歷史。根據筆者目前掌握的資料，第一次對中國眞相告知傳統予以肯定，並認爲這種傳統屬於知情同意表述的是新西蘭聶精保博士的論文："Is Informed Consent not Applicable in China？Intellectual Flaws of the 'Cultural Difference Argument'"〔註16〕在這篇論文中，作者從反對文化差異論的視角對於目前學界對中國文化和知情同意的誤解進行了論證。作者指出，通常認爲，從哲學角度講，源於西方自由個人主義（liberal individualism）的知情同意理論是一個西方道德觀念。不僅從歷史的發展上起源於西方，而且只能在西方的個人主義傳統中加以論證。這是這種文化差異論反對中國知情同意實踐的大前提。但以儒學和社會主義爲代表的中國文化和道德傳統，是以集體主義（collectivism）爲主導，即強調家庭、社區和國家而不是個人的重要性。從根本上不同於西方的個人主義文化。因此，人們主張並相信，由於西方和中國的文化差異，知情同意的原則不僅與中國無關，也不適用於中國。甚至有人進一步主張，在中國，應創建一個不同的道德原則去取代醫學實踐中的知情同意原則。作者認爲，這種觀點從根本上混淆了從個人主義和個人自主的基礎上對知情同意的哲學辯護，以及將知情同意作爲一個醫療保健和醫學研究的一個實踐道德指南或原則。作者指出，「古代中國醫生、家庭成員和朋友很少去刻意地對病人隱瞞病情，包括患絕症和頻死的診斷，通常是毫無隱瞞地直接告訴病人」〔註17〕。

〔註16〕 聶精保，知情同意在中國不適用嗎——「文化差異論」的認知錯誤〔J〕，醫學與哲學，2002 年，第 6 期。

〔註17〕 聶精保，知情同意在中國不適用嗎——「文化差異論」的認知錯誤〔J〕，醫學與哲學，2002 年，第 6 期。

聶博士的目的在於肯定中國有眞相告知的傳統。可以說，這一論斷這是第一次對中國古代知情同意的肯定，但是在中國傳統父愛主義醫療模式下，眞相告知是不是一個普遍存在的現象？如果是的話，我們不得不進一步追問，傳統醫學著作中是否有相關規定？醫家是不是以此爲行醫原則之一？眞相是如何告知的？患者是無條件服從醫生還是有反對權利？家庭同意有何倫理地位？對這些問題的回答有益於挖掘中國古代醫學倫理思想與當時主流哲學或倫理思想不相一致的原因和古代醫學的知情同意傳統，更能駁斥目前普遍認爲父愛主義的存在妨礙知情同意實施的觀點，從另一個側面反思當前醫患關係的困境。

中醫是經驗醫學，以望聞問切爲主要醫療手段，這充分體現了治療期間醫患溝通的重要性。從史書對古代名醫的行醫記載看，他們的醫學實踐已經很好地證明了這一點。扁鵲爲虢太子治療中風的醫案是其中的經典。「扁鵲過虢，虢太子死，扁鵲至虢宮門下，問中庶子喜方者曰：太子何病，國中治穰過於衆事？中庶子曰：太子病血氣不時交錯而不得泄，暴發於外，則爲中害，精神不能止邪氣，邪氣積畜而不得泄，是以陽緩而陰急，故暴蹶而死。扁鵲曰：其死何如時？曰：雞鳴至今。曰：收乎？曰：未也，其死未能半日也。言臣齊渤海秦越人也，家在於鄭，未嘗得望精光，侍謁於前也。聞太子不幸而死，臣能生之。中庶子曰：先生得無誕之乎？何以言太子可生也？臣聞上古之時，醫有俞跗，治病不以湯液醴灑，鑱石撟引，案扤毒熨，一撥見病之應，因五藏之輸，乃割皮解肌，訣脈結筋，搦髓腦，揲荒爪幕，湔浣腸胃，漱滌五臟，練精易形。先生之方能若是，則太子可生也；不能若是，而欲生之，曾不可以告咳嬰之兒。終日，扁鵲仰天歎曰：夫子之爲方也，若以管窺天，以郤視文。越人之爲方也，不待切脈望色聽聲寫形，言病之所在，聞病之陽，論得其陰，聞病之陰，論得其陽，病應見於大表，不出千里，決者至衆，不可曲止也。子以吾言爲不誠，試入診太子，當聞其耳鳴而鼻張，循其兩股以至於陰，當尚溫也。中庶子聞扁鵲言，目眩然而不瞚，舌撟然而不下，乃以扁鵲言入報虢君。虢君聞之大驚，出見扁鵲於中闕，曰：竊聞高義之日久矣！然未嘗得拜謁於前也。先生過小國，幸而舉之，偏國寡臣幸甚。有先生則活，無先生則棄捐塡溝壑，長終而不得反。言未卒，因噓唏服臆，魂精泄橫，流涕長潛，忽忽承（目夾），悲不能自止，容貌變更。扁鵲曰：若太子病，所謂屍蹶者也。夫以陽入陰中，動胃繵緣，中經維絡，別下於三焦膀胱，

是以陽脈下遂，陰脈上爭，會氣閉而不通，陰上而陽內行下，內鼓而不起上，外絕而不爲使，上有絕陽之路，下有破陰之紐，破陰絕陽之色，已廢脈亂，故形靜如死狀，太子未死也！夫以陽入陰支蘭藏者生，以陰入陽支蘭藏者死。凡此數事皆五臟蹶中之時暴作也，良工取之，拙者疑殆。扁鵲乃使弟子子陽厲針砥石，以取外三陽五會。有間太子蘇，乃使子豹爲五分之熨，以八減之齊和煮之，以更熨兩脅下，太子起坐。更適陰陽，但服湯二旬而復故，放天下盡以扁鵲爲能生死人。扁鵲曰：越人非能生死人也，此自當生者，越人能使之起耳。」〔註18〕一問一答間，醫生將病人的病情、症狀等瞭解清楚，而病家也完全明白了病因及治療方案，在雙方密切配合之下，病人得以康復。

古代醫籍中還記載了宋朝名醫錢乙在行醫實踐中對病人病情，治療手段等充分告知，不予隱瞞。有一次，「廣親宗子病，診之曰：『此可毋藥而愈。』其幼在傍，指之曰：『是且暴疾驚人，後三日過午，可無恙。』其家恚，不答。明日，幼果發癇甚急，召乙治之，三日愈。問其故，曰：『火色直視，心與肝俱受邪。過午者，所用時當更也。』」「士病，面青而光，氣哽哽。乙曰：『肝乘肺，此逆候也。若秋得之，可治；今春，不可治。』其人祈哀，強予藥。明日，曰：『吾藥再瀉肝，而不少卻；三補肺，而益虛；又加唇白，法當日死。今尙能粥，當過期。』居五日而絕。」「又有孕婦病，醫言胎且墜。乙曰：『妊者五藏傳養，率六旬乃更。誠能候其月，偏補之，何必墜？』已而母子皆得全。」「又乳婦因悸而病，既愈，目張不得腹。乙曰：『煮鬱李酒飲之使醉，即愈。所以然者，目係內連肝膽，恐則氣結，膽衡不下。鬱李能去結，隨酒入膽，結去膽下，則目能瞑矣。』飲之，果驗。」〔註19〕

所有史料都證實中國古代是一以貫之地堅持眞相告知，在眞相告知的基礎上，古代醫學家自發地遵守知情同意的道德要求，並有類似規範出臺。在中國推行知情同意，不單純是一個引進和完善的問題。更爲重要的是返身內觀，向裏用力，從中華傳統文化中尋找現實和理論依據，培育知情同意生長的土壤。實際上，傳統醫學強調醫患以誠，因此醫患之間眞誠溝通是保證醫患和諧的必要條件。不可否認，它與當前所提出的知情同意規範有著很大的區別，但同樣不可否認的是，知情同意絕對不是一個完全泊來的規範。因此，任何以此爲理由對知情同意規範的否定都是站不住腳的。

〔註18〕〔清〕陳夢雷，古今圖書集成‧醫部全錄，卷二百二十五。
〔註19〕〔清〕陳夢雷，古今圖書集成‧醫部全錄，卷五百五。

二、醫者義務：中國傳統醫學的告知與同意

中國古代醫學深受注重宗法等級秩序的儒家倫理思想影響，形成了「醫乃仁術」這樣一個重要命題，因此講究醫患誠信，醫者將坦誠告知患者實情當作分內之事，這也是醫者必須履行的基本義務之一。

（一）醫者的義務：告知何人與如何告知

通過研究，筆者發現，中國醫學深受儒家思想影響，在醫患之間強調的是眞誠溝通，因此，履行眞相告知義務是歷代醫者的行醫原則之一，只有這樣，才能稱爲良醫。

1、告知方式

早在《黃帝內經》中就有了告知眞相的論述。「凡治病察其形氣色澤，脈之盛衰，病之新故，乃治之，無後其時。形氣相得，謂之可治。色澤以浮，謂之易已。脈從四時，謂之可治。脈弱以滑，是有胃氣，命曰易治，取之以時。形氣相失，謂之難治。色夭不澤，謂之難已。脈實以堅，謂之益甚。脈逆四時，爲不可治。必察四難，而明告之。」〔註20〕此處明言治病應詳察病人形氣、色澤、脈象、病因，以此來判定疾病是否可治和患者之生死。如果形氣色脈四者，氣形盛虛相得，其病可治。若形盛氣虛，氣盛形虛，謂之相失，則病難治。觀患者姿色潤澤，血氣相榮，其病易治，若面色晦暗不明，枯燥無光澤，則病難治。脈象平和，順於四時，病易治，反之脈象沈濇浮大，逆於四時，則病難治。此四者都不容易明辨，因此稱爲四難。在治療中，要將這四難仔細詳察且明白告訴患者。這樣有利於根據病人實際情況來運用不同治療手段和藥物，有利於疾病的治療。

《內經》還對告知的具體方式方法作了說明。古時醫者治病，講究一個「順」字，不僅要順應陰陽四時、脈象形氣，還要「順其志」即病人情志。因此，醫生要詳細瞭解病人各方面情況，首先要尊重病人，講究禮貌，不失人情。「入國問俗，入家問諱，上堂問禮，臨病人問所便。」〔註21〕根據病人疾病的生理反應和心理因素，《內經》詳細說明了醫患交流與疾病治療的關係，並反覆敘述面對不同的對象，醫者要有不同的告知和說明方法，以取得病人與醫者的合作，而達到治療的目的。其云：「夫中熱消癉則便寒，寒中之

〔註20〕素問·玉機眞髒論篇。
〔註21〕靈樞·師傳。

屬則便熱。胃中熱則消穀，令人懸心善饑，臍已上皮熱。腸中熱則出黃如糜，臍已下皮寒。胃中寒則腹脹，腸中寒則腸鳴飧泄。胃中寒，腸中熱，則脹而且泄。胃中熱，腸中寒，則疾饑小腹痛脹。黃帝曰：胃欲寒飲，腸欲熱飲，兩者相逆，便之奈何？且夫王公大人血食之君，驕恣縱慾，輕人而無能禁之，禁之則逆其志，順之則加其病，便之奈何？治之何先？岐伯曰：人之情莫不惡死而樂生。告之以其敗，語之以其善，導之以其所便，開之以其所苦，雖有無道之人，惡有不聽者乎？黃帝曰：治之奈何？岐伯曰：春夏先治其標，後治其本；秋冬先治其本，後治其標。黃帝曰：便其相逆者奈何？岐伯曰：便此者，飲食衣服亦欲適寒溫。寒無悽愴，暑無出汗。食飲者熱無灼灼，寒無滄滄。寒溫中適，故氣將持，乃不致邪僻也。」〔註22〕病人尤其是王公士大夫，一貫驕縱嗜欲，且輕視他人，不聽勸告，因此無人能禁制。如果禁止其欲望則與他本身心理逆反，有可能招致殺身之禍，而一味順應就可能加重他們的疾病。因此，醫者難以履行告知義務而治療就更加困難。那麼該如何告知真相，如何治療呢？這裡要注意告知的方式方法。樂生惡死是人之常情，因此，凡是致死之不良欲望，以其害處相告，以其引致的痛苦來開導病人，而凡是對病人，對疾病有幫助的行為習慣，將其好處告知病人，並以較便於病人接受的方式來引導，這樣的話，即使與病人心理相逆反，病人也會樂於遵從。

　　《內經》對病人告知真相的思想為後代醫家所繼承。孫思邈在其著作中就詳述醫者告知義務，「凡調理病，先察其源，候其病機。五臟未虛，六腑未竭，血脈未亂，精神未散，服藥必活。若病已成，可得半愈；病勢已過，命可保全。夫診候之法，常以平旦，陰氣未動，陽氣未散，飲食未進，經脈未盛，絡脈調勻，氣血未亂，精取其脈，知其逆順，非其時不用也，深察三部九候而明告之。」〔註23〕認為醫者在詳細瞭解病人病源、病情的基礎上，應該將其症狀詳細告知病人。宋代《小兒衛生總微論方·醫工論》中說：「凡為醫者，性存溫雅，志必謙恭，動須禮節，舉乃和柔，無自妄尊，不可矯飾。廣收方論，博通義理，明運氣，曉陰陽，善診切，精察視，辨真偽，分寒熱，審標本，識輕重。疾小不可言大，事易不可去難。貧富用心皆一，貴賤使藥無別。苟能如此，於道幾希。反是者，為生靈之巨寇。」言為醫者有將病情

〔註22〕靈樞·師傳。
〔註23〕〔唐〕孫思邈，備急千金要方·論診候。

據實告知病家的義務，不可妄言，不可矯飾，不可將小病說成大病，將容易治療的情況說成難事。明代李梴則說：「既診後，對病家言必以實，或虛或實，可治、易治、難治，說出幾分證候，以驗自己精神。如有察未及者，值令說明，不可牽強文飾，務宜從容擬議，不可急迫激切，以至恐嚇。」〔註24〕又說「隨其所便」。最後，他得出結論，以「一言爲約曰：『不欺而已矣。』，他列舉了所謂「欺」之種種，指出「診脈而不以實告者，欺也；論方用藥，潦草而不精詳者，欺也；……蓋不患醫之無利，特患醫之不明耳。」而「欺則天良日以蔽塞，而醫道終失；不欺則良知日益發揚，而醫道愈昌。欺與不欺之間，非人之所能與也。」〔註25〕陳實功（公元1555～1636年）也指出醫者「要誠意恭敬，告明病源，開具方藥。」〔註26〕喻昌認爲：「然苟設誠致問，明告以如此則善，如彼則敗，誰甘死亡，而不降心以從耶？」〔註27〕

此外，醫生不能「報喜不報憂」，如果病人病情在醫者能力所及範圍之內，可以治癒，當告知，即使醫者力所不能及，或是病情嚴重無迴天之術，也要明白相告。據史記載，齊王問淳于意，「診病決死生，能全無失乎？」意思是，醫生治病決斷病人生死，是不是沒有失手的？當時淳于意回答：「意治病人，必先切其脈，乃治之。敗逆者不可治，其順者乃治之。心不精脈，所期死生視可治，時時失之，臣意不能全也。」〔註28〕淳于意坦誠告訴齊王，治病要先切脈，根據脈象來確定疾病是否可治。我也時常有所失手，不能每次都保全。清代名醫徐大椿認爲，「若此病斷然必死，則明示以不治之故，定之死期，飄然而去，猶可免責。」〔註29〕「其不可爲者，必實告之，不復爲治。活人無數。病人持金帛來謝，不盡取也。」〔註30〕

根據以上分析，中國古代歷來有醫者對病人告知眞相的規定，這也是醫者行醫所必須遵守的基本準則。究其原因，一方面由於中國古代，醫學深受注重宗法等級秩序的儒家倫理思想影響，形成了「醫乃仁術」這樣一個重要命題，因此講究醫患誠信，醫者將坦誠告知患者實情當作分內之事；另一方

〔註24〕　〔明〕李梴，醫學入門‧習醫規格。
〔註25〕　〔明〕李梴，醫學入門‧習醫規格。
〔註26〕　〔明〕陳實功，外科正宗‧醫家五戒十要。
〔註27〕　〔清〕喻嘉言，醫門法律‧明問病之法。
〔註28〕　〔漢〕司馬遷，史記‧扁鵲倉公列傳第四十五。
〔註29〕　〔清〕徐大椿，醫學源流論‧名醫不可爲論。
〔註30〕　〔元〕脫脫，宋史‧列傳第二百二十一，方技下。

面，以陰陽五行等自然哲學爲主體的中國傳統醫學，其理論基礎不僅僅只是儒學一派，更是有著道家思想的烙印。因此，肯定個體存在、關注個體自由的道家倫理思想必然也對醫學倫理產生作用。可以說，在唐代以前，雖然有尊重患者的要求，但是對知情同意的論述主要集中於對醫方告知的規定。在佛學進入中國後，無傷及普同一等等佛教倫理觀念更是浸蘊到了中國傳統醫學倫理思想當中。自唐以降，醫患之間關係有了變化，醫患交流，知情同意案例也逐漸增多。這種狀況到宋代又有了變化。隨著理學的興盛，人們的思想受到禁錮。古代醫學家自發地遵守知情同意的道德要求，在實踐中也很好地注意到了眞相告知對於醫患關係的重要性。對於告知的對象，醫者根據疾病的不同而有所區別。

2、告知對象

關於知情同意的告知對象問題，可追溯到《史記》中的有關的記載。「齊章武里曹山跗病，臣意診其脈，曰：『肺消癉也，加以寒熱。』即告其人曰：『死，不治。適其共養，此不當醫治。』法曰『後三日而當狂，妄起行，欲走；後五日死』。即如期死。」〔註31〕醫者淳于意明確告訴患者本人是何病、何症狀，並說明由於「臣意未往診時，齊太醫先診山跗病，灸其足少陽脈口，而飲之半夏丸，病者即泄注，腹中虛；又灸其少陰脈，是壞肝剛絕深，如是重損病者氣，以故加寒熱。」所以不可醫治。可見，告知患者本人眞相是古代醫者的義務。

除了告知患者本人，家屬也是醫者履行告知義務的對象。中國傳統的就醫模式是病家上門求診，然後醫生到病人家出診。這樣醫患溝通總是在醫生、病人、病人家屬三者之間進行。病家上門求醫，總會先形容病人病情，這樣醫生心裏有個大概瞭解，再上門看病。當有致命診斷或預後出現，醫生都會設法將眞相告訴病人家屬，這一點對於中國古代所有醫生而言已成爲一條基本的行醫倫理準則。據《史記‧扁鵲倉公列傳》載，「齊侍御史成自言病頭痛，臣意診其脈，告曰：『君之病惡，不可言也。』即出，獨告成弟昌曰：『此病疽也，內發於腸胃之間，後五日當鑰腫，後八日嘔膿死。』成之病得之飲酒且內。成即如期死。」因爲病人病勢險惡，淳于意認爲不能對他直說病情，因此只說「君之病惡，不可言也」，而是將詳細病情單獨告訴患者的弟弟，向

〔註31〕〔漢〕司馬遷，史記‧扁鵲倉公列傳第四十五。

他詳細說明患者將要發病的時期、症狀，並判斷病者死期。此案例說明，告知家屬也意味著醫者履行了告知義務，可見在中國傳統醫學倫理中，家屬是享有知情權的人。

　　《古今圖書集成・醫部全錄》亦有關於告知家屬的記載，「刑部侍郎王立甫之婿，年二十五歲，至元丁卯十一月間，因勞役憂思煩惱，飲食失節而病，身發躁熱，肢體困倦，盜汗濕透其衾，不思飲食，氣不足一息，面色青黃不澤，請予治之，具說前證。診其脈浮數而短澀，兩寸極小。予告曰：此危證也，治雖粗安，至春必死，當令親家知之。夫人不以為然，遂易醫。至正月燥熱而卒。異日立甫同外郎張介夫來謂予曰：吾婿果如君言，願聞其理。予曰：此非難知也。《內經》曰：主勝逆，客勝從，天之道也。蓋時令為客，人身為主，冬三月人皆懼寒，獨渠躁熱盜汗，是令不固其陽，時不勝其熱，天地時令尚不能制，藥何能為？冬乃閉藏之月，陽氣當伏於九泉之下，至春發為雷，動為風，鼓坼萬物，此奉生之道也。如冬藏不固，則春生不茂，又有疫癘之災。且人身陽氣，亦當伏潛於內，不敢妄擾，無泄皮膚，使氣亟奪，此冬藏之應也。令婿汗出於閉藏之月，腎水已涸，至春何以生木？陽氣內絕，無所滋榮，不死何待！二君乃歎息而去。」〔註32〕這裡醫者認為病人已經危重不治，要告訴其親人。可見，當有致命診斷或預後出現，醫生將病情真相告訴病人家屬，這一點對於中國古代醫者而言已成為一條基本的行醫倫理準則。

　　此外，在告知對象範圍中還包括與患者最親近之人。漢代醫家淳于意經常為達官顯貴看病，因此有時候將患者病情告訴其貼身僕人或近臣。「齊中尉潘滿如病少腹痛，臣意診其脈，曰：『遺積瘕也。』臣意即謂齊太僕臣饒、內史臣繇曰：『中尉不復自止於內，則三十日死。』後二十餘日，溲血死。」〔註33〕如果放到今天來理解，近侍可以理解為與病人有密切關係的人。對病人飲食起居，日常習慣等都比較瞭解，或者對於病人的病情比較，負責照顧病人。這樣的人也可作為告知對象。

　　可見在中國傳統醫學中，知情同意的對象不僅是病人本人，親朋好友等與病人關係密切的人都可以作為告知的對象，尤其是病人病情危重，先告訴而不是患者本人家屬乃是醫者最常見的做法。可以說，告知家屬可說是中國醫學倫理中知情同意實踐的顯著特點。

〔註32〕〔清〕陳夢雷，古今圖書集成・醫部全錄，卷二百七十九。
〔註33〕〔漢〕司馬遷，史記・扁鵲倉公列傳第四十五。

（二）誰來同意與決定

知情同意強調醫患雙方的交流。既要有醫方的告知與說明，又要有患方的同意與知情的表示。古代父愛主義的醫療模式，一方面強調醫生的主導地位，醫生的醫療行為要以病人生命安全為唯一目的，另一方面，為了實現這一目的，可以忽視病人自己意願而由醫生代替病人決定。因此，在古代醫學實踐中，醫生決定在醫療決策中居於主流。但是這並不意味著這是唯一的現象。醫療決策的同意權可以由醫生、病人甚至家屬作出。

1、醫生決定

醫生在醫療決策的制定和實施中具有決定權，這是對於古代父愛主義式醫療模式的普遍看法。醫生由於專業知識、技術經驗、信息獲取等方面的優勢，在醫患關係中處於有利地位，自然能作出更有利於病人的選擇。在中國，這種模式也是常見現象。《薛己醫案》載名醫薛己為病人治療耳疾的案例：「一男子耳後漫腫作痛，肉色不變，脈微數，以小柴胡湯加芎、歸、桔梗四劑，腫少起；更以託裏消毒散數劑，脈滑數，此膿已成矣，宜針之，彼畏而不肯用。因痛極始針之，出膿碗許，以託裏藥兩月餘而始愈。」本案例中，醫生根據病人病情，診斷病人是耳後長有膿瘡，最好的治療方法是施針取膿。但是「彼畏而不肯用。」病人因為害怕，不肯接受施針。後「因痛極始針之，出膿碗許，以託裏藥兩月餘而始愈。」可見醫生提供的施針治療方法，是為病人恢復健康而做的最好決定，雖病人畏懼，醫生仍堅持施針，再輔以藥物，病人得以恢復。薛己認為，僅用藥物，無法根治膿瘡，唯有施針是最見效的，「凡瘡不起者託而起之，不成膿者補而成之，使不內攻；膿成而及時針之，不數日即愈矣。常見患者皆畏針痛而不肯用，又有恐傷良肉而不肯用，殊不知瘡雖發於肉薄之所，若膿成，其腫亦高寸餘，瘡皮又厚分許，用針深不過二分，若發於背腫，高必有三四寸，入針止於寸許，況患處肉已壞矣，何痛之有？何傷之慮？」〔註34〕他詳細闡述施針的益處，並告誡病人為了自身健康不要畏懼，而要聽醫者之言，否則將延誤病情，甚至有生命危險，「怯弱之人，及患附骨疽，待膿自通，以致大潰，不能收斂氣血，瀝盡而亡者為多矣！」可見，即使病人反對，醫者為了病人的健康，不顧病人的意見而堅持自己的治療方法，這是父愛主義的明顯特點。

〔註34〕〔清〕陳夢雷，古今圖書集成·醫部全錄，卷一百三十七。

喻昌《醫門法律》亦載：「張令施乃弟傷寒壞證，兩腰僂廢，臥床徹夜痛叫，百治不效，求診於余。其脈亦平順無患，其痛則比前大減。余曰：病非死證，但恐成廢人矣。此證之可以轉移處，全在痛如刀刺，尚有邪正互爭之象。若全然不痛，則邪正混為一家，相安於無事矣。今痛覺大減，實有可慮，宜速治之。病者曰：此身既廢，不如速死。余蹙額欲為救全而無治法，諦思良久，謂邪深入兩腰，血脈久閉，不能復出，只有攻散一法。而邪入既久，正氣全虛，攻之必不應。乃以桃仁承氣湯多加肉桂、附子二大劑與服，服後即能強起，再仿前意為丸，服至旬餘全安。此非前人之已試，乃一時之權宜也，然有自來矣。仲景於結胷證，有附子瀉心湯一法，原是附子與大黃同用，但在上之證氣多，故以此法瀉心。然在下之證血多，獨不可仿其意，而合桃仁、肉桂以散腰間之血結乎？後江古生乃弟傷寒兩腰僂廢痛楚，不勞思索，逕用此法，二劑而愈。」〔註35〕此時患者身患傷寒，醫生告知病能治好，但即使治好了也有可能成為廢人。這裡醫生將醫療可能的傷害風險告知病人，因此，病人作出「此身既廢，不如速死」的決定。但是這明顯是病人受疾病困擾，徹夜痛叫、百治不效的情況下做出的決定，其生理、心理都與正常時迥然不同，因此不能認定他的決定是自主的表示。此時醫者為了保護病人生命，而沒有理會病人求死的決定，最終按自己的療法使病人痊癒。

2、患者決定

知情同意是對患者自主權利的強調。在我國古代，雖然絕少有關於患者權利的說法，但是尊重病家是古代醫家一直遵守的醫德規範。尊重病家就意味著尊重患者的決定。古代也有不少在醫者告知之後，由患者作出是否接受治療決定的案例。如《史記·扁鵲倉公列傳》載：「齊丞相舍人奴從朝入宮，臣意見之食閨門外，望其色有病氣。臣意即告宦者平。平好為脈，學臣意所，臣意即示之舍人奴病，告之曰：『此傷脾氣也，當至春鬲塞不通，不能食飲，法至夏泄血死。』宦者平即往告相曰：『君之舍人奴有病，病重，死期有日。』相君曰：『卿何以知之？』曰：『君朝時入宮，君之舍人奴盡食閨門外，平與倉公立，即示平曰，病如是者死。』相即召舍人而謂之曰：『公奴有病不？』舍人曰：『奴無病，身無痛者。』至春果病，至四月，泄血死。」淳于意觀患者氣色，得知其已傷脾，不治恐有生命危險，但是患者本人認為自己很好，

〔註35〕〔清〕陳夢雷，古今圖書集成·醫部全錄，卷一百八十八。

沒有病，因此決定不醫治。醫生也尊重患者這一決定。

又如：「齊王黃姬兄黃長卿家有酒召客，召臣意。諸客坐，未上食。臣意望見王后弟宋建，告曰：「君有病，往四五日，君要脅痛不可俛仰，又不得小溲。不亟治，病即入濡腎。及其未舍五藏，急治之。病方今客腎濡，此所謂『腎痺』也。」宋建曰：「然，建故有要脊痛。往四五日，天雨，黃氏諸倩見建家京下方石，即弄之，建亦欲效之，效之不能起，即復置之。暮，要脊痛，不得溺，至今不愈。」建病得之好持重。所以知建病者，臣意見其色，太陽色乾，腎部上及界要以下者枯四分所，故以往四五日知其發也。臣意即爲柔湯使服之，十八日所而病愈。」〔註36〕醫者在明確告知患者病情、症狀、醫理之後，病者即信而要求醫治，在雙方配合之下病癒。

3、家長決定

根據以上分析，可見中國傳統醫療父愛主義並不是鐵板一塊。實際上這種醫療模式並不必然反對醫生告知患者以及由患者決定是否進行治療或進行何種治療。同時，醫學深受古代家庭本位思想影響，家庭具有獨立的價值、責任和道德地位，不能被還原爲成員個體的價值觀、承諾和責任；家庭以獨立的完整的社會實體方式存在，而不僅僅是家庭成員的組成。正如人的身體不僅僅被看做是各個部分的集合；作爲家庭的代表家長的權威不能還原成每個家庭成員的權威。只有家長的權威具有唯一合法和合道德性。因此家長在醫療決策中的地位也是不可忽視的。《外科正宗》載：「一室女年十七，因父擇婿不遂，耽至二旬，懷抱日久，項生數核，堅硬如石，此肝經凝結，筋縮之病也。又兼經水斷絕，寒熱如瘧，欬嗽脈數，惟不顴紅，此陰虛火動已成勞瘵證也，非藥能愈。視其形狀，喜無敗色。予曰：欲治此病，先治其心猶可痊。父問曰：何藥治心？予曰：非藥也。《易》云：天地氤氳，萬物化醇；男女媾精，萬物化生。此天地男女生成化育之道也。斯病獨起於孤陰寡陽，不生不化，所謂逆理之病。此女大失配，謂當至而不至，漸成失度之疾，其病不生而自生，非己作也，由時變也。故藥不能挽回，必得陰陽和而雨澤降，夫婦和而家道成，斯時之後，用藥方可。彼父始悟，隨即擇嫁。三月後，復請視之，前證稍定。先用逍遙散加香附、青皮、山梔、丹皮、貝母十餘劑，開鬱疏肝，寒熱漸止；次以人參養榮湯加丹皮、紅花，通其血脈，使心血易

〔註36〕　〔漢〕司馬遷，史記·扁鵲倉公列傳第四十五。

生，容顏稍澤；又用益氣養榮湯倍參、朮，培助脾胃，增進飲食；間用歸脾湯加麥多、五味、遠志、沙參，收斂神氣，寬慰性情；又製參朮地黃膏，服至半年，精神頓復，經事亦通，惟核不能全退；用火針點破一核，琥珀膏貼之，漸腐爲膿，又兩月而斂。餘腫三核，漸針漸潰漸斂。首尾純用補脾開鬱藥，調理一年，始得全愈。」〔註37〕案例中的病人是一年輕女子，病因是父親爲其擇婿不遂，病由心生，勢漸沉重。醫者看視後說這是心病，藥不能治。父親受醫者點撥，隨即爲女子安排婚事，三月後再請醫生診視，病勢好轉，於是醫生開始用藥物進行治療，終得痊癒。這裡的醫患交流幾乎都在醫生與病人父親之間進行，父親是女兒生病的始作俑者，也在女兒病癒中起到重要作用。在醫生告知病況緣由後，由父親作出「擇嫁」的決定，以利於女子病癒。這裡醫生充當的，不是主導角色，而是類似於「顧問」的角色。醫療決策權在患者父親。

　　另據清代費啓泰《救偏瑣言》曰：「有一許氏之室，懷娠四月，身忽大熱如火，不一日而見痘，稠無隙地，細碎如麻，躁亂不寧，胷膈迷悶，痘鄰於逆。所可取者，色得肥紅耳。猶在初見，余欲攻毒導瘀，兼清肌疏透，庶幾內毒一鬆，得分顆粒，未必非挽回之一機也。厥夫惑於不韙者之言，執意不欲。予辭弗藥。九朝而斃，而胎卒壅。其所以壅者，豈脾虛血弱之故，烈毒內攻，熱血煎熬，臟腑且潰，而胎有不墮乎？況小產者亦多矣，何嘗墮而必斃？則知其墮也以毒，而斃亦以毒也歟！」〔註38〕病人爲一孕婦，孕中見痘，病勢兇險。但是丈夫卻拒絕了醫生的治療方案，最終導致孕婦母子雙亡。這可謂是古代版李麗雲的悲劇。

　　從對中國醫患關係的歷史分析，我們可以得出結論，中國傳統醫學中父愛主義模式與知情同意是共同存在的。這表明，一方面，父愛主義並不意味著完全對病人不告知，一切由醫生全權決定，病人在醫療決策中只有沉默服從的資格。醫生在告知患者實情的情況下，仍由醫生做出醫療決策，也是父愛主義的表現。父愛主義與「知情」並不矛盾，只是在某些情況下，醫生認爲告知患者實情會影響患者治療，而且患者對方案不瞭解而有可能產生牴觸，因而忽視或限制患者知情，代替病人做決定。基於父愛思想，醫生認爲他提出的治療方案是有醫學根據的，而且也考慮到了病人的實際情況。在醫

〔註37〕〔清〕陳夢雷，古今圖書集成·醫部全錄，卷一百六十九。
〔註38〕〔清〕陳夢雷，古今圖書集成·醫部全錄，卷五百。

生看來，沒有比維護病人生命更為重要的事情，因而醫生的決策合情合理。另一方面，患者同意並非絕對。這取決於對「知情」的理解。由於理解能力的不同，患者有可能在充分瞭解的情況下做出決定，也有可能在實際並不瞭解的情況下做出決定。後者實際上是對知情同意的違背。此外，醫生有可能提出多種治療方案，並充分告知患者其中利弊，由患者來作出選擇。有學者認為，這樣的模式是自主的，因為醫生是處於「顧問」的地位，實際主導權在患者。筆者認為，這種觀點有待商榷。因為，患者仍然是在醫生提出的治療方案內選擇，而這些治療方案只有醫生能夠做出，這是由醫生的專業素養決定，患者即使有最終選擇權，但也是在醫生的引導之下，在醫生提供的範圍內的選擇，實際上還是醫生主導。因此，知情同意與父愛主義醫生占主導地位並不矛盾。

　　因此我們可以認為，雖然在當代西方生命倫理學的實踐中，知情同意原則經常被視為是以個人自主概念為起點，是以個人自主的觀念、個人權力的語言及個人主義的世界觀為基礎的，但是這種個體主義的道德觀點並不是唯一能證明知情同意合理性的理論。人與人之間彼此尊重、醫患之間的忠誠信任，也可以為知情同意作辯護。而論證父愛主義與知情同意在中國醫患關係史中同時存在，說明知情同意與父愛主義一樣，實際上與傳統中國醫學倫理學的仁愛精神相當一致，可被中國固有的倫理學術語如「仁」、「醫乃仁術」、「誠」所論證。這兩者有著共同的目的，那就是為了病人的健康。對知情同意和父愛主義的誤解也在此體現。知情同意的目的不是維護患者自主，父愛主義的目的也不是限制患者自主而維護醫生權威。這兩者都是手段。換言之，兩者是用不同的手段達到維護患者利益的共同目的。在醫療實踐中，不能混淆目的與手段的關係，也不能片面強調某一原則而使得患者利益遭受損失。

第三節　家庭做主：從家長同意到家屬同意

　　由前文論述可知，中國古代是以家庭為本位的傳統社會，在醫學倫理實踐領域，家庭在知情同意中有著舉足輕重的地位，醫生告知家屬是很正常的現象，甚至認為家屬知情是必須的。而作為患者，也視之為理所當然。可以說，這是一種中國傳統文化語境下的特殊知情同意形式。直到今天，告知家屬仍在醫療法律中有規定，在實踐中也廣泛運用。對於這一有著幾千年歷史

的傳統，我們不能將之簡單否定，而應在深入研究其存在的理論根源與現實合理性之後，分析其利弊，以確立當前中國知情同意模式。

一、家長做主：患者自主的缺位

中國傳統文化處理社會、家庭、個人三者利益矛盾的原則是家庭至上。家庭觀念的穩定性和至上性，使得它歷經幾千年風雨仍屹立不動，深深紮根於封建社會歷史的土壤之中。君臣可以易位，父子觀念不容顛倒。傳統家庭是典型的父權制家庭。男性尊長在家庭中享有不可動搖的權威，男尊女卑、長尊幼卑是貫徹於封建家庭兩個基本原則，家庭內部的等級制度由此產生。父權制向家庭外延伸，形成以父系親屬為核心的一系列完整的宗法制度和喪祭禮儀，在整個古代中國一值得到肯定與強調。

（一）家庭至上

家庭作為最基本的社會生活單位，它所包含的是人們最普遍的關係，既是自然的關係，又是社會的關係，典型地反映了人的本性。《易經‧序卦傳》說：「有天地，然後有萬物；有萬物，然後有男女；有男女，然後有夫婦；有夫婦，然後有父子；有父子，然後有君臣；有君臣，然後有上下；有上下，然後禮義有所措。」這段論禮義之發生的語言，被古代倫理思想家們奉為經典。從中我們可以發現，禮義最初發軔於血緣親情，人的整個生命過程，總是生活在血緣親情的交往關係之中。家在傳統道德中有著極其重要的地位。既是最基本的道德原則仁義禮智信也是家庭倫常的擴展，「仁之實，事親是也。義之實，從兄是也。智之實，知斯二者弗去是也。禮之實，節文斯二者也。」〔註39〕而「有諸己之謂信。」〔註40〕家庭倫常是我國傳統倫理道德的基礎與核心。在古代中國這種以宗法關係為基本的歷史狀況下，家庭是最基本的生產和消費單位，是社會的細胞，因此，家庭血緣關係就成為中國古代社會最基本的倫理關係。

家庭是人們最熟悉的生活共同體。幾乎所有人一出生便置身於家庭之中，沒有任何社會組織形式比家庭的歷史更加悠久，家庭既積澱著人類古老的文化傳統，又展示出當今的現實生活。它構成社會的基礎，並滲透到社會生活各個層次和方面。家庭成員之間的紐帶聯繫是深厚的自然生理因素，它

〔註39〕孟子‧離婁上。
〔註40〕孟子‧盡心下。

的結構緊密程度無疑高於任何其它社團、群體，因而有更多的共同利益，更多的相互依賴和幫助。家庭不僅參與社會活動，還進行著獨立的家庭活動，家庭進行物質生產，還是社會認可的正式的人的生產單位，它不僅在生物學意義上培養人，還在社會學意義上培養人，從而把家庭本身再生產出來。家庭是人類社會最普遍最基本的生活單位。也正因此，馬克思指出：「一開始就納入歷史發展過程的第三種關係就是：每日都在重新生產自己生命的人們開始生產另外一些人，即增殖。這就是夫妻之間的關係，父母和子女之間的關係，也就是家庭。這個家庭起初是唯一的社會關係，後來，當需要的增長產生了新的社會關係，而人口的增多又產生了新的需要的時候，家庭便成為（德國除外）從屬的關係了。」〔註41〕

人的存在是家庭存在的前提，物質生活是家庭生活的基礎。中國傳統家庭典型地反映了小農自然經濟以一家一戶為單位進行物質生產的特點，因此有學者認為中國封建社會可稱之為「家庭私有制社會」，〔註42〕它與近代資本主義個人私有制不同，財產的所有者是家庭而不是個人，家庭成員不得私蓄財物，其勞動所得全部貢獻給家庭，家長是家庭的全權代理人。

中國傳統文化處理社會、家庭、個人三者利益矛盾的原則是家庭至上，人們以家庭利益為最高利益，這就是我們一般所說的「家庭本位」。家庭觀念的穩定性和至上性，使得它歷經幾千年風雨仍屹立不動，深深紮根於封建社會歷史的土壤之中。君臣可以易位，父子觀念不容顛倒。只要社會變革沒有剷除它賴以存在的基礎，家庭觀念便不會有質的變化。過分強調家庭至上，便直接導致了傳統家庭觀念的一大局限——狹隘性。把人們的一切活動的意義都限制在家庭範圍之內，以家庭利益排斥其它社會群體和他人利益，與此相關的還有保守性與鎖閉性，一方面法先王，滿足於家庭既得利益，缺乏創新，另一方面思想和行為都受到家庭觀念的嚴重禁錮，活動圈子基本上是在家庭的小天地之內，商品經濟不發達，限制了人際間廣泛交往，壓抑了人們的正常社會性要求。家庭利益置於一切之上，個人利益必須絕對服從家庭利益，人的一切活動都以家庭為中心。

〔註41〕〔德〕馬克思恩格斯，德意志意識形態，馬克思恩格斯全集，第三卷〔M〕，北京：人民出版社，1972年，第32頁。

〔註42〕張懷承，中國的家庭與倫理〔M〕，北京：中國人民大學出版社，1993年，第9頁。

（二）父為子綱

中國傳統家庭觀念中，從家庭的發生講，夫妻是家庭的基礎；而從家庭的實質來說，其核心關係不是夫妻，而是父子。傳統觀念強調家庭類的繁衍功職能，並把繁衍的統系置於繁衍形式上，婚姻制度、親屬制度從屬於生育制度。因此，傳統家庭是典型的父權制家庭。在家庭發展中，父子處於軸心地位，女性沒有獨立的人格。男性尊長在家庭中享有不可動搖的權威，任何違背家長意志的行為都被視為大逆不道，風俗習慣和法律都維護著父權的神聖不可侵犯。父祖對於子孫有監護權、教令權、甚至生殺權。與此相應，男尊女卑、長尊幼卑是貫徹於封建家庭兩個基本原則，女性在家從父，出嫁從，夫死從子。家庭內部的等級制度由此產生。父權制向家庭外延伸，形成以父系親屬為核心的親屬集團。這個親屬集團對家庭具有極其重要的意義，以一系列完整的宗法制度和喪祭禮儀維護和強化這個親屬之網，在整個古代中國一值得到肯定與強調。

父為子綱，反映了傳統家庭典型的專制特點，父子之間存在嚴格的等級，毫無平等可言，這種觀念根源於小農自然經濟基礎。這種生產以家庭為基礎，以土地為主要生產資料，人是主要生產力。成年男子從長輩繼承現成的土地和勞作技術，以自己的勞動成果養活妻小，這種經濟上的優勢自然賦予他至高無上的權力。後代子孫的生命、生活等都來自父輩，這種高度依賴性使得他們自覺服從父祖制約而不敢有絲毫違拗。父為子綱維護了家庭生產和生活的穩定，從而維護了社會的穩定。當這種生活的必然昇華成為理論而在人們頭腦中產生根深蒂固的觀念時，就被種種規定、論證、宣傳，而且成為整個古代中國人民的行為習慣。

除了經濟上之必然，也有父子之間的自然情感因素。強調子孫後代內心對父祖的崇敬，所以孔子以子生三年方免父母之懷來說明三年之喪的合理性。除了子對父的孝敬，還有父對子的慈愛。父親將子女看做自己的再生，生命的延續和未來。因此，十分關心子女的生活和成長，並為此兢兢業業，灌注全部心血。對於這種父權制，不應忽略其中的人情因素，但是從根本上說，它是與人的本性相悖的，因為它不承認子的獨立人格，否定子女的任何自由，是古代家庭專制的核心。

傳統專制型家庭之中，每個家庭都有一個握有最高權力的人掌管家庭各方面事務，對家庭成員實行專制統治，這個人就是「家長」。古代家長的涵義

與現代不同，現代家長通常指父母，他們只對未成年子女具有監護權和養育的責任。古代家長一般情況下均由家庭中成年男性尊長充任。《禮記‧坊記》曰：「家無二主」。男性在家庭中具有經濟上的絕對優勢，因而家長通常是家庭中男性尊長。在家長制之下，傳統家庭形成了嚴格的長尊幼卑、男尊女卑的等級制度。在父權制家庭中，女子地位極其低下，社會對她們的特殊規範是「三從四德」。《儀禮‧喪服傳》：「婦人有三從之義，無專用之道，故未嫁從父，既嫁從夫，夫死從子。」女子整個一生都在男子的統治之下。所謂四德，即婦德、婦言、婦容、婦功。《周禮‧天官》首先提出，東漢鄭玄《十三經注疏》曰：「婦德謂貞順，婦言謂辭令，婦容謂婉娩，婦功謂絲枲。」要求婦女屈從男權，謹守品德、辭令、儀態和家政，表現了對婦女的壓迫和歧視。隨著社會的發展，特別是宋代之後，這種狀況越來越嚴重，各種「女訓」、「女誡」對婦女的要求越來越具體，越來越嚴厲，對待婦女愈加殘忍、刻薄。其總的精神實質是女人絕對不許按自己的意願行動，婦女只能屈從並服務於男子。

（三）以孝為本

傳統家庭以父子為中心，是家庭的核心道德關係，與之相應的行為原則和規範，便受到社會的高度重視和倡導。百善孝為先，而罪莫大於不孝。父權即是家長權，對子女來說，它既是不可違背的強制性律令，又是應當自覺遵循的行為規範，前者表現為法律形式的教令權、監護權、懲戒權等，後者便化為主體意識的孝道觀念。中國傳統倫理強調父慈子孝，但社會強制實行的卻僅僅是孝。《刑案彙覽》載：「子於父母倫紀攸關，婉容愉色固不能概責諸愚民，至若教令有違指父母抱忿輕生，則其子之不能順從於平素，復不知畏懼於臨時，已可概見，雖死由自盡，斷非其子逆料所及。而衡情行法，即所以扶植綱常，是以向來辦理違犯教令之案，並無量從寬減之文。」這裡說得很清楚，法律的目的是為了維護綱常倫理，父為子綱，要求子絕對服從父，不能有任何違犯。即使父祖教諭有乖情理，也只能逆來順受。父母若責罵毆打甚至致子女死亡，也只負很輕的刑事責任。法律有此規定。唐、宋律規定毆殺徒一年半，刃殺徒二年，故殺各加一等；明、清律規定一般責殺無罪，非理毆殺（指勒死之類）亦只杖一百。

古代醫患關係作為人際關係的一種，其基本模式也是家庭關係的外推。這種思想要求社會中的每一個人在與他人交往中，認清自己在血緣宗族中的名分

和角色，並按照這個角色所應當遵循的規則去行動。其基本出發點就是父子關係。因此有「醫者父母心」之說，實際上表明醫患關係就是父子關係的外推，醫生在醫療實踐中要扮演好父親的角色，同時擁有父親般的權威。病人在醫生面前就像孩子，要聽從，服從。當然在宋以前，對孝思想的強調並沒有走上極端，而隨著宋代理學興盛，對愚忠、愚孝的高揚，使得醫學上開始鼓吹刲股、割肝等愚昧行為，給患者和患者家屬都造成了極為惡劣的影響。

二、家屬同意： 醫學倫理的家庭本位

正是由於這種父愛傳統，在中國，人們更習慣於把權利交給自己的家屬，而不是自己作決定。知情同意更確切說不是病人同意（patients consent），而是家屬同意（relational consent）。導致這種狀況與中國父愛主義傳統忽視病人本人決定的權利密切相關。此外中國古代重視人倫關係，看重親情也是親屬同意的文化根據。人們更看重家庭以及一個人在家庭、社會中的作用。更為明確的說，一個人的生命不僅僅屬於個人，而是全家的。當親人生病，親屬理所當然承擔照顧病人和為病人作決定的責任。因此，在知情同意問題上，家屬為了病人利益而瞭解信息，代替病人做決定被視為當然之舉。

（一）病人同意與家屬同意

作為知情同意的特殊形式，家屬同意是指有些病人由於缺乏做決定的自主能力，在涉及醫療判斷、醫療方案選擇或醫療決策時，往往由醫生向病人和家屬說明（或只向家屬說明）有關醫療的好處，危險性和可能的預後等信息，由病人親屬為病人作出同意或不同意的決定。病人親屬應代表病人最佳利益。親屬同意分為兩種，一種是親屬中的一人作出，在中國古代，有權力作出這種決定的通常是一家之主。但是這種情況容易家長專制，導致超父愛主義。另一種是家庭成員集體作出決定而由其中一人代表決定，這一種既體現了父愛主義對病人的關愛，又不會導致父權專制。家屬對嬰兒、智障者、未成年人等，代為行使醫療決策權，基本上都是弱父愛主義範疇，這些人沒有能力作出自主決策，必須有他人代為作出。還有一種情況是正常成年病人，他們雖然有足夠的能力理解醫生提供的信息，也有足夠智力和判斷力對其醫療作出決定，但中國傳統家庭本位的特點使得他們沒有這種自主意識，習慣於依賴親屬決定。

　　導致這種狀況與中國父愛主義傳統忽視病人本人決定的權利密切相關。其表現爲兩個方面，一是當臨床需要作決策時，醫生很不習慣認眞考慮病人的意見，有時履行承諾往往是一種形式。二是病人親屬在決定中的地位往往超過病人本人。除了父愛主義支持親屬同意，儒家重視人倫關係，看重親情也是親屬同意的文化根據。在這種文化背景下，人們更看重家庭以及一個人在家庭、社會中的作用。更爲明確的說，一個人的生命不僅僅屬於個人，而是全家的。當親人生病，親屬理所當然承擔照顧病人和爲病人作決定的責任。此外，儒家倫理雖然非常重視個人人格問題，將其看得比生命更重要，但存在忽視個人自主性的傾向。這是由於儒家倫理更重視整體性，強調個人與家庭、他人、社會的和諧相處，這種和諧並不是以西方個人權利實現爲條件，而是個人的修身，人格的自我完善。而忽視了個人在這種關係中的自主問題。換句話說，在這種和諧之下，個人自主性顯得多餘。在有關法規和衛生行政部門規章中，也明文規定了須家屬同意方能手術。這其中的倫理問題是很明確的。其一，在任何情況下，當一個人的生命受到威脅，醫務人員放棄對病人的救治是違背醫學倫理的；其二，涉及對病人自主性的認識。即使沒有家屬同意，有自律能力的病人本人有權決定是否採用手術。這是自主原則的要求。

　　在中國傳統社會，家庭的聯繫相當緊密，每個家庭成員的重要問題都由全家共同決定，這種決策模式彰顯了古代家庭觀念的豐滿和深刻。在教育子女、婚姻大事等許多涉及一個家庭成員的決定往往由家長作出，或是家庭集體作出，而不是由當事人自己決定，無不體現著家長的無上權威與家庭的整體智慧。在醫療實踐中，這種思想對今天的影響在於，家庭成員中總有一位作爲代表在醫生和病人之間起協調作用，代表病人對於醫療決策簽字，而這種代表權的行使者一般是家長。而病人也往往習慣於把本該屬於他自己的對醫療的決定權交給親屬，這是普遍自然的，不是違心的事。他們認爲這是理所當然，根本沒有意識到這本該是自己享有的權利。今天，在醫院如果醫生希望某個有自主能力的病人對某個醫療決定履行知情同意權時，病人往往以「我做不了主」，「問我家人」等回答醫生。另一方面，病人親屬往往也要求醫生在涉及有關醫療決定時由親屬而不是病人本人決定，醫生告知義務也是對親屬履行。在有些情況下，甚至要求對病人首先隱瞞嚴重病情，幫助病人逐漸面對疾病和接受所需要的治療。如果家人認爲有必要對病人隱瞞不好的

診斷和可能的風險以避免傷害病人，那麼家人一般要求不要向病人說明實情，直到家人幫助病人對其疾病做出適當反應爲止。這種做法即根源自傳統家庭本位觀念。這種父愛主義模式是中國的特殊形式，受到儒家整體觀念，親情倫理思想影響，反映出積極、合理因素，值得借鑒，但是也顯露出受傳統封建家長制的影響，輕視、忽視或否認個人自主權的痕迹明顯可見。因此，這種傳統受到今天以個人主義爲導向的生命倫理實踐的批判。然而我們必須看到，基於爲病人考慮的家長同意是可以證成的。

在古代，家庭具有道德地位，家庭的家長做出的決定才具有最高權威，並且是正確和有益於家族利益的。對於家長，人們無條件地服從。但是在今天的意義上理解父愛主義，並不是說這種方式絕不會被濫用或防止這種方式濫用的保護性規則可以不必建立。相反，爲了保護其道德完整性和正確認識到其醫療局限性，我們應當明確，如果家庭做出的決定與醫生對病人最佳利益做出的專業性判斷完全不一致，醫生必須出於爲病人利益考慮的目的直接與病人交流。我們認爲，基於當代中國醫療的實際情況，在一般情況下，我們習慣於受到家人家長式的保護，因而，除非病人自己要求，沒有必要刻意強加上「知情權」，反而給病人帶來傷害。

家屬同意目前在我國仍有存在的合理性，這是由於，在西方，有行爲能力的病人是自己醫療策略的最終決定者，而在中國，我們通常在與家人協商情況下做出決定。不同於自主原則關注個人利益，認爲個人願望的滿足，利益的實現就是主觀上的善。在中國，更關注家庭整體，關注的是可以被普遍接受的價值。是一種客觀的，非個人的。它較少考慮個人當前的願望或欲求，而是考慮家庭整體利益。例如，病人因不忍病痛折磨而想要選擇結束治療，但家人不同意，那麼即使病人做出決定時具有完全行爲能力，醫生也不會服從他的決定，而會尊重其家人意見。個人的健康不是一個人的事，而是一家人的事，因此必須由家人共同決定。這種模式形成了特殊的知情同意，筆者認爲或可稱爲協商後同意。其合理性在於，在絕大多數情況下，親屬意願代表了病人意願，能代表病人最佳利益。此外，病人因疼痛、情緒波動可能做出非理性判斷，而這種情況下，親屬可能比較客觀理性地爲病人作出判斷，還可以避免一些病人因各種因素造成的心理或情緒上的不良影響。醫生告知病人家屬實情，家屬在傾聽醫生建議前提下與醫生談論，再與病人協商，而最終由家屬簽署知情同意書。由於家長主義的傳統，如果醫生直接告訴病人

絕症的診斷而不事先告知其家屬，會被認爲是不合理的，甚至可能引起糾紛。

顯而易見，在今後的醫療實踐中，親屬同意這種醫療決策模式還將長期存在，但是問題將逐漸增多，由於中國文化尊重醫生專業技能，大多數情況下，醫生能使病家信服，接受自己對病人利益所做的專業判斷。如果醫生不能使病人家屬信服，而病人親屬的願望與病人願望不一致，到底以誰爲主？由誰決定？有時親屬會更加考慮整體家族利益（如婦女治病）甚至經濟利益，而不能代表病人利益，有些極端父愛主義者往往會做出非理性判斷而損害病人利益。因此，在這種情況下，基於爲病人利益，應直接與病人本人溝通——即告訴實情，由病人本人決定。當然，如果病人自己堅持由家屬決定，在特定情況下，醫生應不顧病家意願，挽救患者生命。這種一直沿襲至今。在實踐中廣泛運用。

（二）父愛主義如何保證知情同意

父愛主義的根基在於中國傳統思想中對於人類家庭實在與宇宙的深層實在之間共生共鳴關係的體認。我國自古以來，家族的利益都被置於優先位置，家庭的威嚴是不可動搖的。在《易經》中即有了代表家的符號體系，《象傳》第 37 卦「離下　上；家人」：其曰：風自火出，家人。意爲爐火燃起，溫暖家人，並製造熟食爲家人共享；炊煙從家中冒出，隨風飄向四方，以使「家風」外傳，影響他人。體現了正當的家庭關係和行爲。作爲人類特定的生活方式，攜帶著一種人類共同的德性，這是一種共同生活的力量。中國傳統的家庭主要有以下特徵：首先，夫妻在家中有他們正確的位置，這是天地之位置與關係所決定的。「家人，女正位乎內，男正位乎外，男女正，天地之大義也」。〔註43〕父母是全家的管理者，尤其是父親，應該在家中樹立權威，如同君主統治國家。其次，家庭的基本規則不可放鬆。最後，每個家庭成員要謹守本分做好自己該做的事情，「父父、子子、兄兄、弟弟，夫夫、婦婦，而家道正；正家而天下定矣。」〔註44〕

在父愛主義醫療模式中，醫生一般視自己爲絕對權威。儘管醫生是爲病人利益負責，但是在知情同意問題上有可能產生問題：如，A，病人有自主能力，但其作用被醫生權威所掩蓋，在某種意義上是被迫同意；B，同意成爲一種形式，這種情況下，病人的同意是自願的，但只是形式，對於醫生的解釋

〔註43〕周易·象傳。
〔註44〕周易·象傳。

說明根本無法產生效果。而對於動機不純的醫生，則更有可能過分考慮自身利益和名譽，使得病人同意成爲欺騙、強迫的同意。可見在知情同意問題上，醫生的動機和目的是十分重要的前提條件。

因此，爲了使知情同意在現實中眞正成爲可能，首先，醫生不能出於爲病人利益以外的其它目的，把知情同意當作推卸責任的手段，或利用專業地位、心理、角色上的優勢，欺騙、愚弄病人，強迫或暗示病人接受自己治療。第二，對於文化水平低，自主能力弱的病人，醫生有幫助和教育義務，而不是簡單強迫病人接受自己的觀點和意見，或以言語強制形式來把病人至於不利地位。第三，醫生要讓病人理解與提供足夠病情資料是完全同等重要的事，對不同病人的有關信息應進行不同的說明和解釋。第四，醫生告知病情，要包括適時適度得體的方式，正確的內容，準確的病情，尤其是告知將採取的治療的重要部分等都是非常重要的。醫學處處存在意外，任何治療手段都不是百分百保險的，因此醫生在告知可能的病情現狀、治療和預後等重要信息時不能過於自信而說話不留餘地，但也不能過分誇大和渲染治療作用和危險。

在醫生與病人的博弈過程中還出現了信息標準問題。第一、以醫生爲基礎的告知標準。主張這一標準的人認爲，患者利益是醫生考慮的頭等大事，本著患者利益最大化的理由，醫生不一定任何事都告知患者，進行任何治療都徵求患者同意，只要確認醫生的行爲符合醫學行業的職業準則，醫生就沒有違反告知義務，其行爲就是合理合法。這一標準將信息告知的決定權交給醫生。這一告知標準又可分爲兩種情形：其一，表現極端的形式的標準，又稱「主觀的醫生標準」（subject physican standard），即完全由醫生根據病人的具體情況決定該告知信息的內容和告知方式，告知後就讓病人簽字表示同意。強父愛主義模式基本是持此標準。現在這種標準已基本被摒棄，因爲它全然否定了患者自主權，與現代醫學倫理相悖，在這種模式之下，醫生實際上並非是履行告知義務，而是將自身的意志強加於患者身上。其二，依據可接受的職業實踐而確立的告知標準，又稱「合理的醫生標準」（reasonable physician standard），這一標準目前被廣泛採用。當然，各國實際情況不同，對於何爲標準的「合理性」的界限也標準不一。一些國家在醫療實踐中主張，任何情況下醫生都必須將全部情況告訴患者本人，這才是醫生的告知義務，而有些國家主張，醫生可以對某些認爲告知反而造成醫療風險的情況予以保留。弱父愛主義基本持此標準，這也是我國目前在司法和醫療實踐中採用的

基本標準。第二，以患者爲基礎的告知標準。這種標準賦予患方主張獲得信息的權利，醫方根據患方的情況來履行告知義務。這一告知標準也分爲兩種情形：一是「客觀的患者標準」。這一標準擬制「明智」患者對信息的需求，來劃定醫生告知患者信息的大致範圍，爲醫生實際操作提供便利。二是「主觀的患者標準」，即根據不同患者的具體情況和不同要求，決定醫生告知的情況，這一標準對每個具體患者的保護程度或方式各不相同，因此在實際醫療行爲中，這兩種情形往往共同採用。〔註45〕這一標準是將告知信息的決定權交給患者。由患者根據自己想知道的信息內容來決定醫生告知義務。

信息的提供來自於醫方，這是無可否定的事實，由此也決定醫方在醫患關係中的主導地位。醫生要把握好提供信息的限度，首先注意因人而異，在向病人提供信息時，要從具體的年齡、知識、病情等出發，不能不必要地增加病人憂慮，影響病人疾病的恢復或影響醫療的正常進行。其次是貫徹保護原則，父愛主義對病人知情權的限制其出發點是保護病人利益，因此在信息告知上要注意既保證患者享有知情的權利，又要避免不必要的信息給患者造成額外負擔。總之要使知情達到最佳限度，不能造成病人心理壓力。再次，少而精原則，提供信息並非越多越好，而是以能使病人瞭解醫療措施的主要利弊，能夠加以選擇爲度，重要的是幫助病人康復。

（三）知情同意的例外

知情同意是在現代社會，爲保護在選擇醫療服務和生活資料時沒有獲得充分信息的消費者的利益而採用的。隨著病人自主權利的高揚，自主原則以及以此爲基礎的知情同意原則已成爲生命倫理學最重要的原則之一，但是這並不意味著父愛主義就完全退出了歷史舞臺，在醫學實踐中失去了存在價值。在某些情形下，父愛主義依然有其存在的合理價值。

1、病人要求

父愛式醫療模式在西方延續了漫長的時間。隨著病人權利意識崛起，而要求對自己的身體、未來的人生、追求的價值享有最終決定權，而父愛主義因爲對病人自主決定權的干預開始受到普遍質疑和批判。病人自主權利的高揚，意味著醫生權力的減弱，醫生從此失去了可以不顧病人意願而代替病人

〔註45〕何恬，患者的自決權和醫生的告知義務〔J〕，法律與醫生，2002 年，第 9 卷，
　　　　第 3 期。

全權決定的地位。但是這並不意味著父愛主義就完全退出了歷史舞臺，在醫學實踐中失去了存在價值。正如德國聯邦法院在一則判決中深刻剖析了醫生與病人之間的關係：「缺乏醫學知識和臨床經驗的患者把醫生尊爲顧問，期待他的指導和發佈消息。只有在患者瞭解自己的情況後，比如，當他確實全面知道，一旦同意就意味對他身體使用該醫學方案合法，那麼他就和醫生一起承擔風險責任。」肯定了知情同意的法律地位，但是該判詞同時指出，在一些病例中，「患者不惜一切代價地想擺脫疾病的困擾。因而對他的醫生處處信任，遇到這類患者，醫生爲了滿足患方心願，不一一向他告知細節不違法。這類患者由於仰慕醫生的威望，將自己的全部希望都建立在對醫生的信任上，不願知道自己太多的情況。遇此情形，人們可以說患者實際上是不想知道，而不是服從。」但是，這只是一種例外情形，不能作爲規範，因爲「絕大多數患者想知道自己的情況。例如，關於他的恢復或改善前景，關於選定的手術或其它治療方案的風險性以及根據所收到的信息決定是同意還是拒絕醫生提議的治療方案。適當尊重患者的自主權將加深患者對醫生的信任感……尊重患者的個人意志就是尊重他的自由和人格尊嚴。」〔註46〕

2、醫生特權

急診時不需要知情同意，醫生有治療特權。這是由於患者自身疾病原因無法做出自主的表示，因而得到這類同意而做的延遲將會導致病人死亡或永久性機體或精神損害，而急診中有關醫療信息的交流由於種種困擾幾乎成爲不可能，病人也無法做出有行爲能力的選擇。在這類情況下，醫生可根據醫學知識和經驗進行治療，實際上，醫生充當了病人代理人角色，這種父愛主義在倫理上能得到支持和辯護。但是其行使要靠醫者責任心來保障。但仍需緊急的醫學治療，就不能再採用知情同意的法律標準。這時醫生爲了挽救患者生命和健康，無法等到患者或代表患者利益的組織機構、患者家屬、監護人同意，而必須投入對患者的救治行動中。這就是醫生特權（the rapeuticprivilege）這類緊急情況及其處置又有兩類情況：一是患者被送到醫院時已處於緊急狀態，二是患者在治療過程中突發緊急狀況。在這樣的情形下，患者處於意識喪失狀態或者處於沒有能力作出決定狀態，同時沒有能代表其做決定的人在場（通常是法律規定或授權的人），且由於時間緊迫，若等到有效同意程序進行之後再採取相

〔註46〕何恬，患者的自決權和醫生的告知義務〔J〕，法律與醫生，2002年，第9卷，
　　　　第3期。

應醫療措施將嚴重損害患者健康甚至生命喪失。在這樣的情形下，正常有自主能力的患者會同意接受治療，因此推定患者同意治療。

3、防止患者自我傷害

知情同意是在現代社會，爲保護在選擇醫療服務和生活資料時沒有獲得充分信息的消費者的利益而採用的。在醫療領域，患者自主經常體現的不是對他人造成傷害，而是對其自身造成傷害。在這種情況下，就存在醫生能否以防止患者自我傷害爲由而進行父愛主義干涉的倫理問題。我國法律中亦有規定，對患者的告知要注意不能對患者產生不利後果。〔註 47〕對於有判斷力的成年人而言，其自主權利，尤其是生命決定權，醫生即使是出於對其本身利益的考慮而進行限制，似乎也很難上獲得允許，而被認爲是對患者自主權利的侵害。（首例安樂死案件）但是，單從個人視角來看，爲了患者利益而不管他自己意志如何進行干涉和對其自主予以限制符合醫療父愛主義範疇，在一定程度上，是可以得到道德辯護的。這種限制防止患者個人不做傷害自身利益的事，恰恰是對其自主的保護，而且，在產生保護當事人的直接結果基礎上，還有利於保護不特定多數人的利益，產生有利於社會的間接結果。這就是密爾的損害原則。該原則依據的是功利主義的計算方式，爲了最大多數人的最大利益而限制少數人行爲。

〔註47〕《執業醫師法》第 26 條規定：「醫師應當如實向患者或者其家屬介紹病情，但應注意避免對患者產生不利後果。醫師進行實驗性臨床醫療，應當經醫院批准並徵得患者本人或者其家屬同意」；《醫療事故處理條例》第 11 條規定：「在醫療活動中，醫療機構及其醫務人員應當將患者的病情、醫療措施、醫療風險等如實告知患者，及時解答其咨詢；但是，應當避免對患者產生不利的後果」。

第六章　醫療父愛主義的當代價值

　　文化離不開傳統，就如人離不開自己的皮膚。今天生物醫學模式下遇到的諸如安樂死、生殖技術、試管嬰兒等道德難題，都是經驗醫學時代不可能面對的問題。因此難免與以儒家文化所主導的傳統醫學倫理相衝突。但是，我們同樣無法想像的是，現代中國的醫學離開傳統醫學的根基該何去何從。我們今天研究醫患關係，總是把病人自主擺在首位，強調病人的知情同意凌駕於其它原則之上，卻忽視了傳統醫患和諧關係中有很多值得發掘的有利因素。面對今天臨床醫學實踐中的困境，我們有必要重新審視病人自主的至高無上地位，並挖掘醫療父愛主義的當代價值，找到中國傳統與當代醫學契合的可行之道。

第一節　醫療父愛主義的限制

　　在當代社會，病人權利具有極高的價值，儘管基於病人權利的尊重自主模式存在弊端，但病人的權利依然不能被完全消解，醫療父愛主義模式的主要價值在於對尊重自主模式之弊端的限制。但是醫療父愛主義本身也存在一些缺陷，如忽視現代社會所珍視的權利。這就意味著正如尊重自主模式一樣，醫療父愛主義也不具有無上權威的地位。只有通過一定程度和一定範圍的限制，才能有效地發揮醫療父愛主義的積極意義，充分實現醫療父愛主義的價值。這就要求我們探討在臨床醫療實踐中實行醫療父愛主義的條件，即如何規約醫療父愛主義，才能使之具有道德合理性。

一、病人權利的興起

在知情同意概念產生之前，早在希波克拉底時代，就有了「一切託付於我」的父愛主義思想，這賦予了醫師全權照顧其病人的責任與義務，形成了醫療父愛主義，即指在醫患關係中醫生以家長的姿態爲病人做決定。其所立足的前提是有利原則。普通病人欠缺足夠的專業知識及判斷能力來衡量不同的治療手段和利害得失，而醫生則因其獨具的專業知識和豐富的臨床經驗而擁有權威的判斷能力來決定何種治療手段才符合病人的最大利益。

這種父愛式醫療模式延續了漫長的時間。隨著病人權利意識崛起，患者要求對自己的身體、未來的人生、追求的價值享有最終決定權，而父愛主義因爲對病人自主決定權的干預開始受到普遍質疑和批判。自主原則以及以此爲基礎的知情同意原則成爲生命倫理學最重要的原則之一，甚至超越了其它原則而成爲唯一的顯性原則。病人自主權利的高揚，意味著醫生權力的減弱，醫生從此失去了可以不顧病人意願而代替病人全權決定的地位。

（一）病人權利運動的勃興

病人權利（patient's rights）即指病人在醫療中應享有的在法律上認可在倫理上得到辯護的要求或利益。最早的病人權利運動開始於法國大革命時期。當時醫療服務簡陋，每張病床要睡少則 2 人，多則達 8 人，引起病人極大不滿。在病人和公眾的強烈要求下，1793 年法國革命國民大會規定，一張病床只能睡一個病人，兩張病床之間的距離應至少有 90 釐米。從此不少西方國家開始重視病人權利的研究與實踐。〔註 1〕1946 年的紐倫堡審判之後，知情同意原則被廣泛接受，使得病人自主成爲醫學倫理的核心，也是病人權利中的首要權利。1972 年，美國醫院協會採納了《病人權利法案》（Patient's Bill of Rights），其前提是：「當醫療在一個組織機構中提供時，傳統的醫患關係呈現新的方面……機構本身對病人負有責任。」該《法案》規定的病人權益包括：病人有權得到考慮周到的、尊重人的醫療護理；病人有權從他的醫生處得到有關他的診斷、治療和預後的完全而最新的信息；病人有權從他的醫生處接受在任何措施或治療開始前提供知情同意所需的信息；病人有權在法律的限度內拒絕治療，並擁有被告知他的拒絕行動對他的健康帶來的後果的權利；

〔註 1〕 施衛星，柯雪琴，生物醫學倫理學〔M〕，杭州：浙江教育出版社，1998 年，第 113 頁。

病人有權不受任何人的干擾考慮有關他自己的醫療計劃；病人有權期望醫院在他能力範圍之內必須對病人有關提供服務的要求作出合理的反應；病人有權獲得他的醫院與同他的醫護有關的醫學教育機構關係的信息；病人有權拒絕參加影響他醫療護理的人體實驗研究計劃；病人有權期望醫療護理的合理連續性；病人有權檢查他的住院費用，並得到解釋；病人有權知道醫院哪些規章制度適用於他作爲病人的行動；此外還有一些鼓勵醫務人員與病人在醫院中建立親密關係的條款。1975 年 12 月，歐洲議會理事會將一個有關保證病人權利的建議草案提交給它的 16 個會員國，其中列出的病人基本權利的內容與《法案》基本相似，到了 21 世紀，病人權利問題在各國已越來越受到重視，我國情況也是如此。我國憲法明確規定：「中華人民共和國公民在年老、疾病或喪失勞動力的情況下，有從國家和社會獲得物質幫助的權利。國家發展爲公民享受這些權利所需的社會保險、社會救濟和醫療衛生事業。」民法規定了公民的生命健康權、公民人格尊嚴受法律保護等等，其它衛生部門規章也規定了公民作爲病人的各種權利。其根本點在於保障公民健康權，使患有疾病的公民早日恢復健康。

邱仁宗教授在《病人的權利》中把病人權利概括爲病人醫療權、病人自主權、知情同意權、病人隱私權、病人保密權五個方面。我們將病人權利作如下概括：1、病人享有必要的和相應的醫療與護理的權利，這是病人權利最基本的方面，已經從法律上得到保障；2、病人有參與醫療和對疾病認知的權利，這是病人權利最爲實質的內容之一。這是病人自主權實施的前提，醫生應將有關信息告知病人；3、病人享有醫療自主和知情同意的權利，這是尊重病人的體現，現在知情同意問題是生命倫理領域最受關注的問題之一。也是父愛主義最爲人所詬病之處；4、病人享有保守個人秘密的權利，出於疾病治療的需要，醫生有可能瞭解病人的隱私，這是醫生的權利，但醫生無權泄露。病人有權要求醫生對隱私保密，這對於建立相互尊重、相互信任的醫患關係是十分重要的。除非保密會爲他人和社會帶來的危害大於病人的損失，才可以放棄這一權利（重金要挾醫生開毒藥方，仍然保密，婦女保密）5、病人享有拒絕試驗和治療的權利，6、病人有監督自己醫療權利實現的權利，這是病人權利的基本內容，在實踐中，權利的實現會遇到多種衝突，如病人自主權和醫療權的衝突等，解決辦法是堅持病人利益第一原則，具體問題具體分析。

總體而言，病人權利是生物醫學發展到 20 世紀商品化社會下的產物，是

生物醫學倫理學中所涉及的醫患關係的最核心的問題。病人權利的許多方面有賴於醫生道德義務和病人義務來實現。病人權利不僅是一個法律概念，還是一個倫理概念。病人權利的法律方面是指法律中已經規定的權利，倫理方面是指在道德上可以得到辯護的要求，是病人應該享有的權利；道德權利可以再法律中體現，如知情同意權，也可能在法律上沒有規定，如病人有受尊重的權利；道德權利不一定能得到法律保障，因此要靠醫生的職業道德義務來保障，如合理檢查，不濫用藥物等；還有一些法律權利可能是不符合現時代的倫理道德的，如禁止人工流產，禁止器官移植等；法律權利可以通過立法來完善、修改、變更，道德權利則依靠人的道德義務，道德良心維持。公眾和病人對自身的健康日益重視，人們權利意識、參與意識增強，醫患之間醫學知識差距逐漸縮小，醫患關係淡漠，醫源性疾病增多，侵犯病人權利造成的病人身心傷害案例增多。這與病人權利意識覺醒，醫療知識增加等有關。在傳統醫患關係中，即使有這方面問題，也很少有糾紛等出現。今天醫院工作的合理目的與病人合理要求之間的利益矛盾，維護病人權利的問題必然出現。

（二）父愛主義的式微

在傳統經驗醫學時代，有一種神話醫學和醫生的傾向，從而使醫生權力過大。正如一位法律學者所說：「醫生所掌控的事情，其本質既是個人化的，在專業技術上也很深奧，這就在醫生與患者之間造成了一種不平衡……一旦捲入醫患關係，醫生在專業技術上的優勢會使他或她對患者享有巨大的權力。」〔註2〕隨著民主社會確立，醫患之間關係也發生變化，主要表現在病人權利地位的上昇。體現在兩方面：一是理性上尊重病人，愛護、關心病人的傳統得到重新確認。科學的力量使得醫生確立了在人們心目中的地位，但是如何使用科學，卻是醫學中的倫理難題。有位外國醫生曾經說過，醫師現在穿上象徵自然力量神聖的白大衣，往往容易滑向術士的角色。人們在發展醫學科學技術的同時，要理性的認識到醫學倫理的重要性，不要使醫生變成「沒有人性的技術員、知識的傳播者、修配器官的匠人、或者是無知的暴君。」〔註

〔註2〕 Capron, Alexander M..Containing health care cost: ethical and legal implications of changes in the methods of paying physicians〔J〕, Case Western Reserve Law Review, 1986, 36: 708～759, 734.

〔註3〕 施衛星，柯雪琴，生物醫學倫理學〔M〕，杭州：浙江教育出版社，1998年，

3）現實中醫患之間不平衡，將來也不可能完全平等，這就更需要我們重新審視父愛主義的醫患傳統，醫生給予病人真心的關懷與為了病人利益。給予父愛主義以限制。二是病人的地位不斷上昇。經濟的發展帶來了醫療事業的發展與變化，病人成為醫療的消費者，其自主權利得到極大提升，醫生為了爭取更多病人就醫而努力提高醫療技術水平和服務質量，十多年前很常見的專制而自大的醫生現在已經大為減少。尊重病人就是尊重人。人類社會發展總體趨勢是越來越尊重人，這一點在醫療中的體現就是病人地位和自主權利得到確認。這是很有積極意義的。傳統醫患關係在很大程度上靠醫生內心信念，即孟子所說良善之心來維持，醫生在病人心目中是「活神仙」「活菩薩」，善人。但是病人自主權利卻被忽視。儘管醫生是以仁愛之心，以父母愛子女般的道德責任感來對待病人。但是從另外一個層面看，愛子女但不尊重孩子個性、自主和尊嚴的家長是不受歡迎的。美國精神病專家克勞肖說：「和往昔一樣，病人仍然需要一個置身於聯繫位置上的保護人和解釋者。在今天，則發現這種保護人和解釋者正是醫生……醫生取代了教士而起著作用，在這一點上，醫生希望成為上帝的化身。那是最邪惡的念頭。」〔註4〕

　　伴隨著病人權利運動興起，病人地位的上昇，醫生說了算的父愛主義醫療模式逐漸式微。當然，也有學者認為，父愛主義倫理觀的衰落還有一些複雜因素，如：第一，由於先進技術在醫學中的大量應用以及醫學越來越專業化，醫學中技術至上思想佔據主流，「見物不見人」，「治病不治人」、醫患關係淡漠等傾向發展，公眾懷疑醫生能不能完全代表病人最佳利益。第二，人體研究和實驗中用病人作不道德試驗的醜聞不斷揭露，使得人們普遍懷疑醫生能否完全代表病人最佳利益。第三，由於市場經濟對醫療衛生領域的衝擊，以及醫療事故案例的曝光，人們懷疑醫院和醫生在經濟利益面前能否真正維護病人利益，或者說將病人利益放在首位。第四。在醫療決策的技術方面，醫生或許能做出最權威的決定，但在個人價值取向上，病人卻往往更具有發言權。如臨終病人是否願意用極大痛苦的手術換取延長很短時間的生命。第五，社會和個人更重視對涉及自身而不對他人造成重大影響的問題自己決定。

　　筆者認為，當代社會，傳統父愛主義的局限性日益暴露是不容辯駁的事

　　　　第102頁。
〔註4〕施衛星，柯雪琴，生物醫學倫理學〔M〕，杭州：浙江教育出版社，1998年，
　　　　第102頁。

實，如對現代人診視的個人權利的忽視。傳統父愛主義對醫生告知、醫療講真話等規範的遵守，根本上來講是基於醫方義務，而不是以維護病人自主為出發點。在這個意義上講，父愛主義確實忽視了患者自我決定的權利，這種弊端不容辯駁，也是父愛主義醫療模式在今天飽受詬病的原因。但是在今天見物不見人，治病不治人的醫療技術至上的實踐中，反而能體現出父愛主義的合理價值所在。首先，父愛主義的醫療模式將人看做整體的人，在治療中不單關心病人疾病，還關注病人心理、習慣飲食等生活方面，是將病人視為自己的孩子的醫療模式，其次，父愛主義並不等同於著醫生不對病人履行告知義務，而是意味著醫生忽視病人自主而代替病人做決定。再次，醫療父愛主義的兩個構成要件之一就是醫生的決策以病人利益為目的，人體研究和實驗中用病人作不道德試驗顯然不是以病人利益為目的，而是將醫學科學研究作為首要目的，這樣的醫療行為根本代表父愛主義的全部內涵。最後，在古代父愛主義傳統中同樣存在經濟利益與病人利益的矛盾，而古代醫家推崇的是將病人利益擺在首位，經濟利益放在其後的重義輕利模式。因此，當代由於經濟利益和病人利益衝突造成的醫患不信任，最主要原因在於醫生職業道德的培育，而並非父愛主義的影響。當然，我們必須承認，父愛主義有其局限性，父愛主義若沒有限制，會發展成超父愛主義，打著為病人利益的幌子踐踏病人自主權利。總體而言，父愛主義在一定範圍，一定情況下仍然適用。但必須限制，使之符合當今醫療實踐。

二、合理父愛主義的提出

希波克拉底誓言中要求醫生用他卓越的知識和技術來為病人謀福利。在這一傳統之下，醫生將病人利益置於自身經濟利益之上。醫生有權按照自己的判斷去為病人謀福利而不管病人自身意願為何。這種父愛主義行醫方式在今天遭到嚴厲批評，認為是對個人自由的侵犯。當然這一批評是有道理的。傳統父愛主義對個人自主的忽視，造成大量倫理問題。但是這一批評也是片面的，沒有充分注意到醫療中醫患關係雙方不對等的差別，醫患關係的複雜性質和滲透在醫學實踐中具體文化因素的力量。在第一章我們已經分析父愛主義的概念，並非所有父愛主義都得不到道德上的辯護。追求個體自由和自我決定具有進步意義，但是父愛主義模式並不必然意味著醫生完全不顧病人意願而有絕對權威作出決定。

　　父愛主義的基石是有利原則，其理論根源是功利主義（utilitarianiam）。這種理論認為，如果行為的好壞取決於行為的結果。如果一個行為有助於帶來合乎需要的或良好的結果，就是道德的。功利主義又分為行為功利主義和準則功利主義。行為功利主義認為，每個人在每時每刻都處於不同的環境和條件之中，所以無法為人們的行為制定什麼規則。因此，只能根據事情發生當時的具體情況，來選擇可能帶來最大好處的行為，如醫療實踐中的講真話問題。對病人講真話這一原則不可能普遍適用，在明知道病人承受能力很差或心理狀態極不穩定的情況下對病人講真話有可能產生不良後果。但是完全否定講真話原則又違背了病人自主權利的要求，因此，醫生應根據不同的情況來判定對病人講真話是否道德，選擇對病人有利的處理方法。這種理論具有很強的靈活性，但是其缺陷在於：首先，行為的結果在行為之前難以得到很正確的判斷，因此無法認定行為是否真的最有利於病人利益；其次，這種理論缺乏規範性，在任何具體問題之下都要具體分析，這使得其運用中很難被人們真正掌握，作為道德準則，它缺乏普遍化的特點。為了克服行為功利主義的缺陷，準則功利主義應運而生。準則功利主義認為人們應當遵守一切能為人們帶來好處的準則。這種觀點克服了行為功利主義的隨意性，制定出人人都應遵守的道德原則，這樣就不用在每一具體行為中都去計算利弊得失，而且規則也較易被人們所掌握運用。但是，其不足之處在於，制定放諸四海而皆準的原則很有困難，如生命倫理四原則常常會有原則打架的情況。其二，容易導致對少數人不利的後果。如為了社會利益以少數人進行風險大的試驗等。

　　根據有利原則，在為患者謀利益的理念支撐下，醫生的行為只要是出於對患者有利的目的，不管患者是否同意，也不管患者是不是相信它真的有用，醫生的父愛式干預都是正確的。這種論證實際上也也揭示了為什麼在傳統醫學中醫生會自己來判斷與決定在徵求患者同意時隱瞞一些信息，不管患者是否可能需要。直到今天，仍然有醫生拒絕將患者患有致命疾病的消息告訴患者，而選擇告知患者家屬，再由家屬決定如何告知患者。關於保護患者不受危害的原因被認為是為父愛式醫療辯護的理由。因為醫生要保護患者，使他們不受傷害，所以有學者將父愛主義醫療行為稱為「保護主義」。這為父愛主義醫療的合理化，提供了道德依據的基本立場，即如果醫生認定他的職責是做他認為對患者有利的事情。即使這種行為是違背患者的自主意志的，這種行為也是合理的。行為的合理性在於行為的結果。

　　但是問題在於，醫生的行爲需要另一個經驗性的假定。也就是醫生必須認爲他們採取的限制患者自主權利而代替患者做決定的方式是對於患者利益的最可靠的方式，也是唯一符合患者最大利益的方式。但是，一般而言，只有自己自身，才是最清楚什麼能使自己的利益最大化的人。這就爲醫生的父愛主義干涉提出了矛盾。因爲根據這種說法，只有患者自身才能判斷什麼對自己有利的和最好的。那麼，醫生來判斷何種行爲能使得患者利益最大化就不是最佳選擇。醫生必須按照患者的意願來行爲，這才是患者利益最大化的實現。

　　因此醫生在對病人的利益和福祉多一份關注的同時，也要爲父愛式的醫療設定一個界限，超越這個界限的「超父愛主義」必須被禁止。今天的醫療父愛主義應該是建立在尊重生命，尊重人的意志自由基礎上，必須防止其淪爲缺乏對人性尊嚴關照的「超父愛主義」，進而對病人的權利造成過度的侵害。完全不顧病人意願強行治療是強父愛主義甚至超父愛主義行爲，應當摒棄，但是合理的父愛主義是可以接受的。應該說，絕對父愛主義與絕對病人自主都是不合理的，良好的醫患合作應該是醫生在合作中扮演積極主動角色，建議並說服病人接受自己的建議。醫生同時考慮病人意見，但是並不意味必須接受它，這是因爲醫生認爲自己的專業判斷更能實現病人最佳利益。在當代醫療之中，父愛主義仍然有其存在的合理性和價值，應作爲在醫療實踐中予以考慮的理念與原則，但其在適用中也要有限度，否則很容易由「善意」墮落爲「惡意」進而發展爲一種「惡行」，從而使得在制度層面異化爲古代家長制的社會規範。如何把握這種善意限制行爲的邊界與強度，避免基於善意的，維護患者權利的限制異化爲踐踏，扼殺患者合法權利的武器，需要某些原則加以約束。醫方只有在某些特殊情況下才有成爲「父親」的資格。這就是合理父愛主義。合理的父愛主義干預必須遵從以下基本原則。

（一）純粹性原則

　　父愛主義醫療干預的問題在於，如何爲干預設置一個門檻？並不是所有的干預都是合理的，根據德沃金的說法，可以予以功利主義式的計算，如果對他人的成本超過了對當事人自己的成本，這種干預就是合理的。〔註5〕但是

〔註5〕 Roger B.Dworkin, Medical Law and Ethics in the Post-Autonomy Age, 68 Ind, L, J，727, 737～38（1993）轉引自郭春鎭，法律父愛主義及其對基本權利的限制〔M〕，北京：法律出版社，2010年，第126頁。

很明顯，這種「對他人損害」的確定以及對於醫療父愛主義干預的確定很難計算出來。往往導致醫生濫用損害原則，將其作爲一切父愛主義干預合理化的正當理由，結果如同約翰·克萊尼（John. Kleinig）所說：「爲無限制的父愛主義打開了門。」可見，損害原則不足以論證干預的合理性。干預必須要以禁止對自己的損害而不是對他人的損害爲基礎，這時候，純粹醫療父愛主義就提供了一種概念性和方法性的基礎。

純粹的父愛主義，是指醫生的干預行爲，僅僅對患者本人有利，而不對他人有利或造成惠及他人乃至整個社會的效果。純粹父愛主義是與非純粹父愛主義相對的。儘管父愛主義干預的直接目的是保護行爲人的利益，但實際卻往往產生惠及其它人乃至整個社會的效果，而不僅僅對行爲人本人有利。這就是非純粹的父愛主義。如果父愛式干預是不純粹的，有可能導致醫生更多的考慮其它效應而忽視了患者利益，使得父愛式干預演變成爲了其它利益而實際犧牲患者權利的情況。純粹性原則是合理父愛主義所接受的最高準則，例如醫生如果對病人健康承擔了首要義務，就可以判斷醫生是道德的，那麼即使他的某些行爲，包括對患者的父愛式干預，我們認爲道德上無法接受的，也常說醫生是道德的。但是這實際上使得這種唯一的至高無上的條件如果要既是必須，又是足夠變得十分困難，即不可能是充要條件。這也是目前知情同意原則適用遭到困境的主要原因。因爲並非任何壓倒一切的行爲準則都可以看做是道德的，另外一些條件顯示出不可或缺性。首先是普遍性。這一條件要求對所有的相關和同類案例以相同方式處理，同時還要考慮同他人幸福相關的程度。在生物醫學領域，大多數明確的利益原則和規範均在某種程度上涉及人類幸福。雖然並非所有病人的生命幸福都應該受到同樣的重視，但是至少不能危害到他人利益，因此就有必要性原則和合理性原則。

（二）必要性原則

首先我們必須敦請，在父愛主義醫療模式中，保護患者最大利益與對患者自主予以限制之間存在目的與手段的關係。而這兩者的關係勢必予以調和，否則易陷入爲達目的不擇手段的誤區，導致對患者權利不是限制而是剝奪。

芬伯格指出，父愛主義絕不是一個在任何場合都可以被證成的理論和原則，它只有在特殊情況下才能被正當化。在很多醫療行爲中，如果採取一種粗暴的、直接的父愛式干預，將患者完全作爲醫療行爲的客體對待，則有可能導致醫療專制，使得患者完全喪失基本權利，這就是「超父愛主義」。在現

代醫療中，醫學在關注處於相對不利地位的患者的利益的同時，也要爲醫療父愛主義設定一個界限，超越這個界限的「超醫療父愛主義」必須被禁止，從而違反「以病人利益爲目的」的父愛主義存在的根本理由。當代醫療父愛主義，是在尊重病人自主權利基礎上，爲了病人自身利益而對其進行溫和限制的理論主張。它在基於關愛病人而限制病人自主的同時，必須有一個限度。

必要性原則是一種基於功利主義的利益均衡原理來衡量的方式。即在討論涉及醫生對病人權利的干涉之時，有無存在一個相當的必要性的問題。芬伯格認爲，只有在風險是「如此不合理」的情況下，醫生對患者出於自主的行爲的直接醫療干預才被證明是正當的。〔註6〕必要性原則中的某些思想最早源於雅典的立法者梭倫。他以「別太過分了」作爲對限度與過度的表述，將正義作爲目的，將限度作爲界線。亞里士多德也從內容結構上闡述了類似思想，認爲「成比例就是符合中道，公平就是比例相稱」。它所顯示的是涉及平等，或者不平等主體之間的平衡與合理性的斟酌。有學者指出：「正義思想在功能與內涵上已覆蓋了比例原則所顯示的內涵，即通過調節目的與手段的關係防止超限度地破壞利益與價值均衡。」〔註7〕實際上，必要性原則指的是醫生所採取的限制病人自主權利的手段帶來的「弊」，不得超過其爲病人所帶來的「利」。可見，必要性原則注重於行爲目的本身的考慮，通過對手段的負面作用大小的判斷，來衡量其可行性。

根據這一原則，醫生的父愛式干預特權只有在必要時才可以實行。同時醫生對患者自主權利的限制，應當盡量減小到最低限度。即在達成維護患者最大利益的諸種醫療手段中，如果必須涉及對病人的自主要進行父愛式干預，非此將嚴重影響到病人健康甚至生命安全，那麼應選擇對患者利益侵害最小的方式。同時，醫生必須保證這種方式是不可替代的。此外醫生所採取的父愛式醫療干預必須能實現醫療目的，或者至少能有助於目的的達成。當然，這只不過是一個抽象的概念，而並非精確無誤的法則，在醫療實踐中，仍需根據具體個案來決定。

（三）合理性原則

〔註6〕〔美〕芬伯格，自由、權利和社會正義〔M〕，王守昌，戴栩譯，貴陽：貴州人民出版社，1998年，第65～73頁。

〔註7〕范劍虹，歐盟與德國的比例原則──內涵、淵源、適用於在中國的借鑒〔J〕，浙江大學學報（人文社會科學版），2000年，第5期。

合理性原則實際上包含兩層意思，一是「禁止過度」，二是「避免不足」。所謂避免不足的意思就是，在醫療中，基於患者權利不可侵犯，醫生不得違反患者基於自主做出的醫療決定，這要求醫生在某些治療中不作為。如病人拒絕某種治療方案、拒絕藥物等等，醫生都必須尊重患者意見。但是，基於醫生有保護患者利益的義務，在患者明顯處於生命安全受到危害或其它緊急情況下，又要求醫生積極作為，保護患者權利。那麼，醫生在特殊情況下要積極實現保護義務，忽視或者限制患者的自主決定，對患者執行父愛式醫療干預。這時就受到「避免不足」原則的權衡。而「禁止過度」是指醫生在限制患者權利時，必須在經過正當性檢驗和利益衡量後才能進行，嚴格禁止不必要的、多餘的、過分的醫療干預。〔註 8〕不足與過度的衡量取決於醫生採取的限制病人自主的手段與保護患者的目的之間的關係與合法利益目標的實現。

當然，由於對「合理」的解釋每個人各有不同，因此，合理性原則是一個主觀標準，即通過對不合理的界定來說明何為合理。一是不正當的目的。不正當的目的涉及父愛式醫療干預的純粹性原則，也就是說，醫生目的不是為了患者利益，或不僅僅是為了患者利益。如果醫生的目的不是為了患者利益，則不能稱其為父愛式醫療干預，不能從倫理的角度視為父愛主義而進行道德合理性辯護。如果醫生的目的不僅僅是為了患者利益，還有諸如經濟利益、社會利益等考慮，也不能視為合理干預。二是忽視相關因素，比如考慮了不需考慮的因素或對應當考慮的因素不予考慮。三是不遵守自己的先例和諾言，即對於情況相同的病例沒有做出相同處理，或變更處理不事先說明理由。四是顯失公平的嚴屬限制，即明顯超出醫療目的的對患者權利的限制。五是不合理的遲延，即不在規定期間做出醫療決定，或者在沒有期限規定時無限制拖延醫療決策的制定。

必要性原則與合理性原則的共同本質是強調手段與目的的合理性，即成本與收益的合效益性。必要性原則主要衡量醫療父愛主義行為的各種成本——對患者權利造成的侵害，與其保護患者利益的醫療目的之間的關係。兩者要求在醫療領域，面對患者自主權和生命健康權存在矛盾、衝突的情況下，醫生運用其專業知識進行價值評判和利益權衡，採用父愛式干預以作出最有利於患者利益最大化的選擇，側重於考察家長式干預時對患者權利消極的不

〔註 8〕 程明修，禁止過度侵害與禁止保護不足〔J〕，臺北：月旦法學教室，2004 年，第 17 期。

侵害程度。這種利益衡量爲家長式醫療的合理性提供了最直接的根據。有利於使得患者權利因受到最小限制而獲得最大保護。合理性原則更注重醫方家長式干預的積極作爲所獲得的積極效益，換言之，合理性原則是一種「能動性」醫療的哲學體現。是對醫生在特殊情況下「能動」救護的肯定。它將醫生的家長式特權視爲整個醫療制度的一部分，其目的是爲患者利益服務。必要性原則強調的是醫方的家長式醫療干預與對患者的自主限制之間的關係。這種干預必須盡可能降低對患者自主的干涉程度。前者是積極標準，後者是消極標準。醫生是患者利益的維護者與實現者，僅僅要求醫生做到最小侵害或「禁止過度」而完全否定醫療父愛主義顯然是不能涵蓋對現代醫生職業道德的評價，只有在此基礎上，肯定醫生的積極主動性，避免不足，醫生才能更好地應用其專業能力履行其職責。

醫療父愛主義對病人自主權利的限制是個十分敏感而微妙的話題。父愛主義的出發點和目的都是爲了病人利益，而忽視病人自主是其目的的實現方式。基於功利主義的計算方式，在某些醫療行爲上堅持自主，會影響到其它人或者社會利益（如蕭志軍案）因此違反了「符合最大多數人最大利益」的功利原則。但是，這種論證尙不足以爲醫療父愛主義存在的合理性作有力辯護。我們必須看到，在醫療行爲中，如果由於病人自主而採取過度不理性的行動可能會對病人自身造成嚴重的傷害，或置自身於過於嚴重甚至可能產生難以挽回的結果的危險中，那麼醫生仍以尊重自主爲理由袖手旁觀，以未獲得知情同意爲辯詞任病人自生自滅而不採取強制救護措施，才是眞正的對病人自主權利的忽視。將使患方嚴重懷疑醫方不作爲的合理性與合德性。如果在這種情況下，能在醫生職權之下施以醫療父愛主義的干預，達到保護病人最大利益的目的，將更能有利於醫患關係的改善與和諧發展，促進醫患信任。

社會自身的發展和醫療技術的進步，使得醫生的責任空前加重。面對患者，醫生不能僅僅有爲患者謀利的「善意」，還要有「善行」。除了充分尊重患者權利外，還有在患者由於認識能力欠缺、信息不對稱，自身弱勢地位等缺乏與醫生相對平等「討價還價」能力而被迫放棄重要利益時主動出手干預。但是這種干預本身是雙刃劍。它有可能被濫用，藉口爲患者利益而過分限制患者自主自由或是其它權利，將源於善意的父愛主義干預異化爲家長專制，將本應作爲目的的人異化爲客體與物，有必要對其進行限制。首先，目的必須適當（不能爲利益所俘獲）。其次，要符合必要性要求（最小侵害），再次，

面對當代社會錯綜複雜的利益衝突，要在不同層次的利益之間進行衡量和取捨，在實質上有效地使得醫方履行職責，充分擔當起既愛護孩子又嚴厲限制孩子不自我傷害的合格家長角色。

第二節　醫療父愛主義的當代價值

研究傳統是為了更好的為今天醫患關係問題的現實服務。因此，對父愛主義傳統的關注，要以深刻的當代問題意識為前提。不能通篇局限於對傳統的一種描述性敘述，而要在此基礎上闡發其現代價值。醫療父愛主義不是為了限制病人權利，而是要更好的維護病人權利。醫療自由主義將每位病人看做有理性的、自主自由的個體，認為任何病人都能經過深思熟慮，基於自己「理性」決定醫療決策的合理性，因而對病人的決定要給予尊重。這種觀念必須轉變。我們要看到患者在患病後身心處於不利地位，往往難以真正發揮其理性自主能力，或者不具備理性自主能力，從而積極保護患方的各種權利。這就是醫療父愛主義的合理因素。

一、保護患者：從規避風險到以生命為本

任何制度都不是完美的，知情同意原則也一樣。這一原則建立的初衷是為了尊重病人的權利，但它逐漸異化為醫生的避風港和護身符，醫生常常比病人更傾向於知情同意規則，更熱衷於「簽字」規則。有時，為了「充分」尊重病人的自主權，醫生任由病人做決定，甚至任由病人做出不符合自己利益的決定，使醫療自由主義淪為「不顧病人利益任由病人決定」的極端醫療自由主義。醫學不是一門純技術，而是技術與人文的結合，無論在什麼情況下，醫生見死不救都是有悖醫學宗旨的。在生死邊緣，醫生應該做出的是最有利於患者的選擇，而不是最有利於法庭舉證的選擇。

（一）知情同意的實踐困境

知情同意在當代中國醫療實踐中確實遭遇了困境，我們可以回顧 2007 年曾經在全國掀起軒然大波的孕婦李麗雲之死。在李麗雲死亡後不到二十天，以「李麗雲」為題百度一下，不到一秒時間就能搜索到 1,180,000 篇與之相關的文章，閱讀過的更是不計其數，可見該事件的關注度之高。醫院面對李麗雲和其腹中小生命的死亡卻不伸出真正的援助之手，是「無法」還是「不能」？

在震驚和疑惑之後，人們無法停止對該事件的審視和追問。究竟是誰讓兩條生命隕落？事故發生後，堅持只給李麗雲治感冒而不是生孩子的「丈夫」蕭志軍指責醫院「謀殺」，李麗雲父母對蕭志軍責罵追打，並向衛生部發律師函要求醫院承擔責任，醫院自認無過錯。其後北京市衛生局認定醫院無過失，衛生部則回應表示簽字制度不意味責任轉移……如此狀況使得關心此事的廣大人民群眾對於相關人員、機構相應責任、義務、權利的認定處於一種霧裏看花般的混沌狀態。一切似乎都說不清，道不明。2010 年 5 月，這起「丈夫簽字拒絕手術致孕婦死亡」案件作出終審判決，北京第二中級人民法院認定，北京朝陽醫院的醫療行爲與患者的死亡後果沒有因果關係，醫院不構成侵權。悲劇的發生有著深層次的社會原因，包括醫療法規、救助制度等，而從生命倫理角度分析，爭論的焦點，即在知情同意問題的認定。

蕭志軍雖然拒簽，但事後面對記者提問：「你知道自己不簽字會害死妻子嗎？」他的回答雖然依然固執，但頗值得回味：「我就是不簽字，醫院也應該先救命啊！」〔註9〕蕭志軍的話道出了當今知情同意在中國實施的困境。

首先是患者知情同意能力問題。在我國法律中規定的知情同意條款，它以當事人之間關係的非對稱性爲前提，爲確保患者獲得充分信息的權利，在醫療實踐中能自主決定而設立。其目的在於保證患者知情同意權以及自我決定權，並通過向醫方規定告知義務來實現。但是在疾病困擾之下，即使是法律上有自主能力的患者也往往表現得比較衝動、情緒化或優柔寡斷。正如奧尼爾所說，身處疾病狀態下的人，「與一名自主的道德行動者的相距甚遠。在臨床和研究的許多情形中，受試者或病人無法獨自作出決定。」〔註10〕這一方面因爲疾病本身造成生理和心理兩方面的巨大痛苦，加之身處陌生的環境無所適從，使病人失去正常的判斷能力；另一方面由於醫學具有極強的專業性和技術性，病人對相關的知識缺乏瞭解，即使醫生充分履行告知義務，也由於信息量太大太專業而病人無法眞正清楚明白，使得病人茫然不知所措，導致在作決定時常會犯錯誤，甚至違背其本意。這種情況下做出的決定顯然不能稱爲理性的決定，而患者更是無法對此決定的後果負責。如果醫生以尊

〔註 9〕 呂衛紅.記者記錄「拒簽」事件前後：如果世上有「後悔藥」〔J〕，檢察日報，2007 年 11 月 28 日。

〔註 10〕 O'Neill.Onora, Some limits of informed consent〔J〕, Med, Ethics, 2003, 29: 4～7.

重患者自主爲目的，打著法律規定「未獲得知情同意」的旗號而不進行治療，將使得本來以保護病人權利爲目的的知情同意原則，異化爲醫生在醫療中不作爲免責的工具。

其次是信息告知問題。對知情同意的片面強調，導致醫生會盡一切可能告知病人所有的信息，而不考慮病人的承受能力，認爲只要自己把一切都告知了，就是履行了義務，即使引起什麼不良後果，也不必承擔責任。因此在醫生看來，言簡意賅，易於理解的知情同意書，有可能沒有包括所具有的內容，這樣使得信息不能全面傳達到病人。由此帶來的結果是，知情同意書變得越來越長，內容越來越多。所有的可預見的風險和預後都羅列其上。甚至爲了防止不可預見的風險出現，還單列「其它」，以避免由此帶來的訴訟和醫療糾紛。有的知情同意書甚至長達幾十頁。這樣的知情同意沒有眞正給患者方提供全面、眞實的信息。而是告知過程簡單化，告知內容形式化。這樣在實踐中造成兩種情況：一是病人由於沒有閱讀或沒理解其中的內容而表示同意（在同意書上簽名）；二是病人不願意面對繁瑣、冗長的知情同意文件而拒不簽字。在第一種情況下，病人的簽字根本不能稱爲知情同意；第二種情況就有可能導致醫生面對患者生命危險還以病人不簽字爲由不作爲，導致類似李麗雲的悲劇再度上演。因此，在信息的告知問題上，要把握適度，否則不能確保病人或受試者的自主性。

第三，知情同意是只適用於患者本人，還是同樣適用其家屬？一般意義上的知情同意就是「你告知，我同意」。〔註11〕它表示有理性的醫生告知一個具有理性能力的病人有關信息，然後由病人根據自己的自主給出同意。但是，在當代中國醫療實踐中，以知情同意爲主要表現形式的醫療自由主義模式遭到了前所未有的挑戰。在李麗雲案中，孕婦堅持要問「丈夫」蕭志軍的意見，由丈夫來進行最終決定。這是由於中國傳統具有家族性和群體性的特點。病人個人信息並非是個體行爲，而是與其它與之相關的人如家人、親屬甚至關係密切的朋友共享的。在這種情況下，僅從尊重個人自主性的角度來要求個人作決定已遠遠不夠。因爲個人的決定已關乎家人利益。由此，也就提出了個人的同意是否是唯一的，是否可以由親屬，甚至家庭這一集體同意來代替個體同意的問題。如果家庭同意成立，那是否意味著相對於個人，家庭在道

〔註11〕Jacquelyn AK.Kegley, Challenges to Informed Consent〔J〕, EMBO Report.2004, 9: 832～836.

德上具有優先的地位？抑或與個體的道德地位相同？如果這是成立的，那麼，這是否顛覆了知情同意原有的理論基礎？我國法律中也有諸如「醫師應當如實向患者或者其家屬介紹病情，但應注意避免對患者產生不利後果。醫師進行實驗性臨床醫療，應當經醫院批准並徵得患者本人或者其家屬同意」這樣的規定，如果實踐中貫徹家庭同意而非強調尊重個人自主性，那麼知情同意原則豈不是海市蜃樓、空中樓閣？

第四，由醫療費用導致的責任和信任問題。蕭志軍夫婦是貧窮的。兩人居無定所，因交不起房租而移轉至救助站，靠洗碗每月只有最多 700 元工資，就醫時，身上只有 100 元人民幣，〔註12〕面對高昂的醫療費用，蕭志軍無法承擔，他也不信任醫院對李麗雲的救治措施。同時，蕭志軍害怕簽字後手術失敗要由他來承擔責任。那麼，由於未簽署知情同意書而造成孕婦胎兒死亡到底由誰來承擔責任？院方、醫生還是病人？他們各自承擔的又是何種責任？李麗雲案件引起了國人對生命倫理知情同意的關注與反思，就是因為這個案例使公眾面對了許多原本只是困擾醫生的問題。患者本人的知情同意是唯一決定原則嗎？在決定是否進行醫療干預的時候，家屬的權利是什麼？在沒有知情同意的情況下，醫生是否應該進行延續病人生命所需的醫療措施？醫生的作為與不作為在道德上有什麼區別？在做這樣的決定時，醫院、醫生和病人家屬各自所扮演的角色是什麼？醫生是否應該保護病人，免受其家屬的「過度保護」？基於患者利益考慮而採取醫療父愛主義干預限制患者自主權，在這種情況下能否適用？如何從根源上杜絕這種知情同意誤用導致的悲劇？這些，都使得我們有必要重新審視知情同意原則的局限性，與父愛主義的合理性。要實踐中能夠保障每個患者享有正常的醫療服務，同時又能得到充分尊重。

孕婦死亡背後隱藏的醫療資源分配，社會救助制度弊端等問題，悲劇固然可以說是時代諸種矛盾和不完善社會制度的產物，這些或許可以通過法律層面解決，但是體現在醫患之間的極度不信任，醫生面對有生命危險的病人而逃避責任，違背救死扶傷的醫家宗旨，更是導致悲劇發生的直接原因。這也是當前惡劣的醫患關係在雙方交互作用之後的惡果。當前不透明的、高額醫療服務收費、醫患雙方的嚴重信息不對稱使得醫患關係處於一種可以稱為不信任乃至具有一定敵意的狀態。央視《東方時空》欄目 12 月 8 日在《時空

〔註12〕王驀，孕婦李麗雲的最後人生〔J〕，南方周末.2007 年，12 月 6 日.

調查》板塊中播出節目《天價醫藥費不是個案》，顯示新浪網調查結果：有 69
％的人因害怕影響醫院對病人的治療而不敢向醫院索取收費清單。有學者指
出：「患者不敢進醫院，更不敢信醫院，並非捕風捉影之談。」〔註13〕

　　於是，一些人利用了這種雙方互相不信任，互相保持警惕的「陌生人」
心態，「醫鬧」應運而生，甚至在某些地區成爲了一種無需投資但見效極快，
收益極高的「職業」。「醫鬧」團體與患者家屬互相利用，或是在醫院門口聚
眾靜坐，或是在醫院拉起橫幅要求賠償，嚴重者甚至將死者或傷者擡到醫院
門診大廳擾亂就診秩序。當事人獲得賠償後再進行分紅，甚至衛生部都官方
表示要打擊「醫鬧」。這種絕無僅有的「中國現象」，是醫療行爲各方利益矛
盾衝突的體現。

　　知情同意的理論基石是自主原則。這種處於支配地位的西方生命倫理主
流觀點強調個人自由至上。將人看做原子式的個體，強調個人應當按照自己
的欲求或嚮往，在完全不受他人干涉、操縱等的情況下來決定自己的事情。
抽象的個人主義者甚至認爲在不受任何歷史、文化和社會制約的狀態下也能
得到個人自身想要的幸福。在生命倫理中表現爲，醫生被教導要幫助病人不
受他人影響來作出醫療抉擇。醫生會詢問病人，是否希望他們之間的談話在
親屬不在場的情況下進行，並對親屬保密。這種思想將自主、自由和自我負
責的個人作爲其標準的理論出發點。

　　相對於忽視個人權利的父愛主義，自主原則以及在此基礎上的知情同意
似乎更能體現對人的生命價值的尊重。但是，這種觀點有一個重大的倫理難
題，其邏輯起點實際上是抽象的個人，但是這種理想化的，原子式的個人實
際上並不存在。人們總是在特定的歷史背景下做出選擇，他們的選擇勢必受
到具體的意識形態、權力結構和道德理解的深刻制約。正如恩格斯指出：「一
切以往的道德論歸根到底都是當時的社會經濟狀況的產物。」〔註14〕對於任
何一種道德現象和倫理學思想，我們在研究其包括哲學根據在內的理論基礎
的同時，也應當同時對其賴以產生的社會存在作一分析和探究。一切以往的
倫理學思想，無論是中國的還是外國的、東方的還是西方的、古代的還是現
代的，它們都是特定時代人們特定歷史活動的產物。馬克思主義告訴我們，

〔註13〕 季衛東，異化的「患者同意權」〔J〕，財經，2007 年，第 12 期。
〔註14〕 〔德〕恩格斯，反杜林論，馬克思恩格斯選集，第三卷〔M〕，北京：人民出
　　　　版社，1995 年，第 435 頁。

要做到具體問題具體分析，特別是要深入瞭解一定時代、一定國家的社會經濟狀況。如此，方能透過紛繁複雜的道德現象和倫理學概念，更加全面、深刻瞭解和把握特定倫理學思想體系的理論實質、時代特徵和現實意義。生命倫理學的研究不是要提供一種理論體系，而是要解決醫療實踐中遇到的問題。如果基於個人自由的知情同意原則在實際中遭遇問題，我們何不重新審視到底什麼做法更符合中國的實際？這並非知情同意原則本身的錯誤，而是在適用中不符合中國的傳統與現實。因此我們不能生搬硬套，而應當加以改造。

1914 年，美國 Cardozo 法官就認為：每一個成年的、有健全心智的人都有權決定將對自己的身體所作的事；一位實施手術而沒有得到病人同意的醫生犯有人身侵害過失，因為他可能造成傷害。除非在某種緊急情況下、病人處於無意識狀態、而手術又是必需的、無法等待獲得同意，否則，必須首先得到病人的同意。〔註 15〕可見，即使是強調個人自由的語境下，仍肯定特定情況的例外，即在某種緊急情況下、病人處於無意識狀態、而手術又是必需的、無法等待獲得同意，在這種情況下，為了挽救病人生命，醫生只能在無法取得病人同意情況下進行醫療，這就是合理家長主義的一種典型形式。在西方生命倫理觀念的衝擊下，中國傳統醫學中醫生基於病人利益，代替病人做決定的父愛主義醫療行為受到衝擊，但是，我們必須正視當前知情同意原則遭遇的困境。任何制度都不是完美的，知情同意原則也一樣。這一傳統建立的初衷是為了尊重病人的權利，但它逐漸異化為醫生的避風港和護身符，醫生常常比病人更傾向於知情同意規則，更熱衷於「簽字」規則。有時，為了「充分」尊重病人的自主權，醫生任由病人做決定，甚至任由病人做出不符合自己利益的決定，使醫療自由主義淪為「不顧病人利益任由病人決定」的極端醫療自由主義。另外，知情同意書常常是格式化的，這種知情同意書與其說是保護病人的自主權，不如說是以矛盾的方式既限制了病人的權利，又忽視了病人的利益，使醫療自由主義蛻變為「不顧病人利益又限制病人權利」的偽醫療自由主義。醫患決策模式從父愛主義傳統轉向醫療自由主義傳統，並沒有實現尊重病人自主的承諾，反而導致不顧病人利益的嚴重後果。

因此，在原則與生命之間，我們必須堅守一條底線：生命尊嚴高於一切。

〔註15〕范瑞平，當代儒家生命倫理學〔M〕，北京：北京大學出版社，2011 年，第59 頁。

知情同意原則的價值應當指向生命為本的理念而不是用在規避風險上。不能以犧牲患者生命為代價。在知情同意與患者生命安全發生衝突時，醫生應當進行父愛主義醫療干預，代患者作出最優選擇，而不是被知情同意原則縛住手腳。人的尊嚴不能匍匐在原則之下。尊重生命，是醫者第一道德，醫學不是一門純技術，而是技術與人文的結合，無論在什麼情況下，醫生見死不救都是有悖醫學宗旨的。在生死邊緣，醫生應該做出的是最有利於患者的選擇，而不是最有利於法庭舉證的選擇。以避免如李麗雲案的悲劇再次發生。

（二）為醫生干涉權提供道德支撐

所謂醫生干涉權，是在醫學倫理原則指導下，醫生為病人利益或為了他人和社會利益對病人自主（包括病人意願、行為、決定）進行干預和限制，並由醫生做出決定的醫療中的倫理行為。一般而言，醫生在醫療中應服從病人權利的基本要求，但是干涉權正好相反，是在特定情況下，以限制病人自主為手段達到完成醫生對病人盡義務，維護病人生命健康安全的目的。

父愛主義在醫學中的應用有其根據和理由。首先，醫生與病人在醫學知識和技能擁有上存在很大差距，這種狀況隨著生物醫學的興起更進一步擴大。醫學行為是一種專業性很強的行為，患者在通常情況下在有關疾病和治療方面的知識處於劣勢，除非他自己碰巧也是有關這一疾病的專家，否則，他沒有能力對醫療行為做出獨立的判斷和抉擇，只能在醫護人員或者相關專家的幫助下才能正確地行使自己的權利。在這方面，醫方有著不可置疑的優勢。

實際上，社會生活中沒有一個領域能像醫學實踐這樣充分地體現這種不對稱的弱勢，這樣也就更加說明了父愛主義在醫患關係中獨特的重要性與必要性。正如安奈特·貝爾（Annette Baier）所說：「最易傷害某種事物的就是它的創造物或看護兼照護者。由於我們最為珍視的事物往往包括我們無法獨立創造或維護的東西（生命、健康、名譽、後代以及他們的幸福，……）我們不得不讓他人插手，從而給予他們以傷害這些事物的可能……」〔註16〕這種特殊的迫切性、密切性、不可避免性、不可預見性和強烈的患者弱勢，使得父愛主義有了存在的現實基礎。病人不懂醫學，無法像醫生那樣知道如何診斷、治療疾病並作出預測。加上病人患病後精神緊張，情緒不穩，身心處

〔註16〕Annette Baier, Trust and antitrust〔J〕, Ethics, 1986, 96: 231, 260.

於不利地位，這些都影響病人決策能力而使之不能做出合乎理性的決定。爲了病人利益，醫生應當作出決定，醫生也能夠成爲病人醫療決策者。尤其在急診中，父愛主義是完全合理而且十分必要的。具體來說，醫患關係中患者的弱勢一方面表現在與醫方的不對等地位，另一方面則體現爲對醫方的期待與依賴。在醫患交往中作爲受過專業訓練的醫生在知識技能、信息掌控以及談判能力上通常要遠遠優於患者。「儘管 20 世紀中葉以來不斷強調患者權利，但事實上由現代社會的勞動專業化和資源集中造成的醫生在醫患關係中的優勢地位仍未受到動搖」。〔註17〕相對於患者，醫生擁有知識、權力和地位上的優勢，讓醫療服務人員處於支配性的地位，患者的醫療信息要由醫方提供，患者的治療方案由醫方給出，患者實際上在醫方的引導下作出選擇。如果醫生不能以患者利益爲醫療目的，勢必影響患者的康復，對患者健康造成危害。

在現代社會，每一個人基於社會角色的轉換，都可能在不同的時間和空間處於弱者的地位。在抽象意義上人人都是自由而平等的，是自利的、理性的，但是隨著現代社會的發展，人與人之間出現了知識、經濟、社會關係方面的力量差異。我們必須坦率承認，在當代社會，人在各方面的不平等及由此產生的某些人享有強者的更多自由與權利，而某些人不得不面對不自由與無法擁有某些權力。認爲人人都是平等自由的，並以這種抽象的人的概念來把握認識「人」的時代已經過去了。我們應該根據社會地位、經濟地位以及職業差異，把握更加具體的人。在經濟政治地位、社會關係、職業技術與知識上佔據優勢的人應該對相對弱勢的群體加以保護。日本法學家星野英一認爲，「在這個時代，發生了從把人作爲理性的、有意思的、強而智的存在的把握方法，向以弱而愚的存在爲中心去把握的方向的轉換。」〔註18〕日本學者的說法指出了不是一切人均能受到平等的對待的現狀，又肯定了對作爲人的屬人的權利，尤其是相對處於不利地位的人的強調。基於這種考慮，在醫學上，醫生的觀念也要發生轉變。醫療自由主義認爲，每位病人都是有理性的、自主自由的個體，因而要受到理性自主地對待。認爲任何病人都能經過深思熟慮，基於自己「理性」決定醫療決策的合理性，因而對病人的決定要給予尊重。這種觀念必須轉變。我們要看到患者在患病後身心處於不利地位，往

〔註17〕 Tamar FrankeL, Fiduciary law〔J〕, California Law Review, 1983, 71: 836, 801.

〔註18〕〔日〕星野英一，私法中的人〔M〕，王闖譯，北京：中國法制出版社，2004年，第 71～72 頁。

往難以眞正發揮其理性自主能力，或者不具備理性自主能力，從而積極保護患方的各種權利。這就是基於父愛主義的醫生干涉權的合理性所在。

顯然，醫生干涉權包含父愛主義的基本特點：第一，醫生的行爲是爲了病人利益，其出發點是對病人的關愛；第二，有關決定由醫生做出，而不是由病人作決定。現代醫學實踐中，父愛主義的合理性就在於此，通過限制病人權利達到維護病人利益的目的。這與傳統對病人權利的忽視有所不同。這種限制不是單純從醫生主觀願望出發，而是從病人利益出發。主要表現在：1、拒絕治療。病人有權利拒絕治療，但是這種拒絕首先必須是病人理智的決定，同時必須得到醫生認可。倘若拒絕治療會給病人帶來嚴重後果或不可挽回的損失，醫生可以否定病人這一要求，醫生應耐心勸說，陳述利害、勸其接受治療，必要時徵得家屬同意後，在不考慮病人意見情況下進行預定治療，但絕不能在不做任何解釋的情況下採取強迫手段，否則就成爲超父愛主義。2、講眞話。病人有對疾病認知的權利，希望瞭解自身疾病性質、嚴重程度、治療情況及預後等，醫生一般應盡說明義務，但是，如果病人瞭解自己的疾病的診斷及預後可能會影響治療過程或效果，甚至對病人造成不良後果，醫生不得不隱瞞病情眞相，而不考慮病人對疾病特定認知的要求是必須的和正當的。3、保密。病人有權要求醫生爲其保守秘密，但當病人這一權利對他人或社會可能產生危害時，醫生干涉權可以超越病人的這種權利要求。如病人患有特定傳染病、有自殺意念等情況，儘管病人要求爲其保密，醫生還是應根據具體情況，通知有關部門和人員。4、行爲控制。精神病人或因外界刺激導致一時行爲失常，意識不清，喪失自知力，爲了避免對己，對他人和社會可能的傷害，醫生有權採取合理有效暫時的措施控制病人行爲。

父愛主義認爲，病人在患病時是無知的，恐懼的，需要人幫助的孩子，這種幫助不僅是在技術上憑藉專業知識進行治療，還有在心理上抱著關愛之心加以照顧，也就是治療疾病與解除痛苦。但是在現代醫療中，即使是保護患者，也不像在傳統社會那樣，完全忽視病人自主。這種保護不是基於身份而確定其是否具有相應的權利和義務。因爲在傳統等級森嚴的封建社會，人的身份地位相對絕對化，難以改變，其權利義務也是恒常的。而在現代社會，每個人的身份由於其社會角色的不斷變化而變化，享有的權利與承擔的義務也不同，由身份到契約的運動，使人從絕對的權利義務關係中解放出來，獲得了在法律上的人人平等的權利，這是隨著社會發展不可逆轉的結果。但是

這種抽象的平等掩蓋不了現代社會實質上的人與人不平等，今天再度重拾父愛主義的醫療傳統，並非要回歸到過去那種家長專制的時代，而是在肯定人格上人人平等的前提下進行。

我們不能只重視對人的自由、特別是平等的極度追求。正如有學者指出，「古典政治哲學家認為，自由不是不要限制，無論什麼事情都可以做的自由是無用的或有害的，因為每個人行使這種自由時總是與其它人的自由相衝突，如果沒有限制的話，就會出現這樣的一種狀況；所有人都可以無限制地干預別人。這種『自然的』自由或者導致社會混亂，使人們最低限度的要求無法得到滿足，或者導致弱者的自由被強者壓制或剝奪。」〔註 19〕任何權利都是有一定界限的，不受限制的權利是不存在的，即使是最基本和最重要的權利——生命權，都受到限制。對人的自由予以高揚的康德就反對人有自殺的權利。父愛主義本身並不是一個獨立的限制權利的原則，它可以理解為一種醫療理念（idea），是出於對於醫療行為中的「人」自身的關注進而從為了患者的利益來限制其自由的醫生的「善意」行為。處於相對不利地位的人是社會關注的重點。對於把患者當成弱者而予以家長式保護的醫療干預行為，應辯證的看待，而不能一味加以否定。

二、重塑醫德：一切為了病人最佳利益

職業道德根源於社會分工，受經濟、政治和社會倫理文化的制約。人們相對固定地從事某一職業，就需要遵守相應的職業道德準則，以圓滿完成自己的職責，與其他社會成員交換勞動，獲得生存、享受的條件。據《周禮》載，管理眾醫之醫師年終要對醫生治癒率進行考覈，功分五等，以定月俸，「功適中者守本祿，功高者益之，功下者損之，欲勉勵醫者。」〔註 20〕記載了醫生的全面考覈制度。「歲終則稽其醫事，以制其食，十全為上，十失一次之，十失二次之，十失三次之，十失四為下。」毫無疑義，這裡的年終考覈與治療效果直接掛鉤，不僅考覈醫生的技術，還包括思想品德、作風態度等方面。一個德行很差的醫生，不可能獲得「十全為上」的成績。《素問·徵四失論》說得很清楚：「所以不十全者，精神不專，志意不理，外內相失，故時疑殆。」

〔註 19〕 張文顯，二十一世紀西方法哲學思潮研究〔M〕，北京：法律出版社，1996 年，第 525 頁。
〔註 20〕 周禮·天官冢宰。

明確指出，醫療差錯的產生，除了技術水平的高低，還決定於醫生的精神和意志。獸醫則按照所治獸類死亡頭數「以進退之」，增加或減少其俸祿。而今天醫生工資中包含了許多其他因素，使得部分醫生沒有將治病救人作爲主要職業道德來履行職責。先秦時期，醫德已經大體產生，兩漢以後逐漸豐富，至明清趨於完善。可見古代醫德評價普遍將治療效果放在首位，這與醫療父愛主義將病人利益放在首位根本相同。因此，我們探討傳統醫療父愛主義模式下對醫生美德的要求，有利於當代醫生美德的重塑，以促使醫生在治療過程中加強責任心和態度，緩解醫患衝突。

（一）不圖名利，不計報酬

在中國古代，患者對醫生信任度很高，醫患之間是利益共同體，因爲雙方的共同目標和責任都是戰勝疾病，恢復健康，靠的是醫生精湛的技術，高尚的醫德和患者的信心與積極配合。直到二十世紀八十年代以前，醫患糾紛鮮有發生。而今天，隨著公立醫院被推向市場，政府鼓勵醫院依靠自我創收維持營運和發展，醫生有了「創收指標，創收越多，獎金越高，大處方、濫檢查等現象隨之泛濫。以往醫患關係中對醫生的信賴以及醫生的敬業精神正在被經濟利益所帶來的誘惑侵蝕。

第一，開大處方：醫生給患者開出超過其實際治療所需的處方，以增加醫生經濟收入。開大處方甚至被認爲是醫生經濟收入的主要來源，因爲中國目前的醫療體制下，醫生不僅爲病人開處方，還根據處方賣藥，以此獲得提成。甚至不僅僅是醫生，而是爲了其所在科室與醫院的收入，從而使得醫院中的每一位，包括醫生和行政人員都從中受益。在現行政策下，醫生的收入由兩部分組成，一是基本工資，由政府固定，二是獎金，由科室和醫院收入來定。在大多數醫院，尤其是大型綜合性醫院，醫生開出大處方藥，直接影響其獎金高低，甚至醫生收入大約一半以上，來自其處方藥物。這種情況被稱爲「以藥養醫。」這種現象還涉及到回扣等腐敗現象。加之目前我國居民醫療自費比例較高，醫生過度治療，相當於直接剝奪患者財富，使得醫患之間由利益共同體變成「經濟對立」的關係，過去醫生開藥是「如臨深淵，如履薄冰」生怕耽誤患者治療，給患者造成不必要負擔，而今天「只選貴的，不選對的」成爲很多醫生處方的基本信條，患者經常「被高消費」。患者對醫生的不信任逐漸升級。此種情況愈演愈烈，即使醫生出於善意，也常被誤以爲以盈利爲目的，得不到患者信任。

第二、增加昂貴的醫療檢查：和前者一樣，其主要目的是爲了醫生和醫院「創收」。大多數昂貴檢查屬於可有可無，可做可不做的灰色地帶，甚至這樣做有時候完全沒有醫學理由。但醫生的勞動技術價值被嚴重低估，只有多檢查、多消耗、多開藥才能多收益。甚至爆出「廣州某公立醫院開設高級特需病房，最豪華套間價格爲每天 3638 元」〔註21〕的新聞。醫院已經背離了公益性和爲患者服務的宗旨，成爲賺錢的工具。

第三、紅包現象：要想得到高質量的醫療服務，患者需要付給醫生額外的現金。這是爲了能保證得到醫生更好的照顧或者更好的醫生的服務。多數情況下，紅包由患方主動給予，而並非醫生索取，甚至沒有給醫生紅包，患者會「不放心」接受治療。〔註22〕

當然，醫患問題的出現，與醫療保障體制、醫院管理等是分不開的，這些因素都對醫患關係的惡化產生了諸多不良影響，但是，制度性的外在的措施沒有觸及到醫患關係惡化的深層原因。在當代，隨著病人自主決定權獲得了優先地位，醫生的德性大打折扣。越來越多的醫生接受了醫學的契約模式，醫生所要做的，都明確或暗含在法律、規定、規則或契約之中，醫生不需要，甚至避免多做什麼。病人的知情同意甚至不用醫生來說明，而是化爲一紙冗長的知情同意書。這種模式擴大了病人的自主性，但卻忽視了醫生的德性。在商品經濟大潮衝擊下，傳統義利觀受到嚴重挑戰。醫生的職業道德在金錢面前屈服。醫患誠信被物化。它將醫生當作提供服務賺取利潤的商人，剝奪了醫學與仁的本質關聯。醫學不再是仁術。在今天不可阻擋的消費主義面前，醫學和其他東西一樣淪爲商業。我們失去了醫學本身深層的意義：減輕病痛，預防疾病。養生延年固然具有明顯滿足個人欲望和追求科學創新的效果，但除此之外，再也找不到更深刻的意義。2005 年 9 月，中央電視臺聯合新浪網在全國範圍內進行了一項網絡調查（17,638 人參與），「在所有的調查參與者中有近 94%的人認爲醫生的聲望比 10 年前所有下降，究其原因，有 41%的人認爲是醫生過分追求經濟利益所致，40%的調查者認爲是因爲醫生的職業道德水準下滑。」〔註23〕

〔註21〕白劍鋒，中國式醫患關係〔M〕，北京：紅旗出版社，2011 年，第 159 頁。
〔註22〕參見包胜勇，藥費爲什麼這麼高？〔M〕，北京：社會文獻出版社，2007 年；
　　　　王文軍，醫師收取紅包、回扣（提成）的法律責任〔J〕，醫學與哲學，2005
　　　　年，第 12 期，第 52～53 頁等。
〔註23〕http://www.gangcheng.gov.cn/news/showsina.com.asp 敘 url=NewsNews/c/p/2005

　　父愛主義模式下，醫生是仁慈的、權威的，是以患者的生命和健康爲己任的專家，醫生的職業準則是全心全意去追求患者利益的最大化。在這樣的倫理基礎上，由醫生替患者決定診療中的一切問題自然是天經地義的事情。這種「命令——服從」式的醫患關係，認爲一般患者缺乏足夠的知識和判斷能力來衡量不同治療手段的利害得失，而醫生則因其受過專業醫學訓練及具備臨床經驗，使得他們具有比患者更好的分析能力和判斷能力來決定何種治療手段是符合患者的最大利益的。賦予了醫生父權式的診治患者的權利，同時也意味著醫生要以患者的最大利益爲目的替患者做決定，而不管決定本身是否符合患者本人的意願和價值觀。古羅馬醫生蓋倫認爲，作爲醫生，不可能一方面賺錢，一方面從事偉大的藝術——醫學。我國清代醫家費伯雄也明確指出，欲救人而學醫則可，欲牟利而學醫則不可。中國唐代名醫孫思邈在《大醫精誠》中言：「夫爲醫之法，不得多語調笑，談謔喧嘩，道說是非，議論人物，炫耀聲名，訾毀諸醫。自矜己德。」明代龔信在《明醫箴》中指出：「今之明醫，心存仁義……不計其功，不謀其利，不論貧富，藥施一例。」這種醫德宣言確實有著某種意味。因爲它象徵著中國傳統文化中一種古老的自我犧牲精神和對生命的尊重。它也象徵著病人利益高於醫生利益之責任擔當。

　　第一，重義輕利。

　　古代醫家受儒家倫理的影響，對義利關係問題十分重視，其基本思想是重義輕利。子曰：「君子喻於義，小人喻於利。」〔註24〕並不是說君子不能求利，而是說不應該通過不正當手段追求個人利益。孔子強調：「見得思義」〔註25〕，認爲「不義而富且貴，於我如浮雲」〔註26〕。這絕不意味著人們不應該謀求自己的合理利益，他關心的是人們必須通過合適的道德方式去獲得財富和榮譽。「富與貴，是人之所欲也，不以其道，得之不處也；貧與賤，是人之所惡也，不以其道，得知不去也。」〔註27〕醫者崇尚的是那些爲大眾謀利益而不是謀取一己私利的高尚人格。這就是義利關係。爲病人健康是義，爲經濟利益是利。醫者關心的是德性和個人道德品質。雖然強調愈病爲善的效果論，但是更注重培養仁心仁術而不是以牟利爲目標。醫者職業首要的意圖是履行職業道德，助

-09-28/10267887239.shtml〔2007－03－02〕.

〔註24〕論語・季氏。
〔註25〕論語・里仁。
〔註26〕論語・述而。
〔註27〕論語・里仁。

人爲樂，而不是謀取個人利益；這樣可以避免涉入不道德行爲。

很多醫家把治病救人當作自己分內的事情，對錢財看的很淡，認爲「醫人不得恃己所長，專心經略財物，但作救苦之心。」〔註 28〕他們強調用藥要根據患者的經濟狀況，應該用最好的藥，而不是最貴的藥，以避免給貧苦之人造成疾病雖愈但債臺高築的狀況。據唐代李肇的《唐國史補》載：「王彥伯（唐荊州道士）醫名既著，列三四竈煮藥於庭。老幼塞門來請。彥伯指曰：熱者飲此，寒者飲此，風者、氣者各飲此。皆飲之而去。效者各負錢帛來酬，不來者亦不責之。」

古代還有治病救人，分文不取的現象。如唐時的狄仁傑。狄仁傑善於針刺之術。《集異記》曰：「狄梁公性嫻醫藥，尤妙針術。顯慶中，應制入關，路由華州，闤闠之北，稠人廣眾。聚觀如堵。狄梁公引轡遙望，有巨牌大字云：能療此兒，酬絹千疋。即就觀之，有富室兒年可十四五，臥牌下，鼻端生贅，大如拳石，根蒂綴鼻，纏如食筋，或觸之，酸痛刻骨，於是兩眼爲贅所繩，目睛翻白，痛楚危極，頃刻將絕。惻然久之，乃曰：吾能爲也。其父母洎親屬叩顙祈請，即輦千絹實於坐側。公因令扶起，即於腦後下針寸許，仍詢病者曰：針氣已達病處乎？病人頷之。公遽抽針而疣贅應手而落，雙目登時亦如初曾無病痛。其父母親眷，且泣且拜，則以縑物奉焉。公笑曰：吾哀爾命之危逼，吾，蓋急病行志耳。吾非鬻伎者也。不顧而去。」〔註 29〕狄仁傑治好患者後，拒不接受患者父母所贈財物，解釋說，我治病以救人，非以病謀財，而是可憐患者性命危險。

第二，用藥如用刑。

古代醫家認爲，用藥如用刑，因此主張依病而方，不亂開補藥、貴藥。《衛生寶鑒》載「中書左丞相史公，年六旬有七，至元丁卯九月間，因內傷自利數行，覺肢體沉重，不思飲食，嗜臥懶言語，舌不知味，腹中疼痛，頭亦痛而噁心。醫以通聖散大作劑料服之，覆以厚衣，遂大汗出，前證不除而反增劇。易數醫，四月餘不愈。予被召至燕，命予治之。予診視得六脈沈細而微弦，不欲食，食即嘔吐，中氣不調，滯於升降，口舌乾燥，頭目昏眩，肢體倦怠，足胻冷，臥不欲起。丞相素不飲酒，肢體本瘦，又又因內傷自利，又復發汗，是重竭津液，脾胃愈虛，不能滋榮周身百脈，故使然也。非甘辛大

〔註 28〕 〔唐〕孫思邈，備急千金要方·大醫精誠。
〔註 29〕 〔清〕陳夢雷，古今圖書集成·醫部全錄，卷一百五十二。

溫之劑，則不能溫養其氣。經云：脾欲緩，急食甘以緩之。又脾不足者，以甘補之。黃芪、人參之甘，補脾緩中，故以爲君。形不足者，溫之以氣。當歸辛溫和血潤燥，木香辛溫升降滯氣，生薑、益智、草豆蔻仁辛甘大熱，以蕩中寒，理其正氣。白朮、炙甘草、橘皮甘苦溫，乃厚腸胃。麥蘗寬腸胃而和中，神麴辛熱導滯消食而爲佐使也。越三日前證悉去。左右待者曰：前證雖去，九日不大便如何？予曰：丞相年高氣弱，既利且汗，脾胃不足，陽氣虧損，津液不潤也，竟敢以寒涼有毒之劑下之？仲景曰：大發汗後，小便數，大便堅，不可用承氣湯。如此雖內結，宜以蜜煎導之。須臾，去燥屎二十餘塊，遂覺腹中空快，上下氣調，又以前藥服之，喜飲食，但有所傷，則以橘皮枳朮丸消導之。至月餘，其病乃得平復。丞相曰：病既去矣，當服何藥以防其復來？予曰：不然，但慎言語，節飲食，不可服藥。夫用藥如用刑，民有罪則刑之，身有疾則藥之。無罪妄刑，是謂虐民；無病妄藥，反傷正氣。軍志曰：允當則歸服而捨之可也。丞相悅而然之。」〔註30〕醫者治好患者後告誡患者節飲食，慎言語，並說不用服藥，無病妄藥反傷正氣。表現出醫者將患者健康擺在經濟利益之前，不因獲利而多開昂貴補藥。而在今天，面對無法手術的絕症患者，甚至有「人死了，藥還堆積如山，醫生明知是癌症晚期，根本沒有治療價值，仍在拼命開藥，」〔註31〕的做法。已經完全置患者利益於不顧，而將治療目的放在了經濟收入之上，違背了醫者的根本宗旨。廣大患者普遍對醫生開大處方深惡痛絕，渴望醫療眞正爲病人健康而不是醫院經濟利益服務。在 2010 年初，湖北社區醫生王爭豔在退休之際，高票當選「武漢市人民滿意好醫生」，成爲媒體追逐的熱點。她從醫 25 年，始終堅持用最少的錢治好病，平均每張處方不超過 80 元，被稱爲「小處方醫生」。〔註32〕王爭豔成爲新聞人物，反映了廣大患者對醫者職業道德的要求，要求醫者眞正爲患者謀利，這就是義。而不是爲自身或醫院創收之利服務。

（二）不論貧富，一視同仁

2011 年 8 月，媒體報導了兩起令人心寒的事件：湖北武漢一位農民工兩根手指肌腱斷裂，在武漢市第三醫院接受了手術。但因就醫時帶錢不夠，醫患雙方就費用問題發生分歧。一名醫生爲其縫合傷口後，隨即將線拆除。事

〔註30〕〔清〕陳夢雷，古今圖書集成・醫部全錄，卷二百五十一。

〔註31〕白劍鋒，中國式醫患關係〔M〕，北京：紅旗出版社 2011 年，第 197 頁。

〔註32〕白劍鋒，中國式醫患關係〔M〕，北京：紅旗出版社 2011 年，第 140 頁。

後，這名醫生被責令停止執業。河北安國一名受傷的智障流浪女被送到市中醫院，醫生進行簡單包紮後，一名副院長竟然指示：「從哪來的扔哪去！」隨後，工作人員將其拉到荒郊野外，導致流浪女死亡。後來，副院長等 5 人被刑拘。〔註 33〕醫生撕裂的不僅是傷口，還是本已脆弱不堪的醫患信任；醫生拋棄的，不僅是病人，還是白衣天使的道德良知。醫德滑坡至此，違背了救死扶傷的醫學倫理精神，也突破了社會的倫理道德底線，理應受到全社會的譴責。

古代醫家忠於職守，不怕髒怕臭。即使碰上「瘡痍下痢，臭穢不可瞻視」的病人，也要認真負責予以診治，絕不會產生半點厭惡心理，「見彼苦惱，若己有之。」的高尚醫德，值得今天的醫生傚仿。清代著名醫學家王孟英說：「醫以活人為心，視人之病，猶己之病，凡有求治，當不營救焚拯溺，風雨寒暑勿避，遠近晨夜勿拘，貴賤貧富好惡親疏勿問，即其病不可治，亦須竭心力以圖萬一之可生。……不如是，安得謂之醫而以仁術稱？」〔註 34〕作為醫家只有具有活人之心才會體恤病家之苦痛，生一心赴救之念，從而不懼風雨、風險，一視同仁、盡心救治。明代外科醫家陳實功經常給人排膿、除腐、洗瘡、敷藥，從不顧慮什麼臭穢。

元代兒科醫學家曾世榮，醫術專精，「藥餌所施，百不一失。未嘗以病家之貴賤貧富而異其用心。或欲窘乏太甚之家，亦隨力捐資，濟其饘粥，以故全活者眾。」〔註 35〕曾氏給人治病不計報酬，還主動資助貧苦患者，得到人民群眾的愛戴。據《衡州府志》記載，元代大德年間（1306），衡陽曾發生大的火災，「延及兩千餘家」，火迫世榮宅，眼看就要付之一炬了，「忽颲塵中但聞人聲喧呼：此曾世榮宅，並力進水百餘器，煙止風收，而宅與書板俱不得焚。」當然府志中所謂上天神祐不過是神話傳說，表達百姓對醫者崇高品德的景仰，是古代因果報應論的影響。實際上也因曾世榮平時忠心耿耿為群眾治病，心無旁騖，受到人民愛戴，在緊急關頭人們便捨身替他救火。

明代兒科聖手萬全，只要病人有請召，不分寒暑晝夜，遠近親疏，不辭勞苦，聞命即赴。萬全曾經千方百計治好一怨家小兒的危重病症。〔註 36〕據

〔註 33〕 白劍鋒，中國式醫患關係〔M〕，北京：紅旗出版社 2011 年，第 78 頁。
〔註 34〕 〔清〕王孟英，王孟英醫學全書・言醫選評.
〔註 35〕 〔元〕曾世榮，活幼心書・羅宗之序。
〔註 36〕 〔明〕万全，幼科發揮・卷四：肺所生病。

《幼科發揮》載，胡元溪家有四歲小兒患咳嗽吐血，遍延名醫，百治不愈，無可奈何之下，來求萬全。萬全「以活人為心，不記宿怨」，立即親往病家診視。請過確診，他誠懇的告訴病家：「此病可治，吾能愈之，假一月成功」，並當即處方治療。患兒服藥五劑後，「咳減十分之七，口鼻之血止矣。」可胡元溪認為其子之病癒「太遲」，而且對醫者「終有疑心」，不能釋懷。總認為萬全與自家有嫌隙，不一定會用心治療，便決計換請別的醫生，於是「又請萬紹治之。」此時有人勸萬全不顧而去，而從一般意義上講，可以說，若患兒因易醫而造成任何危險，都與萬全無關。萬全若真撒手不管也是情理之中。可是萬全說：「彼只一子，非吾不能治也。吾去彼再不復請也，誤了此兒。非吾殺之，亦吾過也。雖然，且看萬紹用何方，用之有理，吾去之。如又誤，必力阻之；阻之不得，去未遲也。」看過萬紹處方之後，萬全認為藥不對症，怕患兒服了會有危險。於是懇切勸說道：「此兒肺升不降，肺散不收，防風、百部，豈可用耶？」萬紹拒不採納，反而強辯「防風、百部，治咳嗽之神藥也。」病家胡元溪亦從旁附和，稱萬紹是「秘方」。面對患者生命攸關之時，萬全十分嚴肅地說：「吾為此子憂，非相妒也。」可見萬全認為，孩子的生命安全是重要而必須的，即使此時孩子若因服藥造成傷害或風險與萬全無關，但是萬全看到若不加以勸阻，孩子可能有生命危險。正是有此視患兒如自己孩子的同情共感之心，他在臨行之際，再次看望患兒，「撫其子之頭曰：且少吃些，可憐疾之復作奈何？」囑畢不辭而退。果然不出所料，患兒服了萬紹的藥「才一小杯，咳復作，氣復促，血復來如初。其子泣曰：吾吃萬先生藥好些，爺請這人來，要毒殺我！」病情急轉直下，眼看就有生命危險。胡元溪的妻子「且怒且罵」，胡本人也後悔不已。不得已，只好負疚再來請萬全。萬全並不計較，只是坦誠勸告說：「早聽吾言，不有此悔。要我調治，必去嫌疑之心，專付託之任，以一月為期。」結果用十七天時間治好患兒。萬氏將個人恩怨置之度外，一心以拯救患者為務，視如至親，毫無嫌隙。

《儒門事親》也載有張從正為犯人治病的醫案，「新寨馬叟年五十九，因欠秋稅，官杖之，得驚氣，成風搐已三年矣。病大發則手足顫掉，不能持物，食則令人代哺，口目張眨，唇舌嚼爛，抖擻之狀，如線引傀儡，每發市人皆聚觀。夜臥發熱，衣被盡去，遍身燥癢，中熱而反外寒，久欲自盡，手不能繩。傾產求醫，至破其家而病益堅。叟之子，邑中舊小吏也，以父母病訊戴人。戴人曰：此病甚易治。若隆暑時，不過一湧，再湧則愈。今已秋寒，可

三之。如未愈，更刺俞穴必愈。先以通聖散汗之，繼服湧劑，則吐痰一二升，至晚又下五七行，其疾小愈。待五日再一湧，出痰三四升，如雞黃成塊狀，如湯熱。叟以手顫不能自探，妻與代探，咽嗌腫傷，昏憒如醉，約一二時許，稍醒，又下數行，立覺勢輕顫減，熱亦不作，足亦能步，手能巾櫛，自持匙箸。未至三湧，病去如濯，病後但覺極寒。戴人曰：當以食補之，久則自退。蓋大疾之去，衛氣未復，故宜以散風導氣之藥，切不可以熱劑溫之，恐反成他病也。」〔註37〕古代醫家的父愛主義行醫方式，視病人為親人，不論患者身份地位，病情髒污臭穢，皆一視同仁，如同至親，真正將患者利益放在首位。

因此，在當代醫療實踐中，醫療父愛主義具有特殊的意義。當然，醫療父愛主義作為傳統封建社會占主要地位的醫患關係模式，其不可避免的帶有封建家長制的消極因素，我們應予以批判，但是，不能忽視的是其對病人的限制背後體現的是對病人的關懷，仁愛和對病人痛苦的深切同情，要對病人一視同仁，不論病人生理上、社會地位上有何差別，都須平等對待，給予同樣的醫療服務。即使對怨家、窮人、戰俘或在押犯人也需給予必要的醫療照顧，而不因為患者經濟、社會地位的不同而差別對待，這是醫學人道主義的體現。

〔註37〕〔清〕陳夢雷，古今圖書集成‧醫部全錄，卷一百九十八。

結　語：走向美德倫理學

　　早在後荷馬時代，人們還相信疾病痊癒的力量，是來自手持蛇杖的醫神
——阿伊斯古拉普斯。人們認爲，最有效的治療方法是在廟宇周圍睡上一宿，
期望奉獻給阿伊斯古拉普斯的聖蛇會在夜間爬出來，舔舐病人傷口而治癒病
人，或是神會託夢給爲病人祈禱的人，告訴他們治療的方法。而就在此時，
被奉爲西方醫學之父（Father of Western Medicine）的希波克拉底提出了著名
的希波克拉底誓言（Hippocratic Oath）。他向人們表明，巫術在減輕病痛上幫
不上一點忙，必須求助於衛生和有效的醫療。他將醫學引入一個嶄新的歷史
決定性方向，拋棄神的作用，而代之以臨床的觀察研究。他開啓了現代醫學
的新頁，同時也規範了一套醫學倫理原則。希波克拉底式的醫療傳統，認爲
一般患者缺乏足夠的知識和判斷能力來衡量不同治療手段的利害得失，而醫
生則因其受過專業醫學訓練及具備臨床經驗，使得他們具有比患者更好的分
析能力和判斷能力來決定何種治療手段是符合患者的最大利益的。這就是我
們所說的醫療父愛主義。它賦予了醫生父權式的診治患者的權利，同時也意
味著醫生要以患者的最大利益爲目的替患者做決定，而不管決定本身是否符
合患者本人的意願和價值觀。在我國古代，這種醫療父愛主義的思想同樣存
在，父愛主義始終是醫生從事醫療活動的基本觀念，這是在中國悠久歷史傳
統中所孕育出來的醫療觀念。儒家仁者愛人的基本價值觀念和父權至上的家
庭倫理是傳統醫療父愛主義的理論基礎，中國傳統醫療父愛主義有兩個基本
特徵：第一，醫者從病人的最佳利益出發，一切爲了病人的利益；第二，不
顧或拒絕病人的自主權，爲病人做決定。古代醫學強調「無傷也，是乃仁術」；
「醫者父母心」。這兩句箴言體現了醫療父愛主義傳統的實質。醫學定名爲仁

術，要求醫以活人爲務，以仁愛爲原則，一心赴救。「醫者父母心」，則意味醫生對待病人要像對待自己的孩子一樣關愛，同時賦予醫生父母般的代替病人作決策的權利。在醫療實踐中，只要醫生認爲對患者有益，就可以進行治療，患者個人的權利可以靠醫生的良知來保障。中國傳統醫療父愛主義以「醫乃仁術」爲道德原則，以「醫患互信」爲基本要求。「醫乃仁術」的主要規範包括同情體貼病人，認眞負責，言行端正，不辭勞苦，不圖酬報，清廉正直等方面內容。價值觀念則包括人的生命神聖價值、醫者主體的自律觀和重義輕利的價值取向等內容。中國的人際交往訴諸道德而不是法，人與人之間重視的是承諾，誠信對醫者道德修養提出了更高要求。醫者的任何醫療決策應該是對患者有利而不是其它目的，這才是符合道德的，也只有如此，患者才會眞正尊重，信任醫生，將自身健康託付給醫生。可見，傳統醫療父愛主義認爲，醫生道德義務的履行對於醫患關係的和諧起著主導性的作用。

這種傳統隨著近代醫學技術的飛速發展和病人權利意識崛起而逐漸式微。由於先進技術在醫學中的大量應用以及醫學越來越專業化，醫學中技術至上思想佔據主流，「見物不見人」，「治病不治人」、對醫德的強調成爲一種形式，醫患關係朝著淡漠化等傾向發展。加之人體研究和實驗中用病人作不道德試驗的醜聞不斷揭露，使得人們普遍懷疑醫生能否完全代表病人最佳利益。另一方面，在生物醫學科學與商品經濟充分發展的今天，由於市場經濟對醫療衛生領域的衝擊，以及醫療事故案例的曝光，人們懷疑醫院和醫生在經濟利益面前能否眞正維護病人利益，或者說將病人利益放在首位。醫學不再純粹爲了病人利益而服務，經過一系列專業訓練的醫生，很容易在臨床實踐中把科學原則、技術要求放在首位，甚至對經濟價值頗爲重視，卻忽視了最爲重要的對病人作爲人的價值的關愛。在醫療決策的技術方面，醫生或許能做出最權威的決定，但在個人價值取向上，病人卻往往更具有發言權。病人要求對自己的身體、未來的人生、追求的價值享有最終決定權，而父愛主義因爲對病人自主決定權的干預開始受到普遍質疑與批判。自主原則以及以此爲基礎的知情同意原則逐漸成爲生命倫理學最重要的原則之一，甚至超越了其它原則而成爲唯一的顯性原則。病人自主權利的高揚，意味著醫生權力的減弱，醫生從此失去了可以不顧病人意願而代替病人全權決定的地位。

然而，事物的發展都有其兩面性，禍兮福所倚，福兮禍所伏。首先，醫療科技的發達將帶給人類的是幸福的前景還是巨大的破壞性的可能性？正如

馬克思早在一百四十多年前就曾指出的：「在我們這個時代，每一種事物好像都包含有自己的反面，我們看到，機器具有減少人類勞動和使勞動更加有效的神奇力量，然而卻引起了飢餓和過度的疲勞。⋯⋯技術的勝利，似乎是以道德的敗壞爲代價換來的。隨著人們愈益控制自然，個人卻似乎愈益成爲別人的或自身的卑劣行爲的奴隸，甚至科學的純潔光輝彷彿也只能在愚昧無知的黑暗背景上閃耀。我們的一切發現和進步，似乎結果是使物質力量具有理智生命，而人的生命則化爲愚鈍的物質力量。現代工業、科學與現代貧困、衰頹之間的這種對抗是仙兒顯而易見的、不可避免的和毋庸爭辯的事實。」〔註1〕在高尖技術與合宜技術已經失衡的情況下，人們已經意識到醫學的發展對社會目的和價值的罔顧，病人無可避免被看做生命機器而並非「人」。19 世紀以來形成的科學主義方法論主張對事物進行分析研究，即把整體分解爲一定部分、單元、環節、要素並加以認識的思維方法。在這種自然科學方法論基礎上發展起來的醫學，雖然加深了人類對自然界的認識，但是在醫療實踐中往往見病不見人。只見一個個具體的疾病，而忽視病人這個整體，尤其是忽視病人的社會、心理、環境等制約因素。「以近代科學的思維方法爲支柱的西方醫學構成了現代醫學的主流。但是這種醫學⋯⋯不斷地專科分化的結果，忽視了眞正意義上的人類的疾病。就是說，西方醫學將疾病與患者的生命剝離開來，雖然掌握了很多有關疾病本身的知識，卻把現實中苦悶的人忘掉了。」〔註2〕傳統的道德價值觀念分崩離析，正如卡爾・雅斯貝爾斯所描述的，「人們對事物和人的愛減弱了，喪失了」。〔註3〕醫學被認爲是一堆知識（knowledge）、信息（data）、技術案例（technological items）的結合，而不能嵌入生命的眞髓。六十年代因醫學技術奇迹而帶來的喜悅已不復存在，取而代之的是今天對複製生命等遺傳工程和生物技術的懷疑和恐懼與日俱增，對醫療保健非人格化傾向非常不滿以及對不堪負荷的醫療費用和衛生資源分配不公的批評。池田大作對此深表憂慮，認爲，「醫學在本質上需要理性的冷靜透徹的科學思維方法。但同時，不，更重要的是需要溫暖的人性。」「醫生除

〔註1〕　〔德〕馬克思，恩格斯，馬克思恩格斯選集第二卷〔M〕，北京：人民出版社，1972 年，第 78～79 頁。

〔註2〕　〔日〕池田大作，人生寄語：池田大作箴言集〔M〕，程郁譯，上海：上海社會科學院出版社，1995 年，第 130 頁。

〔註3〕　〔德〕卡爾・雅斯貝爾斯，時代的精神狀況〔M〕，王德峰譯，上海：上海譯文出版社，1997 年，第 43 頁。

了是冷靜的技術者外，同時也必須是深情的、有同情心的朋友。」「無論內科還是外科醫生，凡醫生爲了保持自己的尊嚴，首先要把爲人類同胞服務作爲第一宗旨。」〔註4〕在反思現代醫學技術神話的同時，人們開始呼喚生命倫理中德性倫理的回歸，展現對醫生美德的期望。好的醫生應該德術兼備，而不只是技術超群的「手藝人」。醫學本身就是以人爲本，以人爲支幹，它始終具有技術要素和人文要素雙向性。醫術是技術要素，是以疾病爲對象，醫德是人文要素，是以病人爲對象。面對生命及病人應有的人性尊嚴，醫學倫理的價值體系、行爲準則無可迴避。從病人的利益出發，一切爲了病人的最佳利益，這是父愛主義具有合理性的基本前提。

另一方面，自主原則意味著對個人自由的肯定，每個人都是自己的主人，有能力爲自己作決定。不受外部環境或自身生理、心理局限。即使是醫生，也不能代替病人做決定。爲了保護病人自主自律權利，因而要求對加諸病人身上的醫療行動或醫療決策，需要得到病人的自願同意。患者在完全獲取了包括本身病情以及此種診療行爲所預計帶來的積極效果和消極效果在內的全部信息後如表示同意，醫務人員方能按照患者同意的方案進行診療。醫護人員不告知患者其病情、診療方案以及診療後果或告知後未取得患者同意而擅自進行診療的，將視爲對患者權利的侵犯。但是患者眞的就是完全的理性自主者嗎？在信息不完全，在理性被壓制，在智識被遮蔽的時候，或者你確實知道利害關係卻受現實逼迫的時候，患者眞能做出符合自己利益的決定嗎？這個時候，醫生爲了保護病人健康而強制醫療是否必要？醫生來禁止患者做傷害自己的行爲，是違背患者利益的嗎？在醫療自由主義普遍佔據上風的現實狀況下，患者自由的邊界是不是越大越好？2007 年的蕭志軍案使我們反思，在原則和生命之間，醫生該如何抉擇？醫療自由主義傳統建立的初衷是爲了尊重病人的權利，但它逐漸異化爲醫生的避風港和護身符，醫生常常比病人更傾向於知情同意規則，更熱衷於「簽字」規則。有時，爲了「充分」尊重病人的自主權，醫生任由病人做決定，甚至任由病人做出不符合自己利益的決定，使醫療自由主義淪爲「不顧病人利益任由病人決定」的極端醫療自由主義。另外，知情同意書常常是格式化的，這種知情同意書與其說是保護病人的自主權，不如說是以矛盾的方式既限制了病人的權利，又忽視了病

〔註4〕〔英〕湯因比，〔日〕池田大作，展望 21 世紀——湯因比與池田大作對話錄〔M〕，荀春生譯，北京：北京國際文化出版公司，1997 年，第 104 頁。

人的利益，使醫療自由主義蛻變爲「不顧病人利益又限制病人權利」的僞醫療自由主義。醫患決策模式從父愛主義傳統轉向醫療自由主義傳統，並沒有實現尊重病人自主的承諾，反而導致不顧病人利益的嚴重後果。在原則與生命之間，我們必須堅守一條底線：尊重生命，是醫者第一道德，無論在什麼情況下，醫生見死不救都是有悖醫學宗旨的。在生死邊緣，醫生應該做出的是最有利於患者的選擇，而不是最有利於法庭舉證的選擇。因此，實行醫療父愛主義，正意味著對醫生美德提出了更高的要求，即要求醫生的技術和倫理決策必須從病人的利益出發，一切爲了病人的最佳利益。在當代中國，這也恰恰是改善醫患關係的一大難題。

對醫療父愛主義，仍然存在著相當大的理論爭議。主要集中於兩個層面：其一，患者個人是否能在任何情況下都眞正知道自己的利益所在，醫生是否應保持價值中立性；其二，自主權這一價值目標在醫療中是否處於至高無上的地位。反對者認爲，父愛式醫療作風會妨礙病人得到最佳治療。在醫療決策中，只有病人自己知道什麼才是對自己最有利的。其理由主要集中於醫藥費用、醫生干涉權等方面。澳大利亞的 Jefferd 及其同事針對澳大利亞腫瘤醫生進行調查，顯示因爲價錢的原因，大約三分之二的醫生不會和病人商量是否使用自費的抗癌新藥，雖然這些藥可能對病人有好處。他們因爲顧慮病人的支付能力而隱瞞自費藥的潛在療效是不道德的。〔註5〕另外，醫療干涉權可能導致醫生濫用職權，只考慮醫療本身利益而不是患者利益。例如，麻醉師在剖腹術後本應給患者開出規範的嗎啡注射液來止痛，因爲其是快速和有效的。但是卻私下勸說患者同意硬膜外止痛，因爲這樣可以獲得更多的服務費用。〔註6〕即使父愛主義醫療干涉是從患者利益最大化角度而行爲，是出於善意的，但是這種善意行爲並不比尊重自主權更爲重要，當前醫學認爲尊重自主權比起善意的干涉行爲更具有強制性。而贊成醫療父愛主義的人則認爲，可基於以下四個角度來證明繼承與發展父愛主義理論的必要性。首先從價值論的角度考慮，病人的個人選擇應該被尊重，但病人未必在任何情況下都知道自己的最大利益，這樣病人自主權的實現與病人最大利益的實現並非總是

〔註5〕〔澳〕Jefferd, Paternalism can stand in the way of best Treatment〔J〕，英國醫學雜誌中文版，2006 年，第 2 期。

〔註6〕陳新，陳瑜，許睿，臨床麻醉中知情同意的思考〔J〕，中國醫學倫理學，2006 年，第 4 期。

吻合，這就爲增加其利益的弱父愛主義的外來干預提供了可能。其次是從「理性的病人標準」角度的考量。這一標準主張爲了貫徹病人的自主權，尊重病人知情同意，醫師的告知範圍不應該以醫師的行業慣例爲主，因爲那常常和病人的需求相違背，而應該以一個理性的人在該種情況下所必須知道的信息爲標準。這樣就從抽象的病人、理論上的病人轉變爲具體的病人和行動中的病人。再次從權利的性質考量。病人自主權是一種積極自由，其產生於產生於個體自治和自主的願望中。與消極自由相比，積極自由的實現更有賴於相對方義務的履行。也就是說，只有通過醫生的指導、幫助，才能達到眞正的病人自主，僅過度強調病人的獨立性只能使病人陷於一種被「放逐」、「拋棄」的空虛自主中。最後從中國文化傳統的角度出發，由於在儒家思想的長期影響下，「醫者父母心」、「醫乃仁術」等儒家觀念成爲中國醫德的主要價值觀。這種價值觀要求醫生必須懷著父母疼愛孩子般的心去關心病人，歷史積澱使父愛主義在當下中國的存在有著較爲深厚的民衆心理基礎。〔註7〕但是要通過明確父愛主義適用的條件可以達到一種有效的平衡，避免走向無限醫療自由主義和超父愛主義兩個極端。

我們認爲，對醫療父愛主義，要辯證地看待。一方面，應當肯定的是，其以病人最佳利益爲行醫出發點和根本宗旨，並將此原則作爲醫者美德倫理的第一原則，這種思想，對於解決當代中國醫患信任難題，具有不可忽視的作用。當前醫學倫理過於重視包括知情同意、尊重自主、正義、有利等基本原則的重要性，陷入了原則主義的桎梏，卻忽視了醫家美德通常是醫生做出道德抉擇的最重要依據之一，德行對於醫生在面臨道德抉擇時常是一個重要的決定因素。這種因素反映在道德人格的養成，它所包含的道德經驗，各種道德抉擇的磨練，和培養道德情感等。具有良好醫德的醫者，恰恰能成爲醫患關係和諧的保障。另一方面，對病人權利的忽視，是醫療父愛主義的弊端，因此必須予以限制，否則使醫生權力過大，會發展成超父愛主義，打著爲病人利益的幌子踐踏病人自主權利。今天對醫療父愛主義進行一種包容時代意義的新詮釋，其實質在於將過去與現在連結，使人自覺到現代問題這點上。我們應當注意的是，在醫療父愛主義中包含的與傳統自然經濟、專制王權和宗法制度相依存的那部分內容，隨著時代的變化，必將被摒棄。同時，在父

〔註7〕陳麟，徐新娟，醫事法學課程中對父權主義理論的批判與繼承〔J〕，中國高等醫學教育，2007年，第12期。

愛主義中包含的以往社會沿襲下來的風俗習慣、道德傳統，正如列寧所說是人類在千百年來所形成的公共生活規則，如生命神聖、仁愛、患者利益至上、重視醫德醫風等，到今天仍是具有普遍意義的基本法則。我們要在肯定醫療父愛主義存在的歷史必然性的同時，凸顯其時代需要的合理因素。

《西氏內科學》序言中說：「醫學是醫門需要博學的人道主義職業，它的道德性質更類似於宗教的傳教士」。醫師是一種職業，其核心是「人道」，忽略了醫學的人文關懷，就不能說真正理解「醫」。古代醫者是慈愛、博愛精神的體現，以治病救人，利濟天下為己任。相形之下，純技術的醫學還十分年輕，可以說前科學時代的醫學由美德倫理所籠罩，這種德性主義的醫學雖不能說是醫學的完美形態，卻表達出深厚的對生命的人本主義理解和人道主義的實踐。其中包含著人類社會各種價值觀和生命觀，醫本「仁術」，仁愛、生生、惻隱之心與遣方用藥同樣重要，「仁」乃醫家的倫理生活，是醫業的觀念軸心。在這種父愛主義模式下，醫生是仁慈的、權威的，是以患者的生命和健康為己任的專家，醫生的職業準則是全心全意去追求患者利益的最大化，由醫生替患者決定診療中的一切問題自然是天經地義的事情。仁是醫者所具有的內在本質，古代醫者在這種人心指引下，將治病救人作為首要原則，中國唐代名醫孫思邈在《大醫精誠》中言：「夫為醫之法，不得多語調笑，談謔喧嘩，道說是非，議論人物，炫耀聲名，訾毀諸醫。自矜己德。」傳說孫思邈外出採藥，遇一隻母老虎張口攔路，隨從以為虎欲噬人而逃，孫思邈卻看出虎有難言之疾，原來這母虎被一根長骨卡住了喉嚨，是來攔路求醫。孫思邈為其將異物取出，虎欣然離去。數日後孫思邈在返程途中經過此地，那虎偕虎崽恭候路旁向他致意。這個故事起碼說明兩個道理：第一，即使是吃人的猛虎患病，醫生也應本著仁義之心為它治療，何況是身心皆處於不利地位，遭受病痛折磨的患者；第二，即使是吃人的猛虎對於為它解除疾病痛苦的醫生也會懷有感恩之心，並予以回應。在某種意義上說，醫者的仁慈德性，能夠促進醫患關係向相互尊重，相互配合，相互依存方向發展。明代龔信在《明醫箴》中指出：「今之明醫，心存仁義……不計其功，不謀其利，不論貧富，藥施一例。」這種古老的醫德宣言確實有著某種意味。因為它象徵著中國傳統文化中一種古老的自我犧牲精神和對生命的尊重。它也象徵著病人利益高於醫生利益之責任擔當。「醫學並沒有闡明患者的『人性』，要接近這個『人性』，就只有依靠醫生自己的『人性』。醫生本該是施行『仁術』的人，然而

遺憾的是，今天人們對醫生的這種信賴已經降低了，醫療原本是以醫生和患者之間人性交流爲基礎的，如今這一基礎已瀕於崩潰。醫生倫理道德的喪失，原因之一在於醫生的爲人，與每個醫生各自人生態度有關，……而在以西方近代科學爲基礎的醫學中，就包含助長這一風氣的因素，不正是這些因素促使醫生把醫學用於犯罪的嗎？」因此，池田大作說：「我要提倡慈悲的醫學，以此作爲引導新醫學的前奏，也就是以消除痛苦，給予歡樂爲宗旨。因爲我相信，這句簡短的話語，就指明了使醫學重新成爲生命之學的道路。」〔註8〕

從某種程度上可以說，當代醫患難題的緩解，醫家美德的培育至關重要。因此，我們有必要擺脫原則主義的窠臼，而思考醫生美德倫理的構建。父愛主義以病人最佳利益爲基本準則，這恰恰是醫生美德的核心，因此，父愛主義對醫者美德的構建有著合理因素，這也是父愛主義存在的積極價值。一方面，對醫學本身所固有的道德層面的內容的發掘，通過外在灌輸的途徑，有計劃、有步驟、有系統地將醫學道德規範和基本原則傳授給醫學專業學生或醫業工作者，使之不單外在體現爲醫者道德行爲，更是內化爲高尚的思想品質，使得醫德教育伴隨醫者終身。另一方面，醫者個人依據掌握的醫學道德基本原則和規範，在長期的醫療實踐和醫學人際交往過程中，通過自我教育、自我反省、自我評價和自我培養等方式，加強醫德修養，不斷地提高自身的道德選擇能力和道德踐行能力，不斷地更新自我、超越自我和完善自我，最終形成個體高尚的道德人格。作爲醫德活動的一種重要形式，醫德修養不僅反映了醫生個體在自身醫德品質形成和完善中的主體能動性，而且也是提高整個醫學道德水平的主體性動因。就醫德修養的途徑來說，有向裏用力、內外交修以及實踐論的修養方式。

本研究既不在於對基於尊重自主的知情同意原則予以批判，也並非一味拔高基於有利原則的醫療父愛主義傳統的意義和價值，而是力爭在現實的語境下對父愛主義這一中國傳統醫療中的倫理規范進行重新詮釋，以期能對今日醫患糾紛等現狀有所幫助。醫療父愛主義作爲傳統封建社會占主要地位的醫患關係模式，其不可避免的帶有封建家長制的消極因素，我們應予以批判，但是，不能忽視的是其對病人的限制背後體現的是對病人的關懷、仁愛和對病人痛苦的深切同情，要對病人一視同仁，不論病人生理上、社會地位上有

〔註 8〕 〔日〕池田大作.人生寄語：池田大作箴言集〔M〕，程郁譯，上海：上海社會科學院出版社，1995 年，第 130 頁。

何差別，都須平等對待，給予同樣的醫療服務。不因爲患者經濟、社會地位的不同而差別對待，這是醫學人道主義的體現。需要明確的是，在當今醫學界普遍對父愛主義持否定態度的情況下，一旦選擇了在某些醫療實踐中肯定醫療父愛主義的思路，就須時刻注意適可而止，將父愛式醫療強制限制在有限的範圍內。一方面，必須設法將人們對父愛式醫療的牴觸情緒和父愛式醫療的某種明顯的必然性、合理性相協調，爲醫療父愛主義找到一個居間調和的準則。這個準則將限制醫療父愛主義的運用，使其只有在特定的條件下才能成爲醫療干預的正當理由。另一方面在當代重新挖掘父愛主義的合理因素，這對於當代醫生美德的塑造十分必要而有益的，從更高層面上講，也有利於促使生命倫理學從規範倫理向美德倫理的轉向。

參考文獻

一、經典著作

1. 〔德〕馬克思，1844 年經濟學哲學手稿〔M〕，北京：人民出版社，2000年。

2. 〔德〕恩格斯，路德維希·費爾巴哈和德國古典哲學的終結：馬克思恩格斯選集，第四卷〔M〕，北京：人民出版社，1966年。

3. 〔德〕馬克思，恩格斯，德意志意識形態：馬克思恩格斯全集，第三卷〔M〕，北京：人民出版社，1972年。

4. 〔德〕馬克思，恩格斯，馬克思恩格斯選集，第二卷〔M〕，北京：人民出版社，1972年。

二、古文原著

1. 〔戰國〕黃帝內經〔M〕，姚春鵬，譯注，北京：中華書局，2009年。

2. 〔漢〕張仲景，傷寒論〔M〕，錢超塵，郝萬山，整理，北京，人民衛生出版社，2005年。

3. 〔漢〕司馬遷，史記〔M〕，北京，中華書局，2006年。

4. 〔晉〕葛洪，肘後備急方〔M〕，北京，人民衛生出版社1982年。

5. 〔唐〕王冰，王冰醫學全書〔M〕，張登本，孫理軍，主編，北京：中國中醫藥出版社，2006年。

6. 〔唐〕王燾，外臺秘要：王燾醫學全書〔M〕，張登本，主編，北京：中國中醫藥出版社，2006年。

7. 〔唐〕孫思邈，備急千金要方〔M〕，高文柱，沈澍農，注釋，北京，華夏出版社，2008年。

8. 〔宋〕王懷隱，太平聖惠方〔M〕，劉景源，整理，北京，人民衛生出版社，2007年。

9. 〔宋〕張杲，醫說〔M〕，王旭光，張宏，校注，北京，中國中醫藥出版社，2009 年。

10. 〔宋〕無名，小兒衛生總微論方：中醫兒科名著集成〔M〕，北京：華夏出版社，1997 年。

11. 〔金〕李杲，蘭室秘藏：李東垣醫學全書〔M〕，張年順，主編，北京：中國中醫藥出版社，2006 年。

12. 〔金〕劉完素，素問病機氣宜保命集：劉完素醫學全書〔M〕，宋乃光，主編，北京：中國中醫藥出版社，2006 年。

13. 〔金〕張元素，醫學起源：張元素醫學全書〔M〕，鄭洪新，主編，北京：中國中醫藥出版社，2006 年。

14. 〔元〕朱震亨，格致餘論：朱丹溪醫學全書〔M〕，田思勝，主編，北京：中國中醫藥出版社，2006 年。

15. 〔元〕曾世榮，活幼心書〔M〕，天津：天津科學技術出版社，1999 年。

16. 〔元〕脫脫，二十五史·宋史〔M〕，上海，上海古籍出版社，1986 年。

17. 〔元〕羅天益，衛生寶鑒：羅天益醫學全書〔M〕，許敬生，主編，北京：中國中醫藥出版社，2006 年。

18. 〔明〕李中梓，醫宗必讀：李中梓醫學全書〔M〕，包來發，主編，北京：中國中醫藥出版社，1999 年。

19. 〔明〕龔信，萬病回春：龔廷賢醫學全書〔M〕，李世華，王育學，主編，北京：中國中醫藥出版社，1999 年。

20. 〔明〕張從正，儒門事親：張子和醫學全書〔M〕，徐江雁，許振國，主編，北京：中國中醫藥出版社，1999 年。

21. 〔明〕繆希雍，祝醫五則：繆希雍醫學全書〔M〕，任春榮，主編，北京：中國中醫藥出版社，1999 年。

22. 〔明〕李時珍，本草綱目：李時珍醫學全書〔M〕，柳長華，主編，北京：中國中醫藥出版社，1999 年。

23. 〔明〕薛己，外科發揮：薛立齋醫學全書〔M〕，盛維忠，主編，北京：中國中醫藥出版社，1999 年。

24. 〔明〕萬全，幼科發揮：萬密齋醫學全書〔M〕，傅沛藩，主編，北京：中國中醫藥出版社，1999 年。

25. 〔明〕徐春甫，古今醫統大全〔M〕，北京：人民衛生出版社，1991 年。

26. 〔明〕李梴，醫學入門〔M〕，南昌：江西科學技術出版社，1988 年。

27. 〔明〕陳實功，外科正宗〔M〕，北京：中醫古籍出版社，1999 年。

28. 〔明〕潘楫，醫燈續焰：中國醫學大成，第三冊〔M〕北京：中國中醫藥出版社，1997 年。

29.〔明〕張介賓，類經圖翼：張景嶽醫學全書〔M〕，李志庸，主編，北京：中國中醫藥出版社，1999 年。

30.〔明〕王肯堂，證治準繩：王肯堂醫學全書〔M〕，陸拯，主編，北京：中國中醫藥出版社，1999 年。

31.〔清〕徐大椿，醫學源流論：徐靈胎醫學全書〔M〕，劉洋，主編，北京：中國中醫藥出版社，1999 年。

32.〔清〕王世雄，潛齋醫話：王孟英醫學全書〔M〕，盛增秀，主編，北京：中國中醫藥出版社，1999 年。

33.〔清〕陳夢雷，古今圖書集成‧醫部全錄〔M〕，北京，人民衛生出版社，1983 年。

34.〔清〕章楠，醫門棒喝〔M〕，北京：中醫古籍出版社，1999 年。

35.〔清〕王清任，醫林改錯：中國醫學大成，第五冊〔M〕，北京：中國中醫藥出版社，1997 年。

36.〔清〕喻昌，醫門法律：喻嘉言醫學全書〔M〕，陳熠，主編，北京：中國中醫藥出版社，1999 年。

37.〔清〕張志聰，張志聰醫學全書〔M〕鄭林，主編，北京：中國中醫藥出版社，1999 年。

38.〔清〕陸懋修，陸懋修醫學全書〔M〕，王璟，主編，北京：中國中醫藥出版社，1999 年。

39.〔清〕葉天士，柯氏來蘇集評批：葉天士醫學全書〔M〕，可嘉，注譯，黃英志，主編，北京：中國中醫藥出版社，1996 年。

40. 曹炳章編纂，中國醫學大成〔C〕，長沙，嶽麓書社，1990 年。

41. 王文錦，禮記譯解〔M〕，北京：中華書局，2001 年。

42. 楊伯峻，論語譯注〔M〕，北京：中華書局，1981 年。

43. 楊伯峻，孟子譯注〔M〕，北京：中華書局，1981 年。

44. 陳鼓應，老子注譯及評價〔M〕，北京：中華書局，1984 年。

45. 陳鼓應，莊子今注今譯〔M〕，北京：中華書局，1983 年。

46. 胡平生，孝經譯注〔M〕，北京：中華書局，1996 年。

47. 王明，抱朴子內篇校釋（增訂本）〔M〕，北京：中華書局，1985 年。

48.〔宋〕程顥，程頤，二程遺書〔M〕，上海：上海古籍出版社，2000 年。

49.〔宋〕朱熹，朱子語類〔M〕，北京：中華書局，1986 年。

50.〔明〕王守仁，王陽明全集〔M〕，上海：上海古籍出版社，1992 年。

51.〔清〕王夫之，張子正蒙〔M〕，北京：中華書局，1975 年。

52.〔清〕黃宗羲，明儒學案〔M〕，北京：中華書局，1985 年。

三、其他著作

1. 郭春鎮，法律父愛主義及其對基本權利的限制〔M〕，北京：法律出版社，2010 年。

2. 劉長林，內經的哲學與中醫學的方法〔M〕，北京：科學出版社，1982 年。

3. 周一謀，歷代名醫論醫德〔M〕，長沙：湖南科學技術出版社，1983 年。

4. 馬伯英，中國古代醫學文化史〔M〕，上海：上海人民出版社，1994 年。

5. 徐儀明，性理與岐黃〔M〕，北京：中國社會科學出版社，1997 年。

6. 陳元朋，兩宋尚醫士人與儒醫——兼論其在金元的流變〔M〕，臺北：國立臺灣大學出版社，1997 年。

7. 張鴻鑄，中外醫德規範通覽〔M〕，天津：天津古籍出版社，2000 年。

8. 張鴻鑄、何兆雄、遲連莊主編，中外醫德規範通覽〔M〕，天津：天津古籍出版社，2000 年。

9. 何兆雄，中國醫德史〔M〕，上海：上海醫科大學出版社，1988 年。

10. 周俊、何兆雄，外國醫德史〔M〕，上海：上海醫科大學出版社，1993 年。

11. 甄志亞，中國醫學史〔M〕，上海：上海科學技術出版社，2001 年。

12. 唐凱麟，倫理學教程〔M〕，北京：高等教育出版社，2001 年。

13. 唐凱麟、曹剛，重釋傳統——儒家思想的現代價值評估〔M〕，上海：華東師範大學出版社，2000 年。

14. 宋希仁主編，西方倫理思想史〔M〕，北京：中國人民大學出版社，2004 年。

15. 羅國傑，倫理學〔M〕，北京：人民出版社，2001 年。

16. 萬俊人，現代西方倫理學史（上、下卷）〔M〕，北京：北京大學出版社，1990 年。

17. 邱仁宗，生命倫理學〔M〕，上海：上海人民出版社，1990 年。

18. 白劍鋒，中國式醫患關係〔M〕，北京：紅旗出版社，2011 年。

19. 萬慧進，生命倫理學與生命法學〔M〕，杭州：浙江出版社，2004 年。

20. 杜治政，醫學倫理學探新〔M〕，鄭州：河南壓科大學出版社，2000 年。

21. 杜治政：醫學倫理學綱要〔M〕南昌，江西人民出版社，1982 年版。

22. 薛影、何倫、施衛星，醫德困惑與選擇〔M〕，南京，東南大學出版社，1993 年。

23. 施衛星、柯雪琴，生物醫學倫理學〔M〕，杭州：浙江教育出版社，2006 年。

24. 何倫、施衛星，生命的困惑——臨床生命倫理導論〔M〕，南京：東南大學出版社，2005 年。

25. 何倫，施衛星等，生物醫學倫理學〔M〕，杭州：浙江出版社，1998 年版。

26. 盧風，蕭巍主編，應用倫理學概論〔M〕，北京：中國人民大學出版社，2008 年。

27. 周輔成，西方倫理學名著選輯：上卷〔M〕，北京：商務印書館，1964 年。

28. 孫慕義、徐道喜、邵永生主編，新生命倫理學〔M〕，南京：東南大學出版社，2003 年。

29. 徐宗良、劉學禮、瞿曉敏，生命倫理學——理論與實踐探索〔M〕，上海：世紀出版集團，2002 年。

30. 程之範等，中外醫學史〔M〕，北京：北京醫科大學與中國協和醫科大學聯合出版社，1997 年。

31. 傅維廉，中國醫學史〔M〕，上海：上海中醫學院出版社，1990 年。

32. 甄志亞等，中國醫學史〔M〕，上海：上海科學技術出版社，1997 年。

33. 石大璞，醫學中的倫理紛爭〔M〕，西安，西北大學出版社，1993 年。

34. 魏英敏，新醫學倫理學〔M〕，北京，北京大學出版社，1993 年。

35. 黃丁全，醫療、法律與生命倫理〔M〕，北京：法律出版社，2004 年。

36. 徐天民、程之范、李傳俊等著，中西方醫學倫理學比較研究〔M〕，北京：北京醫科大學與中國協和醫科大學聯合出版社，1998 年。

37. 邱仁宗、霍曉梅主編，生命倫理學概論〔M〕，北京：中國協和醫科大學出版社，2003 年。

38. 李本富等編著，醫學倫理學〔M〕，北京：北京醫科大學與中國協和醫科大學聯合出版社，1996 年。

39. 〔加〕許志偉，生命倫理〔M〕，朱曉紅，編，北京：中國社會科學出版社，2006 年。

40. 張文顯，二十世紀西方法哲學思潮研究〔M〕，北京：法律出版社，1996 年。

41. 李瑞全，儒家生命倫理學〔M〕，臺北，鵝湖出版社，1999 年。

42. 范行準，中國醫學史略〔M〕，北京：中國古籍出版社，1986 年。

43. 胡適，中國哲學大綱，〔M〕上海：東方出版社 1996 年。

44. 文歷陽主編，醫學導論〔M〕，北京：人民衛生出版社，2005 年。

45. 范瑞平，當代儒家生命倫理學〔M〕，北京：北京大學出版社，2011 年。

46. 周海春，中國醫德〔M〕，成都：四川人民出版社，2002 年。

47. 于奇智，凝視之愛：福柯醫學歷史哲學論稿〔M〕，北京：中央編譯出版社，2002 年。

48. 吳正吉著，醫學與法律〔M〕，臺北：吉仁新醫股份有限公司，1983 年。

49. 邱仁宗，卓小勤，馮建妹，病人的權利〔M〕，北京：北京醫科大學出版社，1996 年。

50. 翟曉梅，邱仁宗，生命倫理學導論〔M〕，北京：清華大學出版社，2005 年。

51. 陳元方，邱仁宗，生物醫學研究倫理學〔M〕，北京：中國協和醫科大學出版社，2003 年。

52. 張懷承，中國的家庭與倫理〔M〕，北京：中國人民大學出版社，1993 年。

53. 〔英〕彼得，斯坦，約翰，香德，西方社會的法律價值〔M〕，王獻平譯，北京：中國法制出版社，2004 年。

54. 〔美〕懷亞特，人命關天──二十一世紀醫學倫理大挑戰〔M〕，毛立德譯，臺北：校園書房出版社，2005 年。

55. 〔英〕約翰，密爾，論自由〔M〕，程崇華譯，北京：商務印書館，1982 年。

56. 〔美〕羅納德，德沃金，認真對待權利〔M〕，信春鷹，吳玉章譯，北京：中國大百科全書出版社，1998 年。

57. 〔美〕羅伊，波特，劍橋醫學史〔M〕，張大慶，李志平，劉學禮，等譯，長春：吉林人民出版社，2000 年。

58. 〔美〕約翰，羅爾斯，正義論〔M〕，何懷宏，等譯，北京：中國社會科學出版社，1988 年。

59. 〔美〕貝內特，普魯姆，西塞爾內科學〔M〕，白永權，主譯，西安：世界圖書出版西安公司，1999 年。

60. 〔美〕托馬斯，A 香農，生命倫理學導論〔M〕，蕭巍譯，哈爾濱：黑龍江人民出版社，2005 年。

61. 〔美〕H・T・恩格爾哈特，生命倫理學基礎〔M〕，范瑞平譯，北京：北京大學出版社 2006 年。

62. 〔法〕列維，布留爾，原始的思維〔M〕，丁由譯，北京：商務印書館，1986 年。

63. 〔美〕威廉，科克漢姆，醫學社會學〔M〕，高永平，等譯，北京：中國人民大學出版社，2012 年。

64. James F, Childress, *Who Should Decide Paternalism in Health Care*〔M〕, New York: Oxford University Press, 1982

65. Tom L, Beaueham, James F, Childress, *Principles of Biomedical Ethics*〔M〕, New York: Oxford University Press, 2001.

66. Gerald Dworkin, The *Theory and Practice of autonomy*〔M〕, New York: Cambridge University Press, 1988.

67. Gerald Dworkin, Paternalism, in Robert Audi（ed,）,The Cambridge Dictionary of Philosophy〔M〕, New York: Cambridge University Press, 1995.

68. Jay, Katz, *The Silent World of Doctor and Patient*〔M〕, New York: The Free Press, A Division of Macmillan Inc, 1984.

69. Onora O'Neill, *Autonomy and Trust in Bioethics*〔M〕, New York: Cambridge University Press, 2002.

70. Donald Van Deveer, Paternalism: Intervention: *The Moral Bounds on Benevolence*〔M〕,New York: Princeton University Press, 1986.

71. Joel Kleinig, *Paternalism*〔M〕,Rowman＆Allanheld Publishers, 1984.

四、論文

1. 〔日〕松井茂紀，論自己決定權〔J〕，莫紀宏譯，外國法譯評，1996 年，第 3 期。

2. 雷錦程，病人自主性與家庭本位之間的張力〔J〕醫學與哲學，2008 年第 3 期。

3. 王一行，法律家長主義與我國的法治建設〔J〕，湖南醫科大學學報（社會科學版），2010 年，第 3 期。

4. 史軍，公共健康家長主義何以可能？〔J〕，科學技術與辯證法，2007 年，第 6 期。

5. 潘新麗，論傳統醫患倫理的現代價值〔J〕，山西師大學報（社會科學版），2011 年，第 4 期。

6. 馬蘭，萬小龍，患者的自主權及困境〔J〕，醫學與哲學（人文社會醫學版），2008 年，第 3 期。

7. 何恬，患者的自決權和醫生的告知義務〔J〕，法律與醫學，2002 年，第 3 期。

8. 梁濤，郭店竹簡仁字與孔子仁學〔J〕，哲學研究，2005 年，第 5 期。

9. 孫笑俠，郭春鎮，美國的法律父愛主義理論與實踐〔J〕，法律科學，2005 年，第 6 期。

10. 孫笑俠，郭春，鎮法律父愛主義在中國的適用〔J〕，中國社會科學，2006 年，第 1 期。

11. 沈銘賢，醫者不可不懇仁，病者不可猜鄙——構建和諧的醫患關係〔J〕，醫學與哲學（人文社會醫學版），2007 年，第 12 期。

12. 沈銘賢，孔子的倫理思想及其對中國醫德的影響〔J〕，醫學與哲學，1994年，第 3 期。

13. 陳明華，試論儒佛道思想對孫思邈醫學倫理思想的影響〔J〕，中國醫學倫理學，2002 年，第 6 期。

14. 黃文藝，作爲一種法律干預模式的家長主義〔J〕，法學研究，2010 年，第 5 期。

15. 李瑞全，儒家生命倫理之方向與實踐：同情共感與理性分析並進之路〔J〕，中國醫學倫理學，2009 年，第 6 期。

16. 張保珠，李澤平，朱士俊，醫院落實知情權需要把握的幾個問題〔J〕，法律與醫學雜誌，2002 年，第 5 期。

17. 楊芳，病人知情同意權倫理與法律問題〔J〕，中國醫學倫理學，2001 年，第 4 期。

18. 杜治政，論「醫乃仁術」──關於醫學技術主義與醫學人文主義〔J〕，醫學與哲學，1996 年，第 11 期。

19. 杜治政，醫師的權威與病人自主〔J〕，醫學與哲學（人文社會醫學版），2011 年，第 6 期。

20. 吳雪松等，知情同意權中的歌德巴赫猜想──知情權與患者認知能力之間的衝突〔J〕，醫學與哲學，2003 年，第 1 期。

21. 孫福川，自我保護性醫療的倫理掃描──論患方知情同意認知能力之間的衝突〔J〕，醫學與哲學，2003 年，第 1 期。

22. 王元昆，美國醫療知情同意案例評介〔J〕，醫學與哲學，2003 年，第 1 期。

23. 李霽，張懷承，醫學模式的演進與醫患關係的變更〔J〕，中國醫學倫理學，2004 年，第 2 期。

24. William, J, winslade，醫療保密的倫理問題〔J〕，轟精保譯，醫學與哲學，1996 年，第 6 期。

25. 轟精保，知情同意在中國不適用嗎──「文化差異論」的認知錯誤〔J〕，醫學與哲學，2002 年，第 6 期。

26. 編輯部，「醫學的目的」布拉格國際討論會〔J〕，醫學與哲學，1994 年，第 5 期。

27. 呂維柏，邱仁宗，醫學的目的：確定新的優先戰略〔J〕，醫學與哲學，1997 年，第 4 期。

28. 呂維柏譯，14 國宣言號召審查「醫學的目的」〔J〕，醫學與哲學，1997 年，第 4 期。

29. 李霽，張懷承，選擇的困惑與困惑的選擇──醫學道德衝突初論〔J〕，醫學與哲學，2000 年，第 12 期。

30. 朱偉，急診醫療中的知情同意問題〔J〕，醫學與哲學，2006 年，第 2 期。

31. 陳樹林、李凌江，知情同意中病人自主權和傳統父權的衝突〔J〕，醫學與哲學，2003 年，第 6 期。

32. 王瑞軍，論儒家「誠」思想的醫學倫理價值〔J〕，中國醫學倫理學，2011 年，第 4 期。

33. 舒國瀅，權利的法哲學思考〔J〕，政法論壇，1995 年，第 3 期。

34. 徐儀明，孔孟仁孝觀與二程知醫為孝說〔J〕，開封大學學報，1999 年，第 4 期。

35. 蘇力，醫療的知情同意與個人自由和責任〔J〕，中國法學，2008 年，第 2 期。

36. 朱貽庭，解碼「慈孝文化」〔J〕，道德與文明，2009 年，第 3 期。

37. 季衛東，異化的「患者同意權」〔J〕，財經，2007 年，第 12 期。

38. 程明修，禁止過度侵害與禁止保護不足〔J〕，臺北，月旦法學教室，2004 年，第 17 期。

39. 張濰華、劉軍，關於病人知情同意權法律保護的研究〔J〕，中國醫學倫理學，2002 年，第 6 期。

40. 郭照江，中國儒家文化與醫德傳統〔J〕，中國醫學倫理學，1994 年，第 1 期。

41. 孫慕義、黃鋼，比較醫學倫理學研究的宗教倫理學論綱〔J〕，中國醫學倫理學，1996 年，第 4 期。

42. 林常清，扁鵲的醫德思想及其倫理價值〔J〕，中國醫學倫理學，2009 年，第 5 期。

43. 彭君梅、林怡，孫思邈醫學倫理思想中儒、道、釋的交融〔J〕，醫學與哲學（人文社會醫學版），2009 年，第 9 期。

44. 黃萼華，中國傳統醫學中的醫學倫理觀〔J〕，時珍國醫國藥，2009 年，第 1 期。

45. 顧加棟，醫乃仁術：儒家倫理與醫學職業道德建設〔J〕，中國醫學倫理學，2008 年，第 6 期。

46. 孫豔豔，患方自決權的倫理和法律思考〔J〕，中國醫學倫理學，2008 年，第 3 期。

47. 郭繼志，論醫患衝突與和諧醫患關係的重建〔J〕，中國醫學倫理學，2006 年，第 3 期。

48. 黃忠、張廣森，論家庭對患者自主決策的干涉〔J〕，中國醫學倫理學，2011 年，第 4 期。

49. 張廣森，論生命倫理學的自主性原則〔J〕，醫學與哲學（人文社會醫學版），2010 年，第 7 期。

50. H.A Bassfor.The justification of medical Paternalism〔J〕.social science & medicine, 1982.

51. R.Gillon.Paternalism and medical ethics〔J〕.British medical journal（clinical researehed.）, 1985.

52. Thaddeus Mason Pope. Counting the Dragon's Teeth and Claws: The Definition of Hard Paternalism〔J〕.20 Ga.St.U.L.Rev.Spring, 2004.

53. Joel Feinberg.Legal Paternalism,〔J〕.Canadian Journal of Philosophy. Vol. 1, No.1, Sep, 1971.

54. 潘新麗，中國傳統醫德思想研究〔D〕，天津：南開大學博士學位論文，2010 年。

55. 李霽，誠信與中國患醫關係的重塑〔D〕，長沙：湖南師範大學博士學位論文，2004 年。

56. 朱偉，中國文化環境中的知情同意〔D〕，武漢：華中科技大學博士學位論文，2007 年。

57. 邱翔，有限醫療父愛主義及其辯護〔D〕，長沙：湖南師範大學碩士論文，2008 年。

五、網頁

1. Dr 辛幸珍，病患權利與隱私〔N〕，中國醫藥大學附設醫院（臺灣）〔EB／OL〕.http://www.taodocs.com/p-638933.htm

2. 避免醫療糾紛維護醫院秩序——專訪中華醫院管理學會維權部副主任鄭雪倩〔EB／OL〕，（2006－01－26）2007－03－35.http://www.100md.com/html/DirDu/2006/01/26/95/86/57.htm

後　記

　　呈獻給讀者的這本著作，是在我博士論文基礎上修改而成。之所以選擇中國傳統醫療父愛主義作爲研究對象，是因爲我認爲，任何一個生命倫理學體系的構建，不可能在醫患關係問題上个做出明確的理論回答，或者試圖繞開醫患關係問題而奢談醫學倫理。而要解決當前中國醫患關係緊張的現實問題，如果不對傳統醫學倫理進行深入分析和考察就空談解決之道，必然將是無源之水，無本之木。基於此種認識，我開始了博士論文的構思與寫作。「夫生者，天地之大德也；醫者，贊天地之生者也」。中國傳統醫學典籍的耳濡目染，使我對祖國醫學有了一定的認識，並試圖在醫學與倫理學間架起思維的橋梁；醫學倫理學的研究和學習實踐，又給了我更多對於生命、人生的道德體驗和感悟。

　　古人云：飲春流者懷其源，學其成時念吾師。我就讀博士期間師從李倫教授，這些年我的成長，傾注了導師大量的心血。他的很多具有建設性的意見在很大程度上促使了我思想深度的提升，開我心扉、啓我心智。這篇論文，更是在他的具體指導下完成的。我願藉此機會，向李倫老師對我的關心、幫助、鞭策和鼓勵表示衷心的感謝！

　　論文的完成還得益於湖南師範大學倫理學研究所各位老師的指導。唐凱麟教授執著嚴謹的治學態度，以及言談舉止間透出的對現實人生所傾注的人文關懷，時刻促使我在研究每每進入困境的時候重新振作；王澤應教授廣博的知識，在授課中刺激我勃發出強烈的求知欲；張懷承教授在某些具體的中國傳統倫理學問題上的指導啓我哲思；李培超教授敏銳的思維讓我受益匪淺；倫理所鄧名瑛教授、李桂梅教授、向玉喬教授、彭定光教授，以及鄧志

偉老師、劉霞老師、謝超老師等給予我的熱心幫助，同樣表示衷心感謝。

感謝新西蘭 Otago 大學生命倫理學中心聶精保博士的幫助和指導，以及湖南師範大學徐儀明教授在中醫哲學領域向我提供豐富的素材。感謝我的碩士導師聶文軍教授對我的關心。師恩如海，唯嫌筆拙。正是由於老師們的傳道，授業，解惑，使我能克服自身學歷上的粗淺和實際中的諸多困難。「高山仰止，景行行止」，老師的教誨和鞭策將是我不斷前進的動力。

同時，我還要感謝在百忙中為我的論文作出評閱的各位專家，以及參與我答辯的學者們對論文的極大肯定和寶貴意見。感謝倫理學專業的全體同學以及各位師兄弟姐妹對我的熱心關照和無私幫助。感謝我家人的理解和支持，博士論文的寫作是一個艱苦的過程，正是家人的默默奉獻，才使我得以順利完成。

文中參考了諸多前輩與同行研究成果，在此深表謝意。感謝本叢書主編王澤應教授和臺灣花木蘭文化出版社諸位先生為本書出版付出的辛勤勞動，沒有他們的熱情和工作，本書也不可能與讀者見面。

本書的出版，得到湖南財政經濟學院思想政治理論課部鍾奇江主任支持和思想政治教育重點學科建設經費資助，在此一併致謝。

當然，書中還有許多不足之處。由於我個人對於醫學理論方面的知識儲備沒有達到一個很高的水平，導致了深度上有些欠缺，文中所闡述的一些觀點的論證並不十分充分。文中出現的不妥和錯誤之處，也懇請讀者和專家批評指正。這一切，有待我在今後的研究中去不斷彌補。「莫謂途難時日遠，雞鳴日角見晨曦」，書稿的最終完成，將是我今後學術追求和發展的一個新起點。我願為之做出不懈的努力。

周　奕

2013 年 12 月於嶽麓山下